근태 선생 관찰기

근태 선생 관찰기

최만영 지음

펴낸날 2020년 11월 10일 초판1쇄
펴낸이 김남호 | 펴낸곳 현북스
출판등록일 2010년 11월 11일 | 제313-2010-333호
주소 04071 서울시 마포구 성지길 27, 4층 | 전화 02)3141-7277 | 팩스 02)3141-7278
홈페이지 http://www.hyunbooks.co.kr | 인스타그램 hyunbooks
편집 이경희 | 교정교열 정일웅 | 디자인 페이지제로 | 마케팅 송유근 | 영업지원 함지숙
ISBN 979-11-5741-222-8 03300

근태선생
관찰기

최만영 지음

현북스

차례

1부
지친 사자—김근태를 만나다

2부
역시 김근태—원내대표 김근태

3부

뜻밖의 적성—보건복지부 장관 김근태

4부
맹독—열린우리당 당의장 김근태

5부

가지 못한 길—낙선거사 김근태

관찰기를 쓰는 까닭

이제, 탈상할 때가 됐다. 이 책을 써 탈상하려 한다.

그의 장례식장에서 절하지 않았다. 모란공원 묘소도 여러 번 찾았지만, 역시 절하지 않았다. 할 수 없었다. 약속을 지키지 못했으므로. 이 책 나오면 볕 좋은 날 골라 모란공원에 갈 참이다. 모란공원에서도 볕 좋기로 유명한 그의 천년 집에 이 책을 올릴 생각이다. 막걸리 붓고 절 올리고 용서를 구할 작정이다. 약속, 너무 늦게 지켜 면목 없다고. 용서해달라고. 빵점짜리 비서여서 미안했다고.

2003년부터 2007년까지 나는 매일 김근태의 이름으로 글을 쓰고 말했다. 새벽 대여섯 시, 운전하는 비서가 그를 모시러 출발하기 전까지 일했다. 조간신문을 다 확인하고 그날 할 말과 글을 써 이메일로 보내면 새벽에 일어난 운전 비서가 출력해서 그에게 전했다. 그는 출근

길, 흔들리는 승용차 안에서 아침 신문을 다 본 뒤 내가 보낸 글을 읽었다. 그리고 한 자 한 자 고쳐 썼다.

그는 글을 잘 썼다. 흔들리는 차 안에서 고쳐 쓰느라 꾸불꾸불했지만, 그가 고친 글은 언제나 완벽했다. 군더더기가 없었다. 한밤중에 쓴 글이라 다소 헤펐던 감정은 단단해졌고, 잘못된 숫자는 틀림없이 바로잡혔다. 고친 글은 하루가 끝날 무렵 다시 내 손에 돌아왔다. 그는 고친 글을 수행비서를 통해 꼭 내게 돌려보냈다. 그의 생각과 내 생각을 맞춰보는 시간이었다.

그가 돌려보낸 글을 읽으며 나와 후배들은 감탄했다. '아, 글이 이렇게 예뻐질 수 있구나. 이렇게 복잡한 암호문처럼 글을 고칠 수도 있구나.' 그랬다. 그가 고친 원고는 거의 암호문 수준으로 복잡했다. 그러나 단 한 자 오자나 탈자, 중언부언이 없었다. 문장은 담백하고 매끄러웠다. 그대로 출판해도 될 정도로 완벽했다.

그는 글을 받을 때마다 내 눈을 보고 웃으며 "고마워" 하고 말했다. 근 8년 한결같았다. 쉽지 않은 일이다. 사실, 그는 나를 고용한 고용인이다. 덕분에 보좌관 급여 받으며 편히 살았다. 그렇지만 나를 부하 직원으로 대하지 않았다. 공식 석상이 아닌 자리에서 나를 소개할 때는 언제나 '함께 일하는 후배'라 했다. '실무자'라거나 '직원' '최만영 씨' '보좌관'이라는 표현은 쓴 적이 없다. 나만 아니라 모든 후배를 그렇게 대했다. 매일 반복되는 일상이었지만 내가 준비한 글을 받으면 언제나 고마워했고, 말로 표현했다. 글을 잘 써서 그런 게 아니었다. 자기를 대신해 밤새 자료와 인터넷, 언론 보도 뒤지며 글감, 말감을 만들어준 후배에 대한 예의였다. 정당 대표나 원내대표는 모두 메시지 담당자에게 글을 받는다. 그들도 매일 고맙다는 말을 건넬까?

"이건 김만영이 쓴 거야" 어느 날 그가 이렇게 말해 사람들을 놀라게 했다. 노무현 대통령이 세상 떠난 얼마 뒤였다. 〈국민을 부엉이바위로 내몰아서는 안 됩니다〉라는 글을 발표한 다음 날이었다. 그 글이 좋은 평가를 받았다는 언론 보도가 나왔다. "역시 김근태"라는 찬사도 있었다.

적시에 좋은 글을 냈다는 후배들의 칭찬에 머쓱해진 그가 회의 자리에서 "이건 김만영이 쓴 거야" 하고 말했다. '김근태' 이름으로 냈지만 '최만영'이 함께 쓴 글이라는 말이었다. 그 말 들은 후배들이 "의장님으로부터 성을 받아 좋겠다"고 농했다. 난 남들은 당연하게 누리는 걸 고맙게 받을 줄 아는 그의 마음이 참 좋았다.

그의 이름으로 글을 써 행복했다. 「국회 교섭단체 대표연설문」을 썼고, 「보건복지부 장관 취임사」도 썼다. 양심 고백 선고 공판이 끝나고 「국민에게 드리는 글」도 썼고, 사회대타협을 호소하는 연설문도 여럿 썼다. 그리고 키보드를 눈물로 적시며 「대통령 선거 불출마 선언문」도 썼다. 하루에 10여 쪽씩, 7년 동안 1만 쪽이 넘는 글을 썼다. 그의 입을 빌려 세상에 하고 싶은 말을 마음껏 했다.

그의 이름으로 꼭 쓰고 싶은 글이 있었다. 이 책에 실린 글들이다. 8년 동안 그의 이름으로 글을 쓰면서 못다 한 이야기를 그와 함께 쓰고 싶었다. 이 책을 쓰기 위해 잊지 않으려 애쓰며 남겨둔 '기억'도 많다. 그렇지만 그럴 수 없다. 내 기억만 남아 있고, 내 글을 한 자 한 자고쳐줄 그는 없다. 그가 갔다. 더는 발언할 수 없다. 그러나 그가 역사에 기록하고 싶어 했던 말은 아직 기록되지 못한 채 남아 있다. 빵점짜리 옛 비서는 기록되지 않은 그의 말을 뒤늦게 기록하다 그만 가슴을 친다. '아, 이 말은 그의 말일 수 없구나. 그가 하고 싶던 말이지만 이 글은 그의 글이 될 수 없구나.'

2009년 여름, 내가 일하는 회사의 사무실 근처로 그가 찾아왔다. 그리고 '비싼 점심'을 샀다. 홍대 앞 이름난 남도 음식점이었다. 평소 그는 '비싼 점심'을 혐오했다. 한 상 가득 차려 놓고, 반은 먹고 반은 남기는 걸 영 못마땅해했다. 구내식당이나 4000원~5000원이면 해결할 수 있는 길거리 음식점에서 주로 먹었다. 수행비서 수첩에는 싸고 맛있는 맛집 주소가 그득했다. 그는 매일 먹는 점심을 수십만 원 내고 먹는 정치인을 보면 안타까워했다. 뻔한 세비로는 그렇게 생활하는 게 불가능하다는 걸 잘 알고 있었다. 게다가 그즈음 그는 가난했다. 국회의원 선거에서 떨어진 뒤 별 수입이 없었다. 승용차 처분하고, 기사, 비서 다 그만두게 했다. 매일 버스나 지하철을 타고 서울 나들이를 했다. 서민 체험이 아니라 그냥 서민이었다. 믿기 힘들겠지만 정말로 돈이 없었다. 삼선 국회의원에 원내대표, 당의장, 장관까지 지낸 사람이었지만, 당장 생활비를 걱정해야 하는 상황이었다. 그런 그가 '비싼 점심'을 샀다.

"어렵겠지만 부탁해." 진심으로 미안해하며 내 손을 잡았다. 책을 쓰고 싶다고 했다. 쓰고 싶은 주제는 '민주정부 10년, 반성과 대안'이라고 했다. 국민의정부와 참여정부에서 현실 정치인으로 지내며 보고 듣고 느낀 점을 기록하고 싶다고 했다. 시시콜콜한 뒷얘기를 하자는 건 아니었다. 민주정부 10년, 주요 쟁점과 변곡점이라 할 만한 이슈를 돌아보며 민주개혁 세력이 다시 집권했을 때 반면교사로 삼을 자료를 남기자는 얘기였다.

함께 어림으로 목차를 꼽아 봤다. 동교동계와 빚은 갈등, 민주당 쇄신 투쟁, 후보 단일화, 양심 고백, 대북 송금 특검, 민주당 분당, 이라크 파병, 탄핵, 분양원가 공개 논쟁, 국민연금 안정성 논쟁, 황우석 교수 사건, 의료민영화 논쟁, 대연정 파동, 사회대타협, 개성공단 방문, 남북정상회담, 한국−미국 자유무역협정(한미 FTA) 등이었다.

심중이 읽혔다. 책으로 세상에 하고 싶은 말이 있다는 거였다. 여당 지도부 혹은 장관이라는 위치 때문에 입 밖에 내지 못한 얘기를 '이제 하고 싶다'는 거였다. 다시 세간의 이목을 끌자는 것도 아니고, 자기 입장 변호하자는 것도 아니었다. '역사에 남기기'였다. 드러내지 않은 속 이야기를 '기록'해두고 싶은 거였다. 역사의 기록에 김근태의 시각도 보태야 한다는 생각이었을 것이다. 그래야 민주정부 10년 성패의 곡절을 객관적이고 균형 있게 볼 수 있다 말하고 싶었을 것이다.

처음은 아니었다. 그를 모시며 같은 취지의 말을 여러 번 들었다. "지금은 할 수 없지만 지금 겪는 일을 나중에 반드시 기록해야 한다." 참여정부 5년, 속을 앓을 때마다 주문처럼 되풀이한 말이었다. 민주정부 10년, 그는 여당 속 야당이었다. 국민의정부 때는 동교동계와 불화했고, 참여정부 때는 노무현 대통령과 불화했다. 새천년민주당 부총재, 열린우리당 원내대표와 당의장, 보건복지부 장관을 지냈지만 견제

속에 살았고, 쉼 없이 속앓이를 했다.

나에게 대신 집필을 부탁한 데는 두 가지 이유가 있었다. 첫째는 떨리는 손이었다. 이미 펜을 쥘 수 없는 상태까지 파킨슨병이 진행됐다. 기억과 의지는 또렷한데 몸이 말을 듣지 않아 답답했을 것이다. 병세는 점점 위중해져 급했을 것이다. 그래서 이미 곁을 벗어난 예전 비서의 회사까지 찾아와 글을 써달라 부탁했을 것이다. 가벼운 호주머니 털어 '비싼 점심'을 샀을 것이다. 그답지 않은 극성이었다.

둘째는 자료 부족이었다. 그는 참여정부 5년 동안 여러 직책을 맡았다. 국회직, 정부직, 당직. 길면 1년 반, 짧으면 여섯 달이었다. 직책을 맡을 때마다 보좌관 두세 명이 함께했다. 연설과 발언 자료 준비는 주로 내가 맡았다. 매일 새벽 3~4시까지 그날 할 말과 글을 준비했다. 벅찼다. 혼자 하는 일이라 힘에 부쳤다. 글감과 말감을 내보내긴 했지만 실제 어떻게 발언했는지 확인할 수 없었다. 언론 보도로 간접 확인만 했다. 녹음하고, 기록하고, 보존할 여유는 없었다. 그렇게 몇 년이 지나고 나니 남은 건 언론 보도 내용과 기억뿐이었다. 그 기억을 하나하나 되살려 다시 기록하는 수밖에 없었다. 말과 글을 준비한 나에게 손을 내민 이유였다.

부탁을 들어주지 못했다. '먹고사는 문제' 때문이었다. 그때 나는 60권짜리 어린이 백과 전집을 만들고 있었다. 백과 전집 개발은 집중이 필요한 일이다. 백과는 내용이 방대하고 확인할 거리가 많은 책이다. 게다가 100명 넘는 작가와 화가, 편집자, 디자이너가 한꺼번에 60권의 책을 만드는 일이다. 톱니바퀴처럼 움직이고 일의 순서와 결을 잘 맞춰야 한다. 시간 싸움이기도 했다. 100여 명이 함께 작업하다 보니 시간이 돈이었다. 하루 늦어지면 그만큼 돈이 더 들고, 예산을 넘어서면 감당이 안 됐다. 나는 편집 책임자로서 시간 전쟁을 하고 있었다.

부탁을 거절할 수는 없었다. 그렇다고 책 쓸 형편도 아니었다. 백과전집 개발이 끝나려면 1년도 더 남았고, 그때까지는 어쩔 수 없었다. 결국, 나중에 하기로 했다. 2~3년 정도 지나서 할 생각이었다. 어린이 백과 개발이 끝난 뒤, 그 전집 개발을 맡긴 회사의 임원으로 취직했고, 그렇게 또 1년이 흘렀다. 그리고 이번엔 그가 입원했다. 심각한 병증은 아니어서 건강히 퇴원할 줄 알았고, 퇴원하면 책 쓸 기회가 올 줄 알았다. 그러나 그는 자리에서 일어나지 못했고, 나는 약속을 지키지 못한 죄인이 되었다. 약속을 지키고 싶어도 지킬 수 없게 되었고, 영영 죄를 갚을 길이 없게 되었다. 그가 역사에 기록하고자 했던 말은 영원히 기록하지 못한 말이 되어버렸다.

너무 많은 시간이 흘렀다. 더 빨리 써야 했다. 쓰고 싶었다. 간절했다. 그러나 써지지 않았다. 한 줄 쓰고 여러 날 흐르는 일이 반복됐다. 괴로웠다. 그의 생각을 짐작해 쓰는 일이 낯설었다. 죗값 치른다 생각했다. 복기하는 동안, 그때 모습이 떠올라 고통스러운 적도 많았다. 특히 노무현 대통령과 부딪히는 장면을 쓸 때 그랬다. 컴퓨터 화면을 닫은 채 한두 달이 지나곤 했다. 차마 이 책에 다 옮기지 못한 얘기도 많다.

그의 이름으로 책을 낼까 생각했다. 2009년 여름, 그가 제안하면서 이 책이 시작됐기 때문이다. 그를 따르고 사랑하는 벗들이 함께 쓴 책으로 내거나 김근태재단 이름으로 내는 방법도 생각해보았다. 그렇게 하면 더 다양한 시각을 담을 수 있어 좋을 것 같았다. 그러나 그렇게 하지 않기로 했다. 오직 '김근태의 비서였던 최만영 개인'의 자격으로 책을 내는 게 낫겠다는 판단이 들었다.

그는 죽어서도 현실 정치인이다. 그의 이름 석 자는 지금도 현실 정치에 영향을 미친다. 오랜 친구들은 어려운 순간마다 "지금 김근태가 살아 있다면 어떻게 했을까?" 물으며 살고 있다. 그들에게 그는 거울이다. 여전히 살아 있는 벗이요, 교사다. 반대로 그의 친구였다는 이유로 모욕당하고, 공격받기도 한다. 그래서 세상 떠난 그는 아직 완전히 자유롭지 않다. 그에 관한 이야기는 오로지 그에 관한 것으로 끝나지 않는다. 여전히 조심하고 고려할 게 많다.

그와 내가 겪은 참여정부 5년의 기억은 대부분 불화의 기억이다. 현실 정치를 생각하면 그와 참여정부의 불화는 묻어두는 편이 좋다. 지금은 '분별심'보다 '이해'와 '소통'이 더 중요한 시기다. 현실 정치에 참여하고 있는 그의 벗들 역시 과거를 들춰내는 건 불편하다. 그렇다고 언제까지 묻어둘 수도 없다. 시간이 흐르면 그는 언론 보도 내용만으로 역사에 기록될 것이다. 그러나 언론 보도가 담고 있지 않은 '사실史實'도 많다. 시간이 더 흐르기 전에 '사실'을 기록해야 하는 까닭이다.

그래서 이 책은 김근태나 김근태재단이 아니라 최만영 이름으로 낸다. 기록의 자유를 한 뼘이라도 더 벌기 위해서다. 현실 정치를 떠난 내가 아무래도 조금 더 자유롭다. 아울러 내 눈으로 직접 보고 겪지 않은 일을 소설처럼 쓰고 싶은 생각도 없다. 내가 보고 들은 것만 기록할 생각이다. 그러다 보니 그가 말한 '민주정부 10년의 기록'이 '4년의 기록'으로 줄었다. 그의 보좌관으로 일한 2003년부터 2007년까지 보고 겪은 일을 주로 쓸 생각이다. 아쉽지만 어쩔 수 없는 일이다.

2019년 8월
최만영

1부

지친 사자

김근태를 만나다

김근태 키드

내 또래 상당수가 그렇듯 청년 시절, 나는 김근태에게 젖줄을 대고 살았다. '김근태 키드'였다. 질풍노도의 1980년대, 나는 그처럼 되고 싶었다.

그의 이름을 처음 들은 건 대학교 3학년이던 1985년 여름이었다. 전국 대학신문 편집장 모임 선배 하나가 민주화운동청년연합(민청련) 회원이었다. 선배에게 민청련과 그의 이야기를 들었다. 그리고 그날 그는 단박에 경외의 대상이 되었다. 종로 한복판 고층 건물에 무인 현수막과 전단 살포 장치를 만든 이야기는 무협소설 같았다. 구호를 쓴 현수막 안에 전단을 죽 깔고 돌돌 말아 고층 건물 화장실 창에 묶고, 줄에 담뱃불을 붙인 다음 건물을 빠져나왔다고 했다. 한참 뒤, 담뱃불에 줄이 끊어져 종로 한복판 고층 건물에 현수막이 나부끼고 그 아래로 하얀 전단들이 꽃잎처럼 떨어졌다.

얼어 읽은《민주화의 길》에서는 대학 선배들에게 느낄 수 없는 중후함과 깊이, 철저함이 물씬 묻어났다. 가두시위에서 접한 민청련 선배들은 '프로'가 뭔지 제대로 보여줬다. 그 민청련의 지도자 김근태의 이미지는 당연히 '강철'이었다. 압도적 운동가의 풍모.

다시 그를 접한 건 1988년이었다. 그해 4월부터 민청련에서 발행하는《민중신문》기자로 일했다. 파고다공원 뒤편 낙원동에 있는 두세 평 남짓한 사무실이었다. 거기서 2년 정도 일했다. 기자라고 하지만 취재하고, 기사 쓰고, 사진 식자 뽑아서 대지 작업하고, 인쇄 맡기고, 포장해서 서점에 배포하고, 수금하는 일까지 두세 명이 알아서 했다.

그때 그는 구속돼 있었다. 얼굴을 마주할 기회가 없었다. 그렇지만 나는 민청련 사무실 곳곳에 배어 있는 그의 냄새를 진하게 느꼈다. 하나를 보면 열을 아는 법. 나는 민청련을 보고 만난 적 없는 그의 향기를 충분히 맡을 수 있었다.

당시 내가 일하던 민청련 사무국 사무실 벽에는 강령을 인쇄한 액자가 걸려 있었다. 서너 항이었던 것 같은데 첫 항만 기억나고 나머지는 기억나지 않는다. 그런데 그 첫 항이 묘했다. 그때까지 민청련은 나에게 강인함과 격렬함의 상징이었다. 군사 독재정권의 야수 같은 탄압에 맨몸으로 맞서는 존재였다. 스스로 뱀에게 잡아먹혀 새로운 삶을 여는 옴두꺼비.

그 민청련의 강령 제1항은 '인간 존엄성 구현'이었다. 그 뒤로 민주주의 회복, 민족 통일, 민중 생존권 보호 같은 강령이 있던 것 같다.

어느 날 사무실 깊이 묻혀 있던 짐 속에서 「무릎 꿇고 살기보다 서서 죽기
원한다」라는 제목이 달린 낡은 인쇄물을 발견했다. 김근태 민청련 의장이
고문을 폭로한 재판 기록이었다.

이 강령의 담대함과 생경함에 놀랐다. 민청련의 최고 목표가 인간 존 엄성 구현이라니….

어느 날 사무실 깊이 묻혀 있던 짐 속에서 「무릎 꿇고 살기보다 서 서 죽기 원한다」라는 제목이 달린 낡은 인쇄물을 발견했다. 김근태 민 청련 의장이 고문을 폭로한 재판 기록이었다. 글을 읽으며 몸이 얼어 붙었다. 정리하던 짐을 펼쳐 놓은 채 사무실 바닥에 앉아 꼼짝할 수 없었다. 고문의 잔혹함도 충격적이었지만 고문에 대한 구체적 묘사와 담담하고 솔직한 진술이 더 인상적이었다. 부끄러움과 초라함을 넘어 서는 한 인간의 초월을 느꼈다. 그리고 민청련 첫 강령이 왜 '인간 존엄 성 구현'인지 분명히 알게 되었다. 그에게 받은 두 번째 인상은 '사람' 이었다.

민청련은 내가 학생운동을 마치고 처음 사회운동을 시작한 곳이 다. 민청련에서 일하기 시작하며, 대학 시절 선배에게 들은 무용담이 나 가두시위에서 본 민청련 선배들 활약을 떠올렸다. 잘 훈련된 운동 가들의 조직. 그러나 직접 본 모습은 좀 달랐다. 1988년 민청련은 1987 년 대선 패배의 태풍이 휩쓸고 간 상처로 깊게 팬 모습이었다. 조직은 갈라졌고, 작았고, 위축됐다.

그즈음 민청련 대의원대회가 열렸다. 1년 활동을 정리하고 새 방향 을 정하는 모임, 지도부를 새로 뽑는 모임이었다. 그런데 이 대회는 흔 히 보는 그저 그런 행사가 아니었다. 무려 2박 3일에 걸쳐 펼쳐지는 대 하 드라마였다. 대의원 전원이 참여해 밤낮없이 토론을 벌였다. 논전 은 치열했고 한 치 양보가 없었다.

대의원대회에서 놀란 건 토론의 치열함이 하나요, 민주주의 규율에 관한 게 또 하나였다. 나는 대의원대회에서 열변을 토하는 선배들을 보고 깜짝 놀랐다. 평소 사무실에서 주장하고 실천하던 내용과 정반대 주장을 하는 선배들이 여럿이었기 때문이다. '저 형은 NL이구나' 하고 생각했던 사람들이 알고 보니 NL 계열을 공격하는 선봉장인 경우가 많았다. 그들은 지난 대의원대회에서 결정한 방침에 따라 자기 주장은 접어두고 일관되게 '조직의 방침'을 주장하고 실천한 것이다. 제한을 두지 않는 엄청난 토론과 토론 결과에 대한 절대적 승복. 민주주의의 규율이 엄정히 살아 있는 현장이었다.

훗날 김근태를 가까이 모시면서 나는 이게 그의 몸에 밴 원칙이라는 사실을 알 수 있었다. 그는 아들뻘 되는 까마득한 후배에게도 일방적으로 주장하거나 지시하는 법이 없었다. 항상 의견을 물었고, 생각이 다르면 토론하자고 판을 벌였다. 본인과 생각이 다르더라도 함께 토론해 결정한 일은 철저하게 집행했다. 원내대표 시절, 이라크 파병이 그랬다.

당시 민청련은 민가협과 사무실을 함께 썼다. 가운데 칸막이를 나눠 이쪽은 민청련이고, 저쪽은 민가협이었다. 민가협은 전두환 노태우 정권이 가장 두려워한 조직이었다. 민가협 어머니들은 몸을 사리지 않고 싸웠다. 이 민가협을 처음 만든 사람이 김근태의 부인인 인재근 여사와 민청련 사건 구속자 가족들이었다.

민가협 이름을 '민주화운동가족협의회'로 잘못 알고 있는 사람들이 많다. 민주화운동을 하는 사람의 가족 모임이니 그게 자연스럽다.

그런데 민가협의 본래 이름은 '민주화실천가족운동협의회'다. '민주주의를 실천하는 가족 운동을 하는 사람들의 모임'이라는 뜻이다.

　말장난 같지만 두 말은 뜻이 전혀 다르다. 민가협의 이름에는 처음 민가협을 만든 사람들의 깊은 뜻이 담겨 있다. 민주화운동을 하다 잡혀 들어간 자식이나 형제 때문에 민가협 활동을 하지만 거기서 그치지 말자는 뜻이다. 내친김에 '가정의 민주화'를 이루는 데까지 나아가보자는 것이다. 사회 민주화 못지않게 중요한 것이 가정의 민주화 아니던가? 당시 민가협에서 발행하던 신문 《민주가족》에는 사회 민주화 못지않게 가정의 민주화가 중요하다는 메시지를 빼지 않고 실었다. 민가협을 만들 당시 주요한 역할을 했던 민청련 사건 가족들이나 김근태, 인재근 같은 분들의 생각을 느낄 수 있는 이름이다.

　민청련 활동을 하면서 배운 '규율 있는 민주주의'와 '민주가족운동'은 김근태를 마음 깊이 받아들이고 존경하는 계기가 됐다. 당시 민청련은 나에게 민주주의를 가르치는 학교였고, 얼굴 한 번 보지 못한 그는 어느새 민주주의의 큰 스승이 되었다. 그에게 받은 세 번째 인상은 '민주적 삶을 사는 민주주의자'였다. 나는 그때 처음으로 진짜 민주주의자를 만난 것이다.

늘 그 자리에 있던 사람

김근태의 모습을 직접 본 건 1988년 봄이었다. 남영동에서 칠성판을 진 채 찢기고 밟힌 몸과 영혼을 추스르고, 그가 세상에 다시 나온 때였다. 내심 함께 민청련 사무실에서 활동하면 좋겠다 기대했다. 그러나 그는 이미 민청련만의 김근태가 아니었다. 강연장에서나 만날 수 있었다. 처음 그의 얼굴을 본 건 연세대에서 열린 강연이었다. 민청련 선배들과 강연장을 찾았다.

1987년 양김 분열과 정권 교체 실패로 민주화운동 진영은 이미 회복하기 어려운 상처를 입고 분열했다. 모두 그의 입을 주목했다. 5년 전 민청련을 만들 때 그랬듯이, 혹독한 고문을 이기고 불사조가 되어 돌아온 그가 사분하고 오열된 상황을 이겨내고, 긴 패배주의를 몰아내는 신호탄을 쏘아 올려주길 기대했다. 뭇사람의 기대를 안고 그가 긴 연설을 시작했다.

당황스러웠다. 포효하는 호랑이를 기대하다 순한 사슴을 만난 기분이었다. 유난히 길고 희다고 하기보다 창백하다는 표현이 어울릴 그의 얼굴 때문에 더 사슴처럼 보였는지도 모르겠다. 기대했던 호랑이 같은 모습과 많이 달랐다. 더 당황스러운 건 연설 솜씨였다. 연설은 강의에 가까웠다. 고저장단이 극적이고 스토리텔링이 분명한 천하의 연설꾼이 득시글대던 시대였다. 그의 연설 솜씨는 낙제 수준이었다. 정말 당황스러운 건 연설 내용이었다. 그때는 혁명, 불꽃, 사상, 애국, 구국 같은 피 끓는 단어가 도가니처럼 끓어 넘치는 시대였다. 그가 구사하는 단어는 끓는 피와는 거리가 멀었다. 밋밋했다. 주장하는 내용도 매력 없었다. 화려한 조명탄을 쏘아 주길, 화끈한 새 길을 안내해주길 기대했건만, 그는 시종 다른 세력과 힘을 모아야 한다고 강조했다. 김대중, 김영삼 씨의 보수 야당이나 민중운동 세력과 더 협력해야 한다는 지론, 민주대연합이었다.

두 번째 연설은 성남에서 열렸다. 성남 민청련 창립 기념 강연이었다. 첫 번째 연세대 연설이 대중집회라면, 두 번째 성남 연설은 작은 규모의 실내 강의였다. 좀 더 가까운 곳에서 그를 관찰할 수 있었다. 표정까지 읽을 수 있었다. 연세대 연설 때보다 나아졌지만 여전했다. 연세대 연설에서 받은 게 충격이라면, 성남에서는 실망이었다. 이후 그에 대한 경외심을 지웠다. 끓어 넘치는 20대 청년이 마음을 기대기에 그는 좀 재미없는 사람이었다.

1983년, 민주화운동청년연합 의장으로 취임하는 날부터 김근태는

1988년 봄이었다. 남영동에서 칠성판을 진 채 찢기고 밟힌 몸과 영혼을
추스르고, 그가 세상에 다시 나왔다.

한국 현대사에서 유례없이 중요한 역할을 맡게 됐다. 민주화운동의 방향을 안내하는 길잡이 역할이다. 민청련은 창립하자마자 눈부신 활동을 폈고, 전체 민주화운동에서 주도적 위치를 차지했다. 그 민청련의 지도자는 곧바로 민주화운동 전체의 청년 지도자로 떠올랐다. 보수 야당의 투톱이 양 김씨였다면, 민주화운동은 문익환 목사가 상징적 대표를 맡고, 민청련의 김근태가 원톱으로 활동하는 체제였다. 그가 주로 논설을 쓴 《민주화의 길》은 학생운동과 재야운동의 길잡이 구실을 했다.

1985년이 지나면서 학생운동을 중심으로 민주화운동 진영은 몇 개 정파로 나뉘어 지루한 노선 투쟁을 거듭했다. 사회주의나 공산주의에 대한 동경과 갈망이 서서히 자리 잡기 시작했고, '시장의 역할'을 부정하는 흐름도 뚜렷했다. 땅따먹기를 떠올리게 하는 치열한 내부 전쟁이 시작됐다.

김근태는 땅따먹기 같았던 운동판의 중심에 우뚝 선 산맥이었다. 새로운 운동 노선을 확산하려면 김근태라는 산맥을 넘어야 했다. 청년 지도자 김근태의 권위와 상징에 생채기를 내기 위한 인신공격과 비판이 거듭 시도됐다. 민주화운동의 길잡이 구실을 한 청년 지도자가 감당해야 할 숙명이었다.

그는 후배들과 얼굴 맞대고 쉼 없이 설득했다. 사회주의나 공산주의에 대한 과도한 환상을 경계해야 한다는 논지였다. 자본주의의 틀 안에서 불공정한 경쟁과 특권을 없애고, 노동자를 비롯한 민중의 생존권을 보장하는 '경제민주화'를 이룩해야 한다는 것이 그의 견해였다.

이 시기, 김근태는 '경제민주화'가 이루어지면 많은 문제가 해결된다고 생각하고 있었다. 정부가 재벌을 비롯한 기업인들에게 부당하고 불공정한 특혜를 주는 것을 막고, 중소기업 지원을 늘리며, 노동자를 비롯해 가난하고 고통받는 사람들의 생존권을 지키려는 노력을 기울이는 것으로 충분하다는 것이 그의 주장이었다. 노동자가 주인 되는 세상이나 사회주의 혁명은 그의 사전에 없었다.

수많은 청춘이 김근태를 치받았다. 수정주의자, 투항세력, 프티부르주아, 보수 야당 첩자 따위의 날 선 말이 창이 되어 그를 찔렀다. 러시아와 중국에서 수입한 혁명이론과 주체사상의 세례를 맛본 청년들에게 그는 눈엣가시였다. 그가 민주화운동의 상징을 장악하고 있는 만큼 그 성채를 허물어야 했다. 공격은 집요했고, 말의 창은 날카로웠다.

훗날, 그의 비서가 되어 가까이 모시면서 문득문득 놀랄 때가 많았다. 열혈 청년이던 이십 대 내 모습이 자꾸 떠올라 부끄러웠다. 내 생각이 열 번도 더 변하는 20년 동안, 그는 한결같은 주장을 하고 있었다. 시시하다 여겨 훌쩍 그를 떠났지만, 굽이굽이 고갯길을 넘어 보니 그는 여전히 그 자리에 서 있었다. 나는 오래된 소나무처럼 제 자리를 지키고 있는 김근태의 자리로 여러 번 되돌아왔다. 철없던 시절, 많은 사람이 말의 창으로 그를 찌를 때, 속으로 고소해 하던 내가 부끄러웠다.

김근태는 깊이 생각하고, 길게 구상하며, 부드럽게 말하는 사람이었다. 단어 하나 선택할 때도 고심하고 또 고심했다. 생각나는 대로 말하는 법이 없었다. 한밤중 그의 말감을 준비하며 격하게 써 올린 단어는 언제나 출근 차량에서 먹줄로 그어지고, 더 부드럽고 더 또렷한 단어로 거듭났다. 놀라운 언어 경험이었다.

그는 정치 인생 내내 팔 벌려 세력을 넓히되, 그 안에서 민주화운동 세력의 주도권을 확보해야 한다는 주장을 펼쳤다. 참 재미없지만 지나고 보면 언제나 옳은 주장이었다. 세상을 뒤집는 화끈한 한판 승부보다 현실적으로 이룰 수 있는 일보전진을 선호했다. 논쟁이 벌어질 때는 가장 재미없는 주장으로 치부됐지만, 나중에 보면 언제나 그의 주장이 옳았다.

내가 아는 한, 1983년부터 2011년까지 그의 주장은 한결같았다. 1983년에 쓴 《민주화의 길》 논설은 지금 읽어도 세월의 격차를 느끼지 못한다. 마르크스와 레닌이 세상을 평정한 시기에도, 선혈 낭자한 개혁과 '난닝구'라는 말 화살이 유행어처럼 날아다니던 시기에도 그는 팔 벌려 세력을 넓히되 민주개혁 세력의 주도성을 확보해야 한다는 주장을 되풀이했다. 그런 그의 장점은 철없는 논객들에게 자주 조롱거리가 됐다. 그가 '대중적 인기'를 얻기 어려운 독특한 정치인으로 인식된 것도 이런 탓이 컸다.

재야운동을 할 때도, 현실 정치인이 된 뒤에도, 많은 사람이 그의 주장을 지루해하고 손가락질하며 그를 떠나갔다. 언제나 더 화끈한 주장이 세상을 얻는 것처럼 보였다. 그러나 화끈한 주장은 대부분 값비싼 대가를 치르고 다시 그가 서 있는 그 자리로 돌아왔다. 대북 송금 특검이 그랬고, 민주당 분당이 그랬으며, 분양원가 공개, 의료민영화가 그랬다. 양심 고백이 그랬고, 정치 개혁이 그랬으며, 황우석 교수 사태가 그랬다. 그는 뿌리 깊은 나무 같았다. 멀리 보고 깊이 생각하는 사람이었다. 그리고 그 길로 전체를 인도하기 위해 발버둥 쳤다. 덕분에 참 재미없는 사람이라는 지적을 받았고, 입 싼 자들의 조롱거리가 됐다. 그의 팔자였다.

외모 콤플렉스

"자기 의견을 주장하고, 조리 있게 발표를 잘한다. 살갗이 희다."

양수국민학교 6학년 시절, 그의 담임 선생님이 학생기록부에 적은 말이다. 그의 피부는 유난히 희다. 창백해 보이고, 약해 보인다. 축구를 좋아해 한 달에 서너 번 햇볕에 그을려도 타고난 흰 피부는 어쩔 수 없었다.

게다가 짐승의 고문을 받아 생긴 파킨슨병 때문에 얼굴 근육이 딱딱하게 굳어 자연스러운 표정을 지을 수도 없었다. 기쁠 때나 화날 때나 항상 똑같은 표정이었다. 그와 대화를 나눈 사람 가운데 말은 참 따뜻한데 표정이 너무 근엄해서 불편했다고 하는 사람도 많았다. 파킨슨병 증상 가운데 하나인 '데스마스크'였다. 고문 후유증 때문에 고개는 언제나 오른쪽으로 15도 기울어져 있었다. 그의 외모는 철없는 논객들의 놀림감이 되곤 했다.

"좀 웃으세요." "얘기할 때는 카메라 보고 옅은 미소를 머금는다 생각하세요." 수많은 이미지 컨설팅 전문가가 그에게 이런 주문을 했다. 매일같이 텔레비전에 나오는 유명 정치인에게 데스마스크와 15도 꺾인 목은 치명적 약점이었다. 아니, 정치인으로서 실격 요인이었다. 많은 사람이 그런 그의 약점을 고쳐보겠다고 나섰다. 그때마다 그는 "고마워" 하며 사람 좋게 허허 웃었다. 내색하지 않았지만 많이 속상했을 것이다. 그는 아무리 노력해도 기쁘고, 슬프고, 화나고, 따뜻한 표정을 지을 수 없었다. 2000년대 초반, 파킨슨병은 이미 그의 몸 깊숙이 똬리를 틀고 있었다.

김근태를 떠올리다

한참 '김근태'라는 이름을 잊고 지냈다. 먹고사는 일, 회사 일에 몰두했다. 창업자와 임원, 팀장이 모두 운동권 출신인 회사였다. 기업 문화가 매력적이었다. 성장 가능성도 풍부했다. 드라마 작가 공부를 하다 우연히 이 회사를 발견했다.

1996년, 이 회사 홍보팀을 맡아 직장 생활을 시작했다. 하루하루 놀라움과 환희의 연속이었다. CI를 새로 정하고, 경영철학을 정비했다. 기업문화팀을 만들었다. 자생적으로 생겨난 기업문화를 제도와 시스템으로 정착시키고자 노력했다. 탁월한 제품력 덕분에 새로 시작한 광고는 연일 대박이었고, 희망 가득한 미래가 열리는 듯했다.

경영진부터 평직원까지 같은 꿈을 꿨다. 머지않아 대기업이 되고, 우리나라에 없던 새로운 기업 모델을 만들 수 있다 확신했다. 새로운 기업 모델이란 주주와 직원이 성과를 공유하고, 함께 토론하고 공동의 결정에 따르는 회사였다. 신뢰를 바탕으로 직원을 성장시키고, 그 힘으로 회사도 함께 성장하겠다는 조직원 제일주의도 강조했다. 운동하던 사람들이 기업을 하면 이렇게 잘할 수 있다는 걸 보여주고 싶었다. 직원 모두의 자발성을 최대치까지 끌어올리면 조직이 어느 수준까지 이를 수 있는지 궁금하기도 했다.

회사 생활은 즐겁고 놀라웠다. 일하다 몸이 부서져도 상관없다고 생각했다. 대학교 시절 학생운동을 시작할 때 겪은 해방감 이후 처음 느끼는 폭발적인 행복감이었다. 학생운동하던 마음 그대로 회사 생활을 했다. 종업원 쥐어짜고 부정과 불의를 일삼지 않아도 큰 기업 만들 수 있다는 확신이 들었다. 직원 한 사람 한 사람이 자기 일처럼 자발적으로 일하는 회사는 천하무적 경쟁력을 갖게 된다는 사실을 확인하고 감격스러웠다. '우리나라를 대표하는 기업은 삼성이 아니라 우리'라는 자신감이 하늘을 찔렀다.

그러나 거창하고 아름다운 꿈은 7년을 넘기지 못했다. 기업을 통해 민주주의를 이룰 수 있다는 꿈, 새로운 모델의 기업을 만들어 사회 발전에 기여할 수 있다는 꿈을 접어야 했다. 결국, 회사는 창업자의 것이었고, 창업자와 나의 생각이 완벽히 맞진 않는다는 사실이 분명해졌다. 동행이 어려운 상황이었다. 더 큰 사기꾼이 되기 전에 그쯤에서 멈춰야 했다. 사표 내는 날이 왔다.

다른 회사에 취직하는 건 불가능했다. 다니던 회사보다 나은 회사, 성에 차는 회사가 없었다. 불러줄 리도 없지만, 불러준다 해도 다니고 싶은 생각이 없었다. 고객 입장에서 기업을 평가하고 인증하는 시민운동을 할까 고민하고 있었다. 기업문화, 사회공헌 같은 걸 평가 기준으로 삼을 생각이었다. 그런데 '김근태'라는 이름이 자꾸 눈에 밟혔다.

그즈음, 김근태는 대통령 선거 후보 당내 경선에서 낙선하고 혈혈단신이었다. 양심 고백 때문에 검찰 조사도 앞두고 있었다. 여러 생각이 교차했다. 노무현과 이인제, 김근태 등이 맞붙은 새천년민주당 대통령 후보 경선에서 나는 그를 응원했다. 그렇지만 보수 정치인의 벽을 넘어 그가 후보가 되기는 쉽지 않을 거라 생각했다. 노무현이나 김근태 둘 중 한 사람이면 좋겠다고 생각했다. 결국, 노무현이 대통령이 되었다. 다음은 김근태 차례라고 생각했다. 김대중 대통령이 창업한 태조라면, 노무현 대통령은 태종, 김근태가 세종의 역할을 맡는 게 자연스럽다 생각했다. 새로운 차원의 기업을 만들겠다던 못 이룬 그 희망을 김근태에게 걸어 보기로 했다. 새로운 기업 모델을 만드는 게 아니라 새로운 세상을 만드는 일이었다. 노무현 대통령을 이어 세종기의 르네상스를 재현할 사람은 김근태밖에 없어 보였다. 자연스럽게 그렇게 될 줄 알았다. 그때 나는 세상을 너무 몰랐다.

김근태여야 했다

10년이 넘는 세월이 지나 다시 '김근태'라는 이름을 떠올린 건 '양심 고백' 때문이었다. 여전한 그 바보스러움이 반가웠다. 아직 살아 있네, 싶었다. 먼발치에서 그의 소식을 전해 들었다. 그즈음 그가 외로워한다는 소식이 들렸다. 따르던 벗들은 대부분 참여정부에 몸을 실었고, 오랜 참모들은 대통령 후보 경선 과정에서 입은 상처를 달래고 있다고 했다. 주변에는 떠나는 사람만 많았다. '양심 고백'의 대가였다. 먼발치에서 이런 사정을 전해 듣고 마음이 아팠다.

사표를 내는 날, 창업자가 회사를 그만두면 뭘 할지 물었다. 나는 김근태를 돕고 싶다고 말했다. 다음 대통령 선거까지 4년 정도 시간이 남았으니 전력을 다해 돕고 싶다고 했다. 창업자 역시 김근태의 운동권 후배였다.

그건 솔직한 심정이었다. 김근태는 이렇게 끝나선 안 될 인물이었다. 그의 양심 고백은 칭찬받을 일이지, 손가락질 받을 일이 아니었다. 노무현 대통령은 '정동영도 있고 추미애도 있다'고 했지만 다음은 정동영이나 추미애가 아니라 김근태여야 했다. 그게 순리고 바른 역사였다. 민주당 대통령 후보 경선을 지켜보며 나름대로 내린 결론이었다.

빚을 갚고 싶다는 마음도 컸다. 그는 내 청년 시절 우상이자 자랑이었다. 그가 있어서 민주화도 있었고, 정권 교체도 가능했다. 1993년 민주화운동을 정리하고 직장 생활을 시작한 뒤 미안한 마음이 있었다. 혼자 도망쳤다는 죄책감도 느꼈다. 이번 기회에 잠깐 그를 돕는 것으로 그 빚을 갚고 싶었다. 시민운동은 나중에 해도 될 일이었다.

2003년 7월, 아는 사람의 소개로 김근태를 만났다. 그리고 그의 외곽 사무실인 한반도재단 구석에 자리를 잡았다. 홍보팀장이라는 직책을 받았지만 그저 명함을 찍기 위한 직책일 뿐 별 의미는 없었다. 당시 한반도재단은 개점휴업 상태였다. 찾아오는 사람도 없고, 크게 하는 일도 없는 적막강산이었다. 그를 돕는 일은 대부분 의원회관에서 했다. 사실 홍보팀이 따로 있는 것도 아니었다. 나와 후배 한 명. 근무자는 두 명뿐이니 이것저것 가릴 것 없이 온갖 잡일을 도맡아 하면 되는 거였다. 밀대 잡고 바닥 닦는 일이었다.

한반도재단에 들어가기 전, 한 행사장에서 김근태를 처음 만났다. 첫인사 자리였다. 따뜻하게 손을 잡으며 그가 건넨 첫 마디는 "잘생겼네"였다. 처음 만나는 사람에게 "잘생겼네" "미인이십니다" 하는 것은 김근태식 인사법이었다.

그걸 잘 모르는 나는 조금 당황했다. '잘생겼다'는 칭찬을 받을 만한 얼굴이 아님은 스스로 잘 알았다. 지금 곰곰이 생각해보니 그때 그는 '출마해도 되겠네'라는 뜻을 담아 인사를 건넨 것 같다. 나를 정치 지망생으로 소개받은 모양이다. 당시 여의도를 찾아오는 정치 지망생이 많았으니 그렇게 생각하는 게 자연스러웠다.

나는 직접 선거에 출마해 정치할 생각이 전혀 없었다. 딱 4년만 그를 돕고 다시 생활전선에 뛰어들 생각이었다. 이름난 총학생회장 출신도 아니었고, 괜찮은 정치인이 되겠다는 포부도 없었다. 주변 사람들에게도 그렇게 말했다. "김근태를 돕는 게 중요하지, 내 정치를 하는 건 관심 밖이다. 4년 동안 빚 갚고 나면 여의도를 떠날 것이다. 김근태가 대통령이 돼도 청와대에 들어가지 않을 것이다. 훌훌 털고 떠날 것이다."

그건 나에게 하는 다짐이기도 했다. 그리고 정말 딱 4년 동안 그를 돕고 여의도를 떠났다. 꼭 4년 뒤인 2007년 6월, 그가 대선 불출마를 선언했기 때문이다.

노란 리본

2002년, 나는 김근태의 팬클럽 '희망' 회원이었다. 인터넷에서
만 활동했다. '희망'은 대통령 선거 후보 경선 기간 '희망 돼지 저금
통'을 만들어 모금 활동을 하는 등 활발하게 움직였다. '양심 고백'
이후 그가 칩거할 때는 국회 의원동산에 '노란리본나무'를 만들어
그를 기다리는 이벤트를 열기도 했다.

'노란리본'은 유럽과 미국에서 전쟁터에 나간 병사가 무사
히 돌아오길 기다리는 상징으로 여겨졌다. 1973년 토니 올랜도
와 돈이 발표한 팝송 〈늙은 떡갈나무에 노란 리본을 달아주오^{Tie a}
Yellow Ribbon Round The Old Oak Tree〉 발표 이후 멀리 떠난 사람에 대한
그리움과 기억의 상징이 됐다.

팬클럽 '희망'은 양심 고백으로 정치 활동을 잠정 중단한 김근태를 기다린다는 뜻으로 우리나라에서 처음으로 '노란리본운동'을 벌였다.

팬클럽 '희망'이 처음 시작한 '희망돼지' 캠페인은 노무현 대통령 선거 운동 기간에 노사모로 이어졌고, '노란리본'은 세월호 희생자들을 기리는 리본으로 부활했다.

김근태가 되어 글을 쓰다

글을 써보라는 주문이 왔다. 글이 필요하다는 이유를 들었지만, 글을 얼마나 쓰는지 확인하는 절차였다. 긴장됐다. 기자로 일하며 혹은 회사에서 수많은 글을 썼지만, 내가 김근태가 되어 글을 쓰는 건 전혀 다른 상황이었다. 그는 양심 고백 선고공판을 앞두고 있었다. 그가 하고 싶은 얘기가 뭘지 떠올리며 글을 썼다. 글을 읽는 그의 얼굴에 옅은 미소가 번졌다. 면접을 통과한 셈이었다. 그때 쓴 글이다.

국민 여러분께 드리는 글

국민 여러분. 오늘 저의 '양심 고백'에 대한 사법부의 판결이 있었습니다. 이로써 지난해 3월 민주당 대통령 후보 경선 당시 있었던 '양심 고백'에 대한 사법적 판단이 이루어졌습니다. 저는 이 판단을 존중하겠습니다. 그동안 저의 충정을 이해하고 지지해준 많은 분께 진심으로 감사드립니다. 재판을 마치면서 저는 국민 여러분께 그동안의 과정을 보고 드리고, 또 심판 받을 점을 직접 심판 받고 싶어 이 자리에 섰습니다. 사법적 판단은 종결되었지만 제가 양심을 고백한 진정한 당사자는 국민 여러분이었고, 따라서 여러분이 내리는 '양심의 판결'을 받아야 한다고 생각했기 때문입니다.

국민 여러분. 적지 않은 갈등 끝에 저는 현실 정치인의 길을 버리고 제 마음의 소리를 따랐습니다. 현실 정치인의 선택에서는 '내일의 희망'을 발견할 수 없었기 때문입니다. 덕분에 저는 '민주당의 국민경선제를 지켜냈다'는 자부심을 갖게 됐습니다. '정치자금 양심 고백을 한 최초의 정치인'이라는 명예도 얻었습니다. 반면에 '현실 감각이 부족한 정치인'이라는 비아냥을 듣기도 했습니다. 지난 경선에서 저를 지지하던 분들조차 "현실 정치인 김근태는 끝났다"며 등을 돌릴 때는 참담하기도 했습니다.

그러나 저는 제 선택을 후회하지 않습니다. 제가 선택한 길은 역사를 발전시키는 길이고 희망의 길이라고 믿기 때문입니다. 많은 분이 '어리석다'고 비웃더라도 '김근태의 길'을 만들어가겠습니다. 어렵고 힘들 때마다 지난해 제 마음속에 주고받았던 대화를 기억하겠습니다. 이제, 국민 여러분의 마지막 판결이 남았습니다. 여러분의 판결을 기다리겠습니다.

2003년 8월

여의도 젖먹이

2003년 8월 초, 나는 여의도 정치권 돌아가는 분위기를 파악하는 데 힘쓰고 있었다. 여의도 정치에 문외한이던 나는 여의도 문법을 익히고, 세상 흐름을 좇느라 나름 분주했다. 다행히 내가 근무하는 한반도재단은 종일 적막했다. 특별히 찾아오는 사람도 없었고, 당장 바빠 해야 할 일도 없었다. 느긋하게 귀동냥, 눈 동냥하며 분위기 파악하기에 안성맞춤이었다. 나는 사무실을 찾는 김근태의 안색을 살폈다. 세상 돌아가는 흐름은 그의 표정으로 파악하는 게 정확했다. 그즈음 가끔 한반도재단을 찾는 그의 얼굴에는 수심만 가득했다.

한반도재단이 적막하다고 세상도 조용한 건 아니었다. 사무실에서 한 발만 벗어나면 시끌벅적한 여의도 월드가 펼쳐지고 있었다. 여의도는 혼돈과 열망이 한솥에서 들끓는 곳이다. 취임 100일을 앞둔 노무현 대통령은 매일 깜짝 놀랄 뉴스를 쏟아내고 있었고, 새로운 모의를 하는 사람들이 끼리끼리 몰려다니며 미래를 속삭였다. 그런 밀어가 구름처럼 바람처럼 여의도 바닥을 흘러 다녔다. 바야흐로 여의도는 새 판짜기로 분주한 짝짓기 계절이었다.

세상은 분주했지만 김근태는 깊은 실의에 빠져 침잠하고 있었다. 연초부터 지금까지 하는 일마다 좌절했다. 대북 송금 특검만은 무슨 일이 있어도 막고자 했으나 실패했고, 이라크 파병의 길목을 막아선 '반전평화모임'의 거사도 뜻을 이루지 못했다. 최근에는 이른바 '탈레반' '개혁신당'이라는 말이 그를 괴롭히고 있었다. '선명한 개혁'을 위해 분열도 불사한다는 해괴한 논리가 한바탕 칼춤을 추고 있었다.

무엇보다 큰 고민은 대통령과 가는 길이 너무 다른 게 아닌가 하는 걱정이었다. 노무현 대통령은 김근태의 생각과 거꾸로 가고 있었다. 두 사람이 가는 길은 하루가 다르게 멀어지고 있었다. 아직 100일도 지나지 않았는데 김근태는 벌써 '이 길이 아니다' 비명을 내지르고 있었다. 그즈음 김근태는 자신이 알던 '국회의원 노무현'과 '대통령 노무현'의 모습이 너무 달라 당황스럽다며 수심 가득한 얼굴로 걱정하는 일이 잦았다.

그의 외로움과 지친 몸

　여의도 신동해빌딩 2층 한반도재단 사무실은 고요한 절간이었다. 그가 가끔 세상의 눈을 피해 조용히 사람을 만날 때 말고는 별 쓰임새가 없었다. 조용히 사람을 만나는 것도 일주일에 한 번 있을까 말까 했다. 내가 할 일이라고는 책 읽고, 생각하고, 지나는 길에 짬이 나 들르는 사람들, 처음 보는 그 사람들과 인사 나누는 것이 전부였다.

　종일 책상에 앉아 눈과 귀만 열어놓고 살았다. 불과 한두 달 전 하루하루 전쟁 치르듯 사는 회사 생활에 익숙했던 심신도 어느덧 낯선 환경에 익숙해져 갔다. 나는 누에고치 속 애벌레처럼 회사형 인간에서 여의도형 인간으로 변태하고 있었다.

　회사와 여의도는 많이 달랐다. 회사 생활이 시종 쉼 없이 뛰며 공을 쫓아야 하는 축구 경기라면, 여의도 정치는 찰나에 힘을 집중하고 나머지 시간 동안 그 찰나를 준비하는 야구 경기 같았다. 축구 선수가 잘 쓰는 근육이 있고 야구 선수가 잘 쓰는 근육이 있는 것처럼, 회사 생활과 여의도 생활에서 쓰는 근육이 달랐다.

그즈음 그는 사람을 그리워했다. 주변에 사람이 없었다. 많은 동료, 후배가 그의 곁을 떠났다. 청와대로 간 사람도 있고, 새 정권의 힘 있는 정치인을 찾아 나서거나, 공기업 공공기관에 자리를 잡아 떠난 사람도 많았다. 한반도재단에는 근무할 수 있는 책상이 대여섯 개가 넘었는데, 일하는 사람은 달랑 두 명이었다. 그다지 넓지 않은 사무실마저 언제나 휑했다.

재단 사무실 곳곳에는 그렇게 떠난 사람들이 남겨둔 흔적이 가득했다. 그들이 허물처럼 벗어두고 떠난 실망의 흔적이었다. 그들이 쓰던 전화기 내선번호와 조직도, 비상연락망 같은 흔적을 보며 나는 이러저러한 사람들이 이 자리를 거쳐 갔구나 짐작했다. 그들 가운데 상당수는 '김근태로는 안 되겠다' 생각하고 곁을 떠났을 것이다.

김근태는 그런 상황을 몹시 견디기 어려워했다. 불쑥 외로움을 드러내는 일이 잦았다. 현실 정치인에게는 세력이 곧 영향력이다. 주변에 사람이 없다는 건, 그의 영향력이 매우 미미하다는 뜻이었다. 당시 그는 끈 떨어진 연이었다. 그리고 다른 누구보다 스스로 그런 사정을 잘 알고 있었다. 그런 모습을 지켜보는 내 마음은 쓰렸다. 지친 사자. 그즈음 그의 모습이 딱 그랬다.

가끔 그가 예고 없이 불쑥 재단을 찾기도 했다. 일정 중간중간 짬이 날 때, 재단 사무실에서 눈을 붙였다. 회의나 미팅 앞뒤로 시간이

날 때도 눈을 붙이는 경우가 많았다. 놀라운 광경이었다. 환한 대낮에 잠을 자다니, 지나치다 싶었다. 밤잠을 못 잘 정도로 일정이 바쁜 것도 아닌데, 왜 저러나 싶었다. 저절로 눈꼬리가 치켜 떠졌다.

"고문 후유증 때문에 많이 힘들어하셔."

함께 일하는 선배가 낌새를 눈치채고 조심스레 얘기했다. 밖으로 이야기가 알려질까 조심스러워 쉬쉬하고 있었지만, 오래전부터 고문 후유증으로 고통받고 있다고 했다. 얼굴이 화끈했다.

그랬다. 그는 죽음의 문턱을 넘었다가 돌아온 그날 이후 아직도 고문과 싸우고 있었다. 그러나 그때는 몰랐다. 그건 고문 후유증이 아니었다. 그는 그때 이미 파킨슨병이라는 병마와 하루하루 혈투를 벌이고 있었다. 그도, 가족도, 주변 사람 모두 상대가 파킨슨병이라는 사실을 눈치채지 못했을 뿐이다.

박물관에서 나온 사내

김근태를 가까이 접하며 처음 받은 느낌은 '박물관에서 막 나온 사나이'였다. 우선, 그 자체가 움직이는 박물관이었다. 매일 들고 다니는 가방은 낡고 헤졌다. 한눈에 오래된 가죽 특유의 느낌이 났다. 보기 민망한 수준이었다. 펜도 그랬다. 고급스럽긴 했지만 몇십 년은 되어 보이는 만년필이었다. 가방, 외투, 신발, 펜. 하나하나 박물관에서 봄 직한 것뿐이었다. 그즈음 한 언론에 그가 신고 있는 신발 사진이 실렸다. 한겨울에도 헤진 망사 여름 구두를 신고 있는 사진이었다. 구두 뒤축이 다 닳아 있었다.

대중 정치인에게 외모는 말할 필요 없이 중요하다. 빠른 처신도 필수적이다. 이미지 정치의 시대였다. 그런 점에서 그는 낙제생이었다. 언제나 같은 모습, 같은 주장이었다. 외모 꾸미는 일에 너무 무심했다.

좀 더 젊고 활력 있게 보여야 한다는 충고가 쉴 새 없이 날아들었다. 이미지 메이킹 전문가를 소개하는 주변 사람들도 많았다. 그럴 때마다 그는 허허 웃으며, '고마워' 하고 말했다. 그리고 그뿐이었다.

말투도 그랬다. 그는 보통 사람들이 일상에서 잘 쓰지 않는 말을 자주 썼다. 회의에서 후배들이 다소 적극적인 행동을 요청하면 그는 "그렇게 하면 긴장이 발생해" 하고 말했다. '긴장이 발생한다'는 말은 설득해서 함께하는 게 아니라 대립하고 대결하게 된다는 뜻이었다. 그 건 김근태 방식이 아니라는 표현이었다. 구어보다 문어투의 언어를 쓰는 것은 말하기보다 읽기를 좋아해 그런 듯했다.

외국인을 만날 때 가끔 쓰는 영어는 정통 영국식 발음이었다. 문법책에서나 보던 영어가 입에서 나왔다. 그의 발음을 듣고 기자들이 깔깔대고 웃었다. 감옥에서 책으로 영어를 배워 그런 게 아닌가 짐작했다.

그는 재빠른 처신에 재능이 없었다. 빠름보다 바름을 고심했고, 긴 호흡으로 처신했다. 아무도 기억하지 않는 자기 과거 발언과 정치적 선택을 기억하고, 일관성을 갖추기 위해 노력했다. 말이나 선택을 바꿀 때는 합당한 설명을 해야 했다.

이런 모습은 현실 정치인에게서 찾아보기 어려운 덕목이었다. 여의도 월드에서는 모두 실시간으로 공기의 흐름을 살피고, 상황에 맞게 변신하고 대처하기 위해 촉각을 곤두세우고 있었다. 그는 흐름과 방향을 더 중시했다. 가벼운 처신이나 말 바꾸기를 경멸했다. 치장하고 꾸미는 재주도 없었다. 언제나 같은 넥타이, 같은 양복, 같은 구두였다.

이런 사람이 정치를 하고, 대권 후보 반열에 올라 있다는 사실 자체가
미스터리였다.

까다로운 사람

내가 처음 한반도재단에 합류했을 때는 참모진이 대부분 바뀐 상태였다. 그동안 김근태를 모시던 참모 대부분이 곁을 떠났고, 새로운 사람들이 모였다. 노무현 대통령 취임 직후였다. 그즈음 안희정이 말했던 것처럼 그는 투자 가치가 크지 않은 정치인이었다.

한반도재단에서 일하는 동안 의원회관에서 그와 가까이 지내는 사람들과 친해졌다. 그리고 깜짝 놀랐다. 그들은 하나같이 김근태의 비서 역할 하기를 두려워하고 있었다.

그는 매우 꼼꼼했다. 함께 일하는 사람들에게도 꼼꼼하게 일할 것을 요구했다. 운전 기사에게는 운행하기 전에 가장 빠르고 정확한 길을 미리 확인하라고 요구했으며, 메시지 담당자에게는 지나치지도 모자라지도 않은 글을 요구했다. 일정을 준비하는 사람에게는 너무 비싸

지도 않고, 분위기가 이상하지도 않은 장소를 선택할 것을 요구했다.

모두 그를 깊이 이해하지 않으면 쉽지 않은 일이었다. 그의 새로운 참모들은 그런 그의 입맛을 맞추기가 너무 까다롭다고 하소연하고 있었다. 특히 메시지를 준비하는 보좌진이 힘들어했다. 그는 과격한 언어에 알레르기 반응을 보였다. 품격 있으면서도 정곡을 찌르는 언어를 추구했다. 가벼운 말장난보다 울림 있는 표현을 찾았다. 보좌진이 준비한 문서가 손에 넘겨지면 빨간 줄 가득한 교정지가 되어 돌아오거나 아예 돌아오지 않는 일이 잦았다.

다른 까닭도 있었다. 그즈음 그는 예민했다. 애써 준비한 대통령 선거 후보 경선에서 떨어진 상실감이 컸다. 양심 고백을 한 대가로 검찰 수사와 재판을 받게 된 것도 한 이유였다. 심기가 불편할 수밖에 없었다. 항상 긴장과 피곤에 지친 그의 표정을 읽으며, 참모들도 덩달아 긴장하고 힘들어했다. 그 역시 그들에게 짜증 내는 일이 잦았다. 그들은 하나같이 김근태는 입맛이 까다로운 사람이라고 말했다.

진지하고, 엄숙하고, 까다로운 사람. 그래서 쉽게 범접하기 어려운 사람. 한 발 가까이 다가가서 본 그의 인상은 그랬다. 눈앞이 막막했다.

민주당 분열과 석고대죄

2003년 9월 14일, 폭력 사태가 벌어졌다. 정권 재창출에 성공한 집권 여당 새정치국민회의 당사에서 벌어진 일이라 충격이 컸다. 정치 개혁의 절차와 방법을 의논하기 위해 소집한 당무위원회 자리였다. 한 당직자가 여성 국회의원의 머리채를 휘어잡았다. 더 심각한 물리적 충돌은 없었지만 이 한 장의 사진이 주는 여파는 엄청났다.

이 사진이 전하는 메시지는 '민주 세력 분열 확정', 즉 민주당 분당이었다. 모든 국민이 그 사진을 보고 민주당을 대표하던 동교동계 호남 세력과 노무현 대통령으로 상징되는 개혁 세력이 불편한 동거를 끝내고 이제 별거하게 되었다는 걸 알았다.

이 사건을 계기로 김근태는 더욱 고립됐고, 좌절했다. 필사적으로 막고자 했던 사태가 닥친 셈이다. 당시 그는 '분열 없는 개혁신당'을 주장했다. 통합도 하고, 개혁도 하자는 것이다. 노무현 대통령으로 상징되는 개혁 세력이 주도하고, 시민사회 세력과 동교동계 중심의 호남 민주 세력까지 모두 끌어안는 큰 틀, 대통합신당을 만들자는 것이다. 그는 당내 정치인들을 설득하고, 언론을 통해 호소했다.

지금의 시대정신은 한반도 평화이다. 한반도의 평화 세력과 개혁 세력이 대연합해야 한다. 이에 동의하는 평화·개혁 세력이 다 집결해야 한다. 냉전·수구 세력을 제외한 모든 세력이 열린 연대로 가야 한다.

2003년 4월 28일,《문화일보》

김근태 의원은 "17대 총선은 한반도 평화와 직결돼 있으며 평화개혁 세력이 제1당이 되느냐, 냉전수구 세력에게 패배하느냐를 결정하게 될 것이다. 냉전수구 세력은 건재한 반면 평화개혁 세력은 흩어져 있는 상황이며 그래서 신당이 필요하다. 신당은 평화개혁 세력을 집결시키는 수단"이라고 주장했다. 그는 또 "새로운 정치는 하되 분열하지 말라는 것이 국민의 요구이며 냉전수구 세력을 제외한 모든 평화 세력을 대통합해야 한다"면서 "분열하지 않고 통합으로 갈 때만이 한반도 평화라는 최대 과업을 이룰 수 있다"고 말했다. 이어 "분열주의 경향은 신·구주류 양쪽에 모두 있다"며 '개혁신당론'과 '민주당 사수론'을 함께 비판하고 "양 극단은 민주당을 호남당으로 격하시킨다는 점에서 공통성이 있으며, 한쪽은 그를 통해 정치적 반사이익을 보려 하고, 다른 한쪽은 기득권을 지키기 위해 지역 정서에 호소한다는 점만

사건 전날까지 그는 밤낮으로 사람들을 만나 호소했다. 한쪽에게는 호남 민주 세력과 개혁 세력이 분열하는 것은 두고두고 후회할 일이 될 것이라 설득했다. 다른 쪽에게는 '노무현 현상'으로 증명된 국민의 정치 개혁 의지를 외면한다면 민심의 풍랑에 난파하고야 말 것이라고 경고했다. 민청련에서 민주화운동을 할 때부터 김근태가 지론으로 주장하던 '민주대연합론'의 연장이었다.

세상은 냉정했다. 그는 소수였다. 분열 없이 개혁신당을 만들자는 말은 산통 없이 출산하자는 말과 다르지 않다고 생각하는 사람이 주류고, 다수였다. 그의 이야기는 하나 마나 한 공자님 말씀으로 치부됐다. 선혈이 낭자하게 싸워서라도 개혁을 이루자는 주장이 훨씬 선명했고, 주목받았다. 그는 이상주의자로 치부됐다.

개혁신당 추진 세력에도, 민주당 잔류 세력에도 끼지 못하는 김근태는 고립무원이었다. 개혁신당을 추진하는 사람들은 꼭 필요할 때 정치적 결단을 하지 못하는 우유부단한 사람이라 손가락질했다. 해방된 다음날부터 독립운동을 할 사람, 돌다리를 두들겨보고도 건너지 않을 사람이라는 조롱도 있었다.

당시 개혁 진영의 한 인사는 김근태가 주장하는 '분열 없는 개혁신당'은 이뤄질 수도 없거니와 설령 이뤄진다 하더라도 자기는 참여하지 않겠다고 했다. 대중의 열광은 개혁신당의 차지였다. 민주당 사수파는 그를 배신자라고 했다. 그들은 김근태가 마음은 개혁신당에 있으면서

통합신당을 주장한다 비난했다.

고립된 김근태가 치러야 할 대가는 고독만이 아니었다. 그를 지지하던 사람들도 대세를 따라 두 갈래로 찢어졌다. 그렇지 않아도 고요한 적막강산 같은 그의 사무실은 이제 숨소리조차 들리지 않는 곳이되었다.

그는 단식을 선택했다. 민주 세력이 만천하에 분열상을 드러내고, 분열이 기정사실이 됐으니 국민에게 사죄하는 단식을 해야겠다고 했다. 석고대죄하겠다는 뜻이었다. 단식 장소는 당무위원회가 열렸던 바로 그 자리, 새천년민주당 당사였다. 단식은 사흘 예정이었다. 요구하는 것이 관철될 때까지 하는 단식이 아니라 사죄하는 의미의 단식이기에 가능한 사흘 단식이었다.

폭력 사태 당일부터 단식이 시작되자 차츰 분위기가 묘해졌다. 개혁신당 추진 세력과 민주당 잔류 세력 양쪽에서 사람들이 드나들었다. 경쟁적이었다. 그는 그들을 모두 만나 얘기를 나눴다. 나는 단식 사흘 내내 김근태 옆에서 먹고 잤다. 그가 사람들과 나누는 알 듯 모를 듯 선문답 같은 이야기를 들었다. 그가 어떤 결정을 할지 짐작조차 못했다.

단식 마지막 날, 개혁신당을 추진하는 의원 수십 명이 찾아왔다. 화기애애 분위기가 밝았다. 가끔 민주당 사수파 측 당직자들이 '배신자' '쇼 그만하라'며 소동을 벌이기도 했다. 그걸 보며 그가 어떤 생각을 했는지 그 생각의 흐름을 추측했다.

사태 발생 사흘 뒤, 언론은 그가 어떤 선택을 하는지 주목했다. 기자들이 몰려왔다. 이제 그의 선택이 저울추 구실을 하고 있었다. 의원 한 명에 불과했지만, 그가 움직이는 쪽에 힘이 실릴 가능성이 컸다. 그는 이런 상황을 막지 못한 점을 거듭 사죄하고, 개혁신당 합류를 선언했다.

김근태와 노무현

　김근태와 노무현 대통령은 참으로 미스터리 한 관계다. 잘 어울리는 것처럼 보이기도 하고, 전혀 어울리지 않는 조합처럼 비치기도 한다. 서로 원망도 많았고, 오해도 많았다. 노무현 대통령은 김근태가 자기를 도와주지 않는다고 원망했다. 참여정부 5년 동안 노무현을 밟고 김근태의 정치를 했다며 분노했다. 김근태는 노무현 대통령이 함께 고민해야 할 사람들과 토론하는 대신 혼자 조급하게 나아감으로써 평화개혁의 꿈을 훼손했다고 안타까워했다.

　참여정부 5년 동안 두 사람은 때로 격한 언어로 서로 상처를 주는 공격도 서슴지 않았고, 때로는 마음 열고 만나기도 했다. 그러나 2000년까지만 해도 노무현과 김근태는 영혼의 동반자 같은 사이였다. 노무현은 "김근태라면 대통령 후보 자리를 양보할 수 있다"고 말했고, 서로 '존경한다'는 찬사를 주고받았다.

관계가 틀어지기 시작한 건 2002년 대통령 후보 경선 무렵이었다. 경선이 시작되기 전에 빨리 후보 단일화를 하자는 노무현 후보와 충분히 토론하고 검증할 시간이 필요하다는 김근태 후보가 대립했다. 김근태 후보 후원회가 열리는 자리에 노무현 후보가 참석해 후보 단일화를 요구하는 연설을 했다. 이때부터 두 후보는 물론 지지자들 사이에도 앙금이 생기기 시작했다.

노무현 후보가 당 대통령 후보로 뽑힌 뒤에는 8·8 재보궐선거 후보 선정을 둘러싸고, 이후에는 후보 단일화를 둘러싸고 충돌이 이어졌다. 대북 송금 특검, 이라크 파병, 열린우리당 창당, 분양원가 공개, 의료민영화, 한미 FTA, 범여권 대통합 등 참으로 많은 문제를 두고 이상하리만큼 오래 부딪쳤다.

두 사람은 세상 보는 방법이 참 달랐다. 일하는 방법도 많이 달랐다. 생각해보면 참여정부 5년 동안 노무현 대통령과 김근태는 서로 다른 지도를 갖고 정치했던 것 같다. 목적지는 같지만 목적지까지 가는 길이 다른 지도를 들고 있었던 것이다. 한 사람이 고속도로에 올랐다면, 다른 한 사람은 국도를 달리고 있었다.

나는 노무현 대통령이 가지고 있던 지도가 어떤 것이었는지 짐작만 할 뿐 정확히 알 수는 없다. 그러나 김근태가 가지고 있는 지도에 어떤 길이 표시되어 있었는지는 비교적 소상히 알고 있다.

참여정부 출범 초기, 김근태는 매우 현실적인 지도를 가지고 있었다. 그는 우선 참여정부를 탄생시킨 민주개혁 세력이 여전히 소수라고 판단하고 있었다. 후보 단일화 드라마 덕분에 대선에서 이기기는 했지만, 국민 다수는 여전히 민주개혁 세력에 대한 지지를 유보하고 있다 생각했다. 따라서 당장 시급하게 할 일은 최대한 힘을 끌어모으는 일이라 여겼다.

김근태의 생각은 다수가 동의할 수 있는 낮은 수준의 목표를 내걸고, 이 목표에 동의하는 세력과 폭넓게 손잡아야 한다는 것이었다. 그렇게 안으로 힘을 모아야 밖으로 자기 목소리를 분명히 낼 수 있다고 생각했다. 당장 네오콘이 거칠게 뒤흔들고 있는 한반도 평화를 확고부동한 반석에 세우는 것이 무엇보다 중요한 일이었다. 이런 방식은 김근태에게 아주 익숙한 것이었다. 수십 년 동안 민주화운동을 이끌어오면서 소수 세력이 어떻게 세상을 움직일 수 있는지 고민해온 그가 경험으로 얻은 결론이기도 했다.

그는 이런 방식을 '민주대연합'이라 불렀다. 김근태의 '민주대연합'에는 비밀이 숨어 있었다. 그는 먼저 개혁 세력이 중심을 형성한 뒤에 범민주 세력이 연합하는 방식을 선호했다. 굳이 이름을 붙이자면 '개혁주도 민주대연합'이라고 할 수도 있겠다.

김대중 대통령 시절에는 '개혁주도 민주대연합'이 불가능했다. 동교동계가 주도하는 보수주도 민주연합이었다. 민주화운동을 하다 영입된 세력은 장식물이거나 힘을 보태는 존재였다. 연합의 중심은 김대중 대통령과 동교동계였다. 개혁 세력이 주도한다는 것은 언감생심이었다.

참여정부가 출범하면서 '개혁주도 민주대연합'이라는 오랜 꿈을 이룰 수 있는 공간이 생겼다. 2002년 대선 승리 이후, 김근태는 이런 형태의 민주대연합을 이루기 위해 동분서주했다. 이부영 의원을 비롯한 한나라당 내 민주화운동 세력, 시민운동 세력 그리고 가능하면 진보정당 일부가 함께하는 넓은 틀의 개혁주도 민주대연합을 이루는 것이 그의 꿈이었다. 이를 위해 민주당을 발전적으로 해체하고 새로운 정당을 세우자는 공감대를 넓혀 나가고 있었다.

그러나 그는 여의도 소수파였다. 후보 단일화 과정에서 생긴 앙금 탓에 노무현 대통령 및 민주당 신주류 세력과도 소원했다. 양심 고백에 따른 사법 처리도 눈앞에 두고 있었다. 그가 주장하는 개혁주도 민주대연합은 '낡은 언어'로 간주됐다. 민주당의 신주류 세력은 '민주대연합'이란 거추장스러운 장식을 떼어내고 개혁 세력이 주도하는 화끈한 정치를 하고 싶어 했다. 두 가지 생각은 '분열 없는 개혁신당'과 '개혁신당'으로 대립했다. 결국 김근태가 주장한 개혁주도 민주대연합은 불발에 그쳤고, 그는 개혁신당에 합류했다.

평화의 갈림길

　김근태가 가지고 있던 지도에 굵은 선으로 그어진 길이 또 하나 있었다. 바로 '한반도 평화의 길'이다. 한반도 평화에 대한 그의 꿈은 한반도 경제공동체를 넘어 동북아 경제공동체까지 연결되어 있었다. 그는 2003년의 시대정신을 '한반도 평화'에서 찾고 있었다.

　2000년 6·15 남북정상회담의 성과를 극대화하기 위해 참여정부 초기에 2차 남북정상회담을 하고 새로운 진전을 이뤄야 한다는 것이 그의 주장이었다. 그는 이것을 막연한 구상이나 기반 조성이 아니라 당장 해야 할 급박한 과제로 여기고 있었다.

　김근태는 참여정부의 핵심 공약 가운데 하나인 '동북아 중심국가론'에 애정이 많았다. 동북아 중심국가의 개념 가운데 하나인 '동북아 경제공동체론'은 오래전부터 그가 주장하던 지론이었다.

2000년 5월, 그는 서울대학교 경제학부 강연에서 '동북아 공동 번영'을 비전으로 제시했다. 2002년 민주당 대통령 후보 경선에서는 한반도 번영을 이끌 비전으로 '동북아 자유무역지대 건설'과 '동북아 연합'을 제시하기도 했다. 참여정부의 동북아 중심국가론은 그의 동북아 경제공동체 구상에서 발전된 형태라고 봐도 무방하다.

한반도가 중심이 되는 동북아 경제공동체 구상은 대미 의존도를 줄이고, 경제에서 우리나라의 주도권을 높이는 것을 전제로 한 개념이다. 반면, 네오콘이 구상하는 미국의 동북아 패권 전략은 한미일 동맹을 지렛대로 삼아 북한을 고립 말살하고, 중국을 압박하는 것이었다. 이런 갈등 구조에서 선택할 수 있는 길은 단 하나였다. 남북관계를 획기적으로 개선하고 한중일 협력을 강화해 한미일 동맹과 균형을 이루는 결단을 내리는 것이다. 그게 그가 생각하는 '평화의 길'이었다.

김근태는 이런 방식으로 한미관계를 바로 세우는 것이 무엇보다 중요하다고 판단하고 있었다. 네오콘이 장악한 부시 행정부에 일방적으로 끌려가서는 죽도 밥도 안 되기 때문이었다. 파월을 비롯해 부시 행정부 안에 있는 온건파와 손을 잡고 북한을 고립, 섬멸하겠다는 네오콘의 도발에 맞서는 전략이 필요했다. 그래야 참여정부의 핵심 공약 가운데 하나인 '동북아 중심국가'를 건설할 수 있는 길이 열리고, 평화 경제의 물꼬를 터 새로운 '새로운 성장의 길'도 열 수 있다는 생각이었다.

김근태는 참여정부 집권 초기에 2차 남북정상회담을 결단해 네오콘의 포위망을 돌파해야 한다고 주장했다. 자주 오는 기회가 아닌 만큼, 어려움이 있더라도 집권 초기에 남북관계에 획기적 진전을 이뤄야 한다는 것이었다.

김정일 위원장이 6·15 남북정상회담에서 답방을 약속한 만큼 그 고리를 잘 활용해야 한다는 말을 자주 했다. 남북 정상 사이의 '약속'을 고리로 네오콘의 견제를 돌파하는 수밖에 없다는 주장이었다.

그즈음 김근태는 주위 사람들에게 극한의 위기감을 토로하고 있었다. 6·15 남북정상회담 이후 금방이라도 손에 잡힐 것 같던 한반도 평화의 꿈은 난폭하게 역주행하고 있었다. 2002년, 미국 부시 행정부의 '악의 축' 발언 이후 북미관계는 긴장에 휩싸였고, '정밀 타격' '봉쇄'가 거론되는 지경이었다. 한반도는 '평화의 상징'에서 하루가 다르게 '세계의 화약고'로 돌변하고 있었다.

노무현 대통령 취임을 보름 앞둔 2003년 2월 10일, 김근태는 대정부 질문을 통해 이색적인 제안을 했다. 남북한과 미국의 핵심 당국자가 서울에서 만나 '평화공동선언'을 하자는 제안이었다. 구체적으로 콜린 파월 미국 국무부 장관과 북한의 백남순 외상 그리고 한국의 외교통상부 장관을 대상으로 꼽았다.

그가 이런 제안을 한 것은 부시 행정부가 북한 핵문제를 국제연합 United Nation(UN) 안전보장이사회에 회부하기로 하면서, 북미간 긴장이 고조되는 상황을 타개해보자는 생각 때문이었다. 마침 콜린 파월 장관과 아미티지 부장관 등 미국 행정부 내 온건파들이 상원 청문회에서 북미간 직접 대화를 언급한 것을 염두에 둔 제안이었다.

사실, 김근태가 대정부 질문에서 이런 제안을 한다고 해서 '평화

공동선언'이 실현될 가능성은 없었다. 그럼에도 김근태가 이런 제안을 한 까닭은 따로 있었다. 참여정부 인수위원회가 들으라는 것이었다. 그의 생뚱맞은 제안은 결국 노무현 대통령 취임식 연설을 겨냥한 '훈수'였던 것이다.

그의 기대와 달리 노무현 대통령은 취임 직후부터 태도를 급격히 바꿨다. 대미 관계에서 '현실론'을 들고 나왔다. 취임과 동시에 적극적으로 남북관계 개선에 나서고 미국에 대해서도 할 말은 할 것이라던 예상은 크게 빗나가고 있었다. 김근태는 노무현 대통령이 네오콘의 북폭 협박에 너무 쉽게 굴복할 조짐이 보인다고 걱정했다. 대통령이 급선회하고 있는 건 아닌지 불안했다.

5월 15일, 미국에서 열린 한미정상회담에서는 노무현 대통령의 파격적인 변신이 화제가 되기도 했다. 특히 "미국이 도와주지 않았다면 지금쯤 수용소에 있었을지도 모른다"는 이른바 수용소 발언은 충격적이었다. 정상회담 이튿날, 김근태는 무거운 마음으로 입을 열었다.

"한미 정상 간의 우호적 분위기는 평가하지만 북핵 문제와 대북 경제 교류를 연계시킨 것이 햇볕정책을 변경하겠다는 뜻인지 국민에게 보고하고 그 구체적 내용을 밝혀야 한다."

노무현 대통령이 부시 미국 대통령과 합의한 '북핵과 경제 교류 연계 방침'에 대한 아쉬움이 짙게 배어났다.

5월 19일에는 한 발 더 나아갔다. 국회 반전평화모임 의원 아홉 명과 함께 노무현 대통령식 '실용외교'의 위험성을 정면으로 비난하고 나선 것이다. 모임에서는 "노 대통령의 한반도 정책이 부시 행정부의 일방주의 외교에 눌려 북한을 벼랑으로 내몰고 있다"고 우려하고, "국민의정부 시절 두 차례 서해교전에도 불구하고 금강산 관광이 지속됐다"며 남북 교류와 협력 사업을 북핵 문제와 연계시킨 노무현 대통령의 결정에 심각한 우려를 제기했다.

그는 "김대중 전 대통령은 레임덕이 최고조일 때도 미국 강경파의 맞춤형 봉쇄에 맞서 어떠한 봉쇄도 안 된다고 했다"며 국익 차원의 선택이라는 노무현 대통령의 '현실론'을 정면 반박하기도 했다.

개혁의 동력을 상실하다

가장 불꽃 튀는 현안은 대북 송금 특검 문제였다. 참여정부 출범과 동시에 한나라당이 대북 송금 특검 법안을 제출했다. 새로운 남북정상회담을 추진해야 할 시기에 오히려 지난 6·15 남북정상회담을 구실로 뒷발 걸기에 나선 것이다.

한나라당이 노무현 대통령 취임과 동시에 대북 송금 특검 법안을 발의한 것은 예상할 수 있는 정치 공세였다. 국회 다수당의 전형적인 힘 자랑이었다. 참여정부 출범에 대한 한나라당 방식의 인사치레였다. 김근태는 이런 공세에 말려들 이유가 없다고 생각했다.

대통령 취임식 다음날인 2월 26일, 우여곡절 끝에 특검 법안이 국회를 통과했다. 민주당 의원들이 퇴장하고 여야 원내총무가 전화로 협상을 하는 도중에 박관용 국회의장이 일방적으로 법안을 상정해 통과시킨 것이다. 김근태는 '날치기'라고 규탄했다.

여야 지도부가 사전 합의에 따라 날치기를 방조한 것 아니냐는 얘기가 오갔다. 한나라당이 고건 총리 인준 문제와 특검 법안을 연계했기 때문에 불가피하게 묵인했다는 얘기가 들렸다.

이때까지만 해도 대북 송금 특검이 실제로 이뤄질 것이라 보는 사람은 많지 않았다. 대다수가 노무현 대통령이 거부권을 행사할 것이라 생각했다. 한나라당조차 대통령이 거부권을 행사하면 방법이 없다고 생각하고 있었다.

2월 28일, 민주당 지도부는 의원 간담회를 열어 거부권을 행사해 줄 것을 대통령에게 건의하기로 했다. 천정배, 신기남, 이종걸 등 일부 의원이 대통령에게 부담을 줘서는 안 된다고 반대했지만 의원 대부분이 거부권 행사에 찬성했다. 그런데 3월 14일, 대통령이 거부권을 행사하지 않고 특검을 수용해버리면서 일이 이상하게 흘러가기 시작했다.

5월 말, 송두환 특별검사가 이근영 전 금융감독위원장과 이기호 대통령 경제수석비서관을 구속 수감하자 여의도는 일순 긴장에 휩싸였다. 예상을 뛰어넘는 거침없는 행보였다. 사법 처리보다는 진상규명에 중점을 둘 것이라던 예상은 완전히 빗나갔다. 5월 27일, 민주당 의원 만찬에서 노무현 대통령이 "남북관계를 해칠 만한 수사로 달려가지 않게 최선의 노력을 하겠으며 남북정상회담의 가치를 손상하는 결과도 나오지 않을 것"이라고 말한 지 나흘 뒤에 벌어진 파국적 사태였다.

5월 31일, 김대중 전 대통령은 '늦봄통일상' 수상 소감에서 "남북관계가 아직 제자리를 잡지 못하고 있는데 여러 가지 걱정스러운 일이 많다. 남북이 평화 공존하고 평화 교류해서 평화적인 통일을 이룩하도록 중단 없는 노력을 계속해야겠다"고 유감을 나타냈다.

6월 2일은 노무현 대통령 취임 100일 기자회견이 있는 날이었다. 노무현 대통령은 "(대북 송금 과정에서) 권력 남용과 부당 대출의 문제가 있는데 어떻게 특검법을 거부할 수 있겠느냐"며 특검 수용이 불가피했음을 설명했다. 아울러 "특검도 정치적인 문제를 고려해 남북관계 훼손이나 남북정상회담에 대한 정치적 평가 등 두 가지는 하지 않을 것"이라는 기대를 거듭 피력하기도 했다. 그러나 상황이 노무현 대통령의 기대대로 흘러갈지 장담할 수는 없었다.

노무현 대통령이 대북 송금 특검을 수용한 일은 김근태가 참여정부 5년을 평가하며 두고두고 아쉬워하던 장면 가운데 하나였다. 종종 "노무현 대통령이 그때 특검을 거부했으면 어떻게 됐을까?" 하고 묻기도 했다. 그만큼 아쉬움이 컸다는 말이다.

김근태가 이 사안을 유독 아쉬워한 것은 두 가지 이유 때문이다. 첫째, 대북 송금 특검을 수용함으로써 취임 초기 노무현 대통령이 한반도 평화와 동북아 평화 공동체라는 원대한 구상을 실현할 '끈'을 놓쳐버렸다고 보았기 때문이다. 둘째, 대북 송금 특검으로 김대중 전 대통령과 노무현 대통령의 관계가 멀어졌고, 그 부담이 민주개혁 세력 분열로 이어졌다고 보았기 때문이다. 취임 초기부터 세력을 넓혀 한반도 평화의 길로 달려가야 할 상황인데 오히려 심각한 역주행이 시작됐다는 것이 그의 걱정이었다.

남북관계도 얼어붙을 수밖에 없었다. 6·15 남북정상회담의 정당성은 훼손되고 남북관계는 당분간 회복 불능 상황으로 치달을 게 뻔했다. 남북관계의 특수성을 감안할 때, 이런 시나리오는 누구나 짐작할 수 있었다.

지금까지 북한 당국과 네오콘이 대결하는 구도였다면, 대북 송금 사법 처리를 계기로 남한 정부도 대결에 휩쓸릴 가능성이 컸다. 문제는 남북관계 악화에 그치지 않고, 우리가 동북아 균형자 역할을 할 수 있는 주도권을 놓친다는 것이었다. 한반도 평화 문제에서 우리가 주도권을 잃게 되는 블랙홀에 빠질 우려가 컸다.

김근태 의원이 나섰다. 그는 대통령 기자회견 다음 날인 6월 3일, 동료 의원 30여 명과 함께 긴급 성명을 발표했다. 특검에 영향을 미치기 위한 행위라는 한나라당의 반발이 있었지만 개의치 않았다. 성명에서는 정상 외교를 사법 처리한 전례가 없었다는 점을 강조하며, 협소한 법 논리에 따라 남북 경협을 실정법으로 처리해서는 안 된다고 강조했다. '대북 송금은 평화 비용'이라는 주장이 눈길을 끌었다.

노무현 대통령이 취임한 2월부터 김근태는 노무현 대통령이 선택한 길에 거침없이 반기를 들었다. 대북 송금 특검과 이라크 파병 반대가 대표적이었다. 사실, 대북 송금 문제와 이라크 파병 문제는 부시 행정부 배후에서 암약하던 네오콘이 참여정부에 보내는 정치적 질문이었다. 네오콘은 선거 과정에서 "반미면 어떠냐?"고 거침없이 말하던 노무현 후보의 생각을 정책으로 확인할 필요가 있었을 것이다.

그래서 '한미동맹을 지금처럼 유지할 생각이 있느냐?' '우리 허락

없이 남북관계를 풀어갈 거냐?' 하고 물어왔다. 한미관계를 어떻게 풀어갈 것이냐, 미국의 껄끄러운 요구도 받아들일 것이냐 하는 질문이 이라크 파병 요구였고, 남북관계는 어떻게 할 것이냐 하고 물은 게 대북 송금 문제였다.

이라크 파병을 공개적인 방식으로 요구했다면, 대북 송금 문제는 다소 공작적으로 제기했다. 대북 비밀 송금 의혹을 맨 처음 제기한 것은 미국 의회조사국 래리 닉시 연구원의 보고서였다. 이 보고서를 국내 언론이 받아서 보도하고, 대통령 선거 과정에서 한나라당이 햇볕정책을 흔드는 소재로 써먹었다. 대통령 취임식을 앞두고는 대북 송금에 대한 특검법을 발의해 참여정부 발목잡기에 나섰다. 잘 쓴 시나리오 한 편이었다.

노무현 대통령이 이 두 가지 문제에 취한 태도는 예상을 깼다. 이라크 파병안을 국회에 제출하고, 대북 송금 특검을 수용했다. 호남 민주 세력, 진보진영과 시민사회는 강력히 반대했고, 결국, 참여정부에 대한 지지를 거둬들였다. 취임 초기 개혁 동력은 심각하게 훼손됐다. 김근태의 실망이 이만저만이 아니었다.

2부

역시 김근태

원내대표
김근태

메시지 라이터

어느 날, 김근태가 나를 불렀다. "부탁을 하려고 해. 앞으로 연설할 일이 많아질 것 같은데, 말감을 좀 준비해줬으면 좋겠어. 전체적인 내용은 내가 알아서 하면 되니까, 사례나 비유, 적절한 워딩 몇 개만 추천해줄 수 있을까?"

그즈음, 김근태는 훗날 '열린우리당'이 되는 새로운 개혁신당의 원내대표로 내정됐다. 전에 원내총무라 부르던 자리였다. 정당 민주화와 원내 정당화를 위해 권한이 한층 강화된 주목받는 직책이었다. 민주당 분당 이후, 개혁신당을 추진하던 세력이 김근태라는 간판이 필요해 요청한 자리였다.

원내대표에게 '워딩'은 매우 중요하다. 모든 언론이 원내대표의 발언이나 행동거지를 하나하나 시시콜콜 기사로 옮겼다. 언론사마다 주요 정당의 원내대표에게 일명 '마크맨'이라는 전담 기자를 따로 두었다. 특히 매일 아침 열리는 회의가 중요했다. 아침 회의를 보면 그날 정치권이 어떻게 흘러갈지 가늠이 섰다.

아침 회의 '워딩 경쟁'은 총성 없는 전투, 말로 하는 육박전이었다. 누가 다음 날 신문 헤드라인을 한 뼘이라도 더 장악할 것인가를 놓고 매일 전쟁이 벌어졌다. 아침 회의가 끝나면 일일 결산이 이뤄졌다. 능선 하나를 뺏고 뺏기는 고지전을 떠올리게 하는 치열한 말의 전쟁터였다. 대통령과 국무총리, 여당과 제일 야당 대표와 원내대표 그렇게 열 명 남짓한 사람이 언론 헤드라인을 장식하는 '스피커'였다.

그즈음 김근태에겐 '연설 콤플렉스'가 있었다. 받아쓸 화끈한 워딩이 부족하다는 기자들의 원망이 컸다. 언론이 받아쓰기 좋은 언어를 준비하는 일이 무엇보다 급했다. 그가 입버릇처럼 말했듯이 결국 정치는 말로 하는 것이니까.

메시지 라이터. 과거 '필사'라 부르던 사람의 역할이 중요했다. 김근태가 나에게 한 말은 결국, 그 메시지 라이터가 돼달라는 부탁이었다. 엉겁결에 그 일을 맡았다. 처음엔 그런 역할이 따로 있는 줄도 몰랐다. 그래서 그가 부탁한 대로 워딩 몇 개를 써서 건넸다. "지금은 2사 만루의 위기상황이다" 같은 문장 몇 개가 전부였다. 그는 내가 준비한 워딩을 잘 살렸다.

내가 여의도 물을 덜 먹고 직장인 언어에 더 익숙한 덕분에 평소의 김근태 같지 않은 비유가 종종 등장했다. 진지하고 엄숙하던 김근태의 말이 달라졌다는 얘기가 들려오기 시작했다. 그도 내심 만족하는 눈치였다.

그러다 그가 원내대표로 처음 참석하는 회의에 배석해 알게 됐다. 회의가 시작되자 기자들이 몰려들고 당의장을 맡은 김원기 의원이 주머니에서 종이 한 장을 척 꺼내 줄줄 읽는 게 아닌가? 미리 할 말을 준비해주는 참모가 따로 있다는 의미였다. 반면, 김근태는 내가 준비해준 표현 몇 개를 살려 즉석 발언을 이어갔다.

그제야 알았다. 내가 준비해야 하는 건 단어나 문장 몇 개가 아니었다. 그날 아침 보고 읽어도 될 정도로 완성도 있는 전체 발언이었다. 갑자기 눈앞이 아득했다. 여의도 생활 두 달 남짓에 불과한 정치판 젖먹이인데, 정국 돌아가는 상황을 다 파악하고 김근태 원내대표의 처지에서 발언을 준비해야 하는 역할을 맡아버린 것이다.

당장 생활 방식부터 바꿔야 했다. 늦은 밤까지 모든 언론을 섭렵해야 했다. 퇴근 시간이 따로 있을 수 없었다. 중요한 이슈는 무엇인지, 그 이슈에 대한 여당과 김근태 원내대표의 생각은 무엇인지, 야당인 한나라당은 어떻게 공격해올지 다 헤아려야 했다. 준비해야 하는 글은 종이 한 장 수준이지만, 5분 남짓 짧은 시간 안에 전략과 전술, 뉘앙스와 말맛까지 모두 담아야 했다. 까다로운 그의 입맛도 신경 쓰였다.

밤새 이튿날 아침 신문에 새로 실릴 뉴스를 검색하고, 이리저리 전화를 돌려가며 말감을 준비했다. 고된 일이었다. 새벽 서너 시에 잠자리에 드는 게 보통이었다. 아침 7시면 기자들이 전화해 잠을 깨웠다. "오늘은 어떤 말씀을 준비하셨나요?" "큰 얘기 있으면 미리 힌트를 주세요. 저희도 매일 아침 회의를 하는데 미리 알고 있어야 기사를 잘 쓸

김근태에겐 연설 콤플렉스가 있었다. 받아쓸 화끈한 워딩이 부족하다는
기자들의 원망이 컸다. 언론이 받아쓰기 좋은 언어를 준비하는 일이
무엇보다 급했다.

수 있어요."

　그래도 재미있었다. 밤새 고심해 만들어낸 말이 신문의 헤드라인에 실리는 모습을 지켜보는 희열이 있었다. 그렇게 어느 날 갑자기 맡게 된 메시지 라이팅의 신세계가 펼쳐졌다.

수행이란 이름의 고행

한 달 정도 김근태 원내대표를 수행하는 일을 맡았다. 그가 잠자는 시간을 제외하고 온종일 곁에 붙어 있어야 하는 일이었다. 가까이에서 그를 모신다는 게 싫지 않았다. 여의도 정치 초년생인 나에게는 좋은 학습 기회기도 했다. 영향력 있는 정치인의 일거수일투족을 가까이에서 지켜볼 기회는 흔치 않다. 더구나 상대가 나의 우상이라면 더욱 그렇다. 텔레비전 화면 뒤편에서 비공개로 일어나는 일들을 지켜볼 드문 기회이기도 했다.

정치인은 기자가 있을 때와 없을 때 행동이 다르다. 진실은 텔레비전 화면 뒤에 있다. 화면 뒤의 모습을 봐야 진실을 알 수 있다. 한 달이라는 짧은 기간이었지만 나는 단기 속성 과외를 받은 것처럼 여의도 월드를 알아 나갔다.

한 달 정도 나에게 시한부 수행비서 일을 맡긴 것은 김근태 나름의 배려였던 것으로 짐작한다. 앞으로 자신의 말과 글을 부탁할 후배에게 수행비서만큼 적합한 훈련 기회는 없을 것이다. 나는 한 달 남짓한 그 기간을 즐겼다. 새로운 세상이었고, 놀라운 경험이었다. 그러나 일이 쉬운 건 아니었다. 수행비서, 특히 입맛 까다로운 김근태의 수행비서 일은 고행이기도 했다.

특히 한여름이 힘들었다. 그는 고문 후유증 때문에 심각한 비염을 앓았다. 여러 후유증 가운데 물고문 후유증이었다. 에어컨이 켜진 실내에 있으면 자기도 모르는 사이에 콧물이 흘러나오곤 했다. 대중 연설을 하다 갑자기 콧물이 흘러 낭패를 당한 일이 한두 번이 아니었다. 격식 있는 회의 자리에서도 자주 손수건으로 코를 훔쳐야 했다. 체면 상하는 일이 잦았다.

한여름 자동차 안에서도 에어컨 바람을 쐬면 콧물이 줄줄 흘렀다. 으슬으슬 몸살기가 발동했고, 몸 상태가 급격히 나빠졌다. 어쩔 수 없이 한여름 그가 타는 자동차는 한증막으로 변했다. 운전기사와 수행비서, 김근태 세 사람 모두 셔츠가 땀에 흠뻑 젖는 일이 다반사였다. 세 사람 모두 여름 내내 지독한 땀 냄새를 풍기고 다녔다.

수행하는 나에게 그가 부탁한 일은 요청하지 않는 한 어떤 경우에도 상황을 놓치지 말라는 것이었다. 사무실에 있는 참모들에게 현장 상황을 긴밀히 전달해야 한다는 당부도 했다.

정당의 회의는 다음과 같이 진행된다. 먼저 주요 지도자들이 준비한 발언을 한다. 기자들을 의식한 이벤트를 해주는 것이다. 여기까지는 준비한 시나리오대로 진행된다. 이어서 회의는 비공개로 바뀌고, 기자들을 내보낸다. 중요한 토론은 그때부터 시작이다.

가끔은 배석하는 당직자들까지 모두 내보내고 회의를 진행하는 경우도 있다. 여의도 월드는 입이 싼 곳이었다. 비공개회의에서 논의한 내용이 회의가 끝나기도 전에 언론에 보도되는 일도 잦았다. 기자들과 뒷거래하는 사람이 있다는 뜻이었다. 비밀 유지가 중요하거나 격렬한 언쟁이 벌어지는 토론을 할 때는 완전 비공개회의가 열린다. 이럴 때는 회의 운영을 주관하는 최소 인원을 제외하고, 수행비서를 비롯한 모든 당직자가 밖으로 나가야 한다.

무식하면 용감하다고 했던가? 나는 누가 밖으로 나가라고 요구해도 목석처럼 버티며 자리를 떠나지 않았다. 김근태가 어떤 경우에도 상황을 놓치지 말라고 요청했으니까. 가끔 회의를 주관하는 당직자들이 험악한 표정으로 나가라고 요구해도 나는 못 들은 척 눈만 끔뻑끔뻑하고 움직이지 않았다. 차마 끌어낼 수 없으니 그냥 뒀다. 한두 번 그런 일이 반복되니, 다음부터는 쉬웠다. 당직자들도 더는 나가달라고 요구하지 않았다. 그렇게 나는 완전 비공개회의에도 당연히 참석하는 배석자가 됐다.

덕분에 당의 지도자들이 나누는 속 얘기를 적나라하게 들을 수 있었고, 회의에서 오간 얘기를 실시간으로 정확하게 모든 참모에게 전달할 수 있었다. 상황 해설도 가능한 수준이었다. 여의도 젖먹이가 빨리 여의도 생리를 배울 수 있던 배경이다. 수행이 꼭 고행만은 아니었던 셈이다.

식탁 매너

그와 함께 밥 먹는 일이 잦았다. 그는 특별한 용무 없이는 밥자리를 잘 하지 않는 편이었다. 밥 약속을 하더라도 비싸지 않고 맛있는 집을 골라잡았다. 드물지 않게 혼자 밥을 먹었고, 그럴 때는 참모들과 함께했다.

그는 비싼 밥을 혐오했다. 국회에서 점심식사를 할 때는 국회 안에 있는 식당을 주로 이용했다. 국회에는 의원식당과 직원식당이 따로 있다. 그는 의원식당보다 직원식당을 더 자주 찾았다. 거기 밥이 더 맛있다고 했다. 훗날 보건복지부 장관으로 일할 때도 정부 청사 안에 있는 직원식당을 찾곤 했다.

그와 식사할 때 주의할 점이 하나 있었다. 과식을 각오해야 한다는 것이다. 그는 식당에서 음식 남기는 법이 없었다. 음식이 남으면 조금씩 나눠서 같이 먹자며 그릇 비우길 권했다. 어쩔 수 없이 음식 접시를 비우고 나면 과식하는 경우가 많았다.

식탁에 놓인 냅킨을 쓰는 것도 조심스러웠다. 그는 냅킨 한장을 두 번 세 번 접어 사용했다. 그가 앉은 자리에는 언제나여러 번 닦아 꼬깃꼬깃 접힌 냅킨 한 장이 있었다. 냅킨을 마구뽑아 쓰는 후배를 보면 한 장이면 충분하지 않냐며 눈치를 주기도 했다. 식성도 서민적이었다. 된장찌개, 김치찌개 같은 걸좋아했고, 어느 집이 김치찌개를 잘하는지, 어떤 집이 된장찌개를 잘하는지 훤히 꿰고 있었다.

그와 여러 해 함께 지내며, 나의 식탁 매너도 그를 닮아갔다. 일행에게 남은 음식을 나눠 먹자고 권하는 최상위 레벨까지이르지 못했지만, 접시에 음식을 남기면 큰 죄를 짓는 기분이든다. 그의 이런 별난 식탁 매너는 몸에 밴 습관이었다. 오랜 시간 소년가장으로, 노동자로 살아오며 절약이 몸에 밴 것이다.

허울뿐인 투톱의 현실

김근태가 열린우리당 원내대표로 일을 시작했다. 선거와 당무 등을 관장하는 것은 당의장이지만, 국회 안에서 벌어지는 모든 일을 책임지는 건 원내대표였다. 원내대표는 원래 당의 대표인 총재가 임명하는 자리였다. 열린우리당을 만들면서 당 소속 의원들이 직접 선출하는 자리로 바뀌었다. 그만큼 많은 권한과 책임이 따랐고, 명실상부 당의장과 어깨를 나란히 하는 당의 최고 지도자였다. 당의장, 원내대표 이른바 투톱 체제 실험이었다.

열린우리당의 초대 당의장은 김원기 의원이었다. 노무현 대통령의 정치 사부로 불리는 명실상부 열린우리당 최고 지도자였다. 반면 김근태 원내대표는 당내 자기 세력이 없는 비주류 신세. 노무현 대통령 당선에 큰 공을 세운 것도 아니고, 친노계 의원들과 친분이 두터운 것도 아닌 처지였다. 그나마 있던 세력도 많이 떨어져 나갔다. 그가 현실 정치에 입문할 때부터 참여한 '국민정치연구회' 소속 의원 가운데 여럿이 대통령 선거 과정에서 멀어지거나, 열린우리당 창당에 합류하지 않고 구 민주당에 잔류했다. 김근태는 독자 세력 없는 외톨이였다.

당시 열린우리당의 당면 과제는 민주당 분당 후유증을 극복하는 것이었다. 국민의 시선을 시급히 구 민주당이 아니라 개혁신당으로 돌려야 했다. 열린우리당 주류 세력이 김근태를 간판으로 내세운 까닭이다. 분당 직전까지 '분열 없는 개혁신당'을 주장한 이력 덕분에 김근태가 구 민주당이 아니라 열린우리당에 참여하고 있다는 상징성은 컸다. 거기다 김근태는 민주화운동 세력을 대표하는 상징성을 갖고 있었다. 곧 다가올 총선에서 전남, 광주 지역의 지지가 중요했던 열린우리당은 김근태만 한 카드를 선택하기 어려웠다.

열린우리당 창당 목적 가운데 하나가 '깨끗한 정치'라는 점도 중요한 고려 사항이었다. 정치자금 양심 고백 덕분에 깨끗한 정치인의 대명사가 된 김근태가 등장하는 게 열린우리당의 이미지를 만드는 데 도움이 됐다. 당의장으로 내정된 김원기 의원이 고령인 데다 국민에게 개혁이미지를 드러내기 힘든 만큼 이런 이미지를 보완할 카드로 김근태가 낙점된 것이다.

비주류 원내대표 생활은 녹록지 않았다. 원내대표가 됐다고 단숨에 당 주류로 올라선 것도 아니었다. 김근태는 신당 창당에 가장 늦게 합류한 의원이었다. 친노계 의원으로 분류하기도 어려웠다. 공개회의에서는 그에게 충분한 발언권이 주어졌지만, 비공개회의로 접어들면

양상이 달랐다. 비공개회의에서 그가 주로 맡은 역할은 말하기보다 듣기였다. 이런저런 주문이 폭포처럼 쏟아졌다.

　당 최고지도부가 된 만큼 개인 혹은 민주화운동 세력을 대변하는 주장보다는 범여권과 청와대를 먼저 고려해야 한다는 주문이 특히 많았다. 그가 '반전평화의원모임'을 이끌며 주도했던 이라크 파병 반대 운동 같은 것을 되풀이해서는 안 된다는 요구도 컸다. 그는 묵묵히 듣는 데 일가견이 있었다. 비공개회의에서는 기자들이 들으면 놀라 자빠질 만한 이야기들이 오고 갔다. 그로서는 호랑이 등에 올라탄 형국이었다.

지각 대장

김근태가 원내대표 자격으로 열린우리당 최고위원회에 처음 참석하던 날, 비공개회의에서 오간 얘기 가운데 기억나는 대목이 있다. 기자들이 회의장을 빠져나가고 이런저런 덕담이 오갔다. 민주화운동 시절부터 절친하게 지낸 후배였던 어느 유력 의원이 마이크를 잡았다. 그리고 "김 대표님, 이젠 회의에 늦고 그러시면 안 됩니다" 하고 쏘아붙이는 게 아닌가?

적잖은 충격이었다. 아마도 이전 회의에 여러 번 지각한 적이 있던 모양이다. 모범생 같은 이미지를 가진 김근태가 '지각 대장'이라는 사실도 놀라웠고, 그런 얘기를 공식적인 회의에서 거리낌 없이 하는 모습도 놀라웠다. 게다가 그런 얘기를 하는 의원이 학생운동과 민청련을 함께한 오랜 후배라는 사실도 놀라웠다.

그 얘기를 듣는 김근태 얼굴을 살폈다. 내 얼굴이 다 화끈한데 당사자는 어떨까 싶었다. 그는 특유의 따뜻한 미소를 머금은 채 후배 의원의 충고를 경청할 뿐 아무 말이 없었다. 그를 수행하는 일을 하며 그 후배 의원이 왜 그런 말을 했는지 알게 됐다. 내가 수행하는 동안, 그가 회의에 늦거나 하는 일은 없었다. 그러나 정해진 회의 시간에 아슬아슬하게 도착하는 일이 잦았다.

'회의에 늦지 않도록 하는 것'은 수행비서의 가장 중요한 임무였다. 그는 약속 시간이 임박했는데도 자리에서 일어날 생각을 하지 않아 수행비서를 당황하게 했다. 몇 번씩 방을 들락거리며 "지금 출발하셔야 합니다" 하고 이야기해도 그는 신문을 뒤적이며 일어날 생각을 하지 않았다. 그때는 그가 왜 그러는지 몰랐다. 정말 이해할 수 없었다. 회의 시간이 다 되었는데 왜 일어나지 않는 걸까? 이번 일정은 마음에 내키지 않는 일정이어서 그러는 걸까?

회의 시간에 임박해 도착한 날, 회의 참석자들이 수행비서인 나에게 회의에 늦지 않도록 시간 관리 잘하라고 꾸지람할 때는 살짝 그가 원망스럽기도 했다. 너무 게으른 게 아닌가, 성실성은 대중 정치인에게 가장 중요한 덕목인데, 어쩌려고 저러는 걸까? 속으로 흉을 본 적도 많았다.

나중에 알았다. 그때 이미 그는 마음대로 움직이지 않는 몸과 싸우고 있었다. 행동이 느려지고, 자리에서 일어나 첫발을 떼기 어려운 것은 파킨슨병의 전형적인 증상이었다. 그는 임박한 회의 시간에 맞추기 위해 자리에서 일어났다가 움직이지 않는 몸 때문에 좌절했던 것이다.

그 모습을 후배에게 보여주고 싶지 않아 혼자 앉았다 일어서기를 반복하다 지각을 하곤 했던 셈이다. 아무에게도 말하지 못하고 혼자.

"이 계산서에 동의할 수 없습니다"

"저는 이 계산서에 동의할 수 없습니다."

그를 수행하던 어느 날, 참으로 난감한 상황에 직면했다. 구 민주당의 한 정치인을 만난 날이었다. 구 민주당 내부 동향을 확인하고, 훗날 민주대연합을 이루기 위한 구상의 일환이었다. 열린우리당 원내대표가 구 민주당 지도급 인사를 만나는 만큼, 주변 시선을 의식하지 않을 수 없었다. 기자들이 눈치라도 채면, 소설 한 편 나올 만한 장면이었다.

미팅 장소는 여의도 외곽에 있는 어느 호텔의 회원제 커피숍. 호텔 건물 입구에서 엘리베이터를 타면 바로 호텔 꼭대기 층에 있는 커피숍에 들어갈 수 있는 구조였다. 실내에는 시선으로부터 차단된 방이 있었고, 회원제로 등록한 손님만 받는 구조였다. 은밀히 대화를 나누기

안성맞춤이었다.

그는 구 민주당 지도급 인사와 한 시간 남짓 만났다. 그리고 계산을 하기 위해 계산대 앞에 섰다. 사달이 났다. 터무니없는 계산서를 받아 든 그가 계산을 못 하겠다고 버틴 것이다. 커피 두 잔을 마셨을 뿐인데, 계산서에는 10만 원이 넘는 거금이 찍혀 있었다. 그는 부당하다며, 계산할 수 없다고 버텼다.

몇 걸음 떨어져 있다가 그 상황을 목격하고 부리나케 계산대로 달려갔다. 계산하는 직원은 이미 얼굴이 벌겋게 달아오를 정도로 당황하고 있었다. 손님이 부당하다고 항의하며 계산할 수 없다고 버티니 얼마나 당황스러웠을까? 더구나 매일 텔레비전 뉴스 첫 화면에 나오는 유명 정치인 아닌가? 그것도 여의도 신사로 소문난 김근태라니.

그 직원보다 더 당황한 사람은 함께 커피를 마신 구 민주당의 지도급 인사였다. 기절초풍할 만한 풍경을 목격한 그는 자기가 계산하겠다며 지갑을 꺼내 들었다. 그러나 김근태는 단호하게 "아니다. 이건 부당하게 책정된 가격이기 때문에 항의하는 것이다" 하고 버티고 있었다. 뜻밖의 대치는 5분 정도 이어졌다. 결국, 그 직원은 값을 깎아줬고, 김근태와 구 민주당 인사는 어색한 인사를 나누고 엘리베이터를 탔다.

돌아오는 승용차 안, 분이 안 풀린 김근태는 거친 숨을 내쉬었다. 그리고 나에게 누가 이런 장소를 예약했는지 확인해 보고하라고 지시했다. 평소 볼 수 없던 모습이었다. 부랴부랴 상황을 파악해보니 그 장소를 예약한 건 의원실 비서였다. 상황을 전해 들은 그 비서는 안절부절못했다. 들어보니 그 비서는 잘못이 없었다. 눈에 띄지 않게 조용히 만날 수 있는 곳을 알아보라는 지시를 받고, 적당한 장소를 선택해 상대 측에 연락했더니 그곳은 사람들 눈에 띌 수 있는 곳이라며 문제의 장소를 추천하더라는 것이다. 마침 그 인사가 그곳 회원이니 회원가로 이용할 수 있다며 그쪽에서 장소를 잡았다는 것이다.

사실, 대부분 국회의원에게 그 정도 씀씀이는 일상사였다. 한 끼 10만 원이 훌쩍 넘는 점심식사가 일상인 의원들이 대부분이다. 장소를 잡은 그 의원도 그랬을 것이다.

자발적 가난

김근태는 집안이 무척 가난했다. 중학교 3학년이던 1961년, 아버지가 학교에서 강제로 퇴직당하고 집안에 돈 버는 사람이 아무도 없었다.

고등학교부터 고학했다. 경기고등학교 재학 시절, 그는 입주 과외를 해 집안 살림을 도왔다. 방값과 생활비를 아끼고, 돈도 벌 수 있는 괜찮은 일이었다. 보사부에 근무하는 한 공무원 가정이었다.

버스비 아끼려고 몇 정거장은 걸어 다니는 게 습관이었다. 가끔 집에 들르는 날이면, 누이는 그의 주머니부터 쳐다보게 되더라고 회고했다. 주머니에 봉투가 들었는지, 불룩한지 아닌지 살핀 것이다.

그에게 가난은 평생 달고 산
운명 같은 것이었다. 경기고등학
교를 졸업하고, 서울대학교 경제
학과를 졸업한 우리나라 최고 수
준의 엘리트였지만, 한평생 돈 걱
정하며 살았다. 스스로 선택한 가
난이었다.

민주화운동 시절에는 수배와
투옥 때문에 변변한 돈벌이를 못 했다. 오랜 수배 생활 때는 신
분을 속이고 보일러공, 전기공으로 살았다. 노동운동을 위해
위장 취업한 것이 아니라 생활을 꾸려 가기 위해 노동자로 산
세월이 훨씬 길었다.

선택한 가난은 현실 정치에 참여했다고 달라지지 않았다.
국회의원 세비만으로는 지구당 운영하고, 여러 당내 선거 치르
기에도 모자랐다. 국회의원에 낙선한 뒤에는 당장 생계를 걱정
해야 하는 처지였다. 살고 있는 낡은 연립 말고는 변변한 재산
이 없었고, 모아 놓은 돈도 별로 없었다. 삼선 국회의원을 지내
고, 집권 여당 당의장과 장관을 지낸 사람의 살림살이라고는
믿을 수 없었다.

'깨끗한 정치'의 시작

원내대표가 되고 나서 그는 행정실에 "국회에서 받는 운영비를 10원 한 장까지 모두 공개하도록 준비하라"고 지시했다. 취임 첫날부터 퇴임하는 날까지 쓴 모든 비용을 10원 단위까지 공개하자는 얘기다.

국회 사무처에서 주는 '운영비'는 참으로 묘한 돈이다. 원내대표가 누구의 허락도 받지 않고 마음대로 쓸 수 있다. 나중에 영수증을 붙여 증빙하지 않아도 된다. '현금'으로 주니 사용 내역을 확인할 수도 없다.

이 돈은 원래 특수활동비라는 명목으로 편성되어 각 당에 지급하는 돈이다. 특수활동비란 '기밀 유지가 요구되는 정보 및 사건 수사, 기타 이에 준하는 국정 수행 활동에 직접 소요되는 경비'를 말한다. 범죄 수사와 첩보 활동 등 비밀 업무에 지출하는 비용이라는 의미다. 이러한 특성상 특활비는 사용 대상과 목적을 밝히지 않을 수 있다. 그러나 취지와 관계없이 국회 교섭단체 대표에게는 '운영비'라는 명목으로 돈이 지급되고 있었다. 사용처를 밝히지 않아도 되니 특수활동에 썼는지, 다른 곳에 썼는지 알 길이 없는 돈이었다.

그는 이런 비용 집행은 옳지 않다 생각했다. 국민 세금을 쓰는 거라면 모든 사용 내역을 국민에게 밝히는 것이 옳았다. 과거 당 총재나 원내총무가 이런 돈을 주무르며 의원들을 길들인 것도 못마땅했다. 그는 '특활비 폐지'까지 나아갈 생각이었다. 그렇게 하기 위한 전 단계 조치로 자기가 받은 '국회 운영비'부터 사용처를 투명하게 공개할 작정이었다.

이 얘기를 들은 사람 모두 '그냥 하는 말'로 생각했다. 원내대표 일을 하다 보면 '격려금'을 줄 일도 많고, 현실적으로 출처를 밝히기 어려운 경우도 많았다. 대부분 시간이 지나면 김근태 원내대표 스스로 드러나지 않게 돈을 쓰고 싶은 유혹을 느끼게 될 것이라 생각했다. 천하의 김근태라 해도 '검은돈'의 유혹을 물리칠 수 없을 거라 짐작했다.

그러나 김근태는 정말 그렇게 할 작정이었다. 마약이나 담배를 끊는 것처럼 금단증상이 있겠지만 감수해야 했다. 이것부터 시작해야 '깨끗한 정치'를 할 수 있다고 생각했다. '깨끗한 정치'를 할 수 있어야 돈 안 드는 정치를 할 수 있고, 그래야 정치가 부자의 전유물에서 벗어나 청렴하고 능력 있는 사람들에게도 참여의 기회가 열리는 환경을 만들 수 있다고 생각했다. 그는 돈을 투명하고 공개적으로 쓰는 것이 신뢰를 만드는 출발점이라고 생각했다. 그래야 '돈으로 하는 정치'를 '사람이 하는 정치'로 바꿀 수 있었다.

갈등도 많았다. 과거 원내총무가 당연히 주던 돈을 안 주니 손가락질하고 다니는 의원들도 있었다. 비싼 음식점을 예약했다가 원내대표에게 혼나는 사람도 많았다. 원내대표를 하는 동안 그는 이런 원망에 귀를 닫았다. 원내대표 임기 끝나는 날, 김근태는 그동안 국회에서 받은 전체 운영비의 세세한 집행 내역과 영수증을 모두 공개했다. 처음 했던 약속을 지킨 것이다. 그러나 언론은 이런 일을 주목하지 않았다. 국회 역사상 전무후무한 일이고, 나쁜 관행을 끊는 '일대 사건'이었지만, 한 신문에 작은 기사 하나가 났을 뿐이다.

기자들부터 이런 일을 불편해했다. 많은 기자가 '쩨쩨하게 왜 이런 일을 하는 거야' 하고 생각했을지도 모르겠다. 그렇지 않다면 왜 제대로 기사를 쓰지 않았는지 이해할 수 없다. 생각해보면 우리 정치사에 갈림길이 될 엄청난 일이었지만, 이 일은 큰 주목을 받지 못한 채 지나갔다. 아쉬운 일이다.

그 일이 있고 나서 16년이 지났다. 국회에는 아직도 특수활동비, 기관운영비 같은 이름을 붙인 '눈먼 돈'이 존재한다. 어느 새누리당 원내대표는 "쓰고 남은 돈을 집에 생활비로 줬다"고 당당히 밝혀 구설에 오르기도 했다. 지금까지 누구도 이런 '눈먼 돈'의 집행 내역을 투명하게 공개하지 않았다. 김근태의 솔선수범은 우리나라 국회 역사에서 처음이자 마지막이 되고 말았다.

원칙과 변칙의 충돌

열린우리당 원내대표가 된 그는 곧바로 부대표들을 임명했다. 열린우리당을 창당하며 내세운 '원내정당화' '정치 개혁'을 위한 장정이 시작된 것이다. 대여섯 명의 부대표가 임명되고, 새로운 정치를 위한 결의가 가득했다. 사람들의 얼굴에 기대가 어렸다. 그런데 이해할 수 없는 일이 일어났다. 원내대표단을 구성한 지 며칠 지나지 않아, 갑자기 원내회의가 잇따라 취소됐다. 급기야 원내수석부대표가 사표를 냈다는 확인되지 않는 소문이 떠돌고, 원내대표실은 긴장에 휩싸였다. 일은 삐걱대고, 헛바퀴만 돌았다. 그렇게 침묵 속에 며칠이 지났다.

나중에 사정을 들었다. 원내부대표단을 임명하고, 초반에는 분위기가 매우 좋았다. 김근태 원내대표가 계파를 초월해 자기 사람이라고 볼 수 없는 사람들로 부대표를 임명했고, 모두 의욕에 넘쳤다. 수석부대표가 의욕을 내 원내대표단 단합을 위해 술자리를 갖자고 제안한 것 같았다. 일정이 잡혔다. 그런데, 약속 일정을 보고 받은 김근태 원내대표가 원내 행정실장에게 약속 장소를 바꾸라고 지시했다는 것이다. 수석부대표가 약속 장소로 잡은 곳이 아마도 엄청 비싼 술집인 모양이었다. 결국, 단합대회는 무산됐고, 원내수석부대표는 그 뒤로 원내대표단 활동을 중지했다.

수석부대표의 의중은 이랬던 것 같다. 김근태 원내대표가 의원들과 허물없이 지내는 스타일이 아닌 만큼 한번 격식 따지지 않고 코가 비뚤어지게 취해보자, 그렇게 서로 친해져야 앞으로 일을 잘할 수 있을 것 아니냐 하는 생각이었을 것이다. 어쩌면 이 술자리를 계기로 삼아 김근태를 중심으로 세력을 만들어보자는 충성심도 있었는지 모른다.

직장에서 단합대회를 하거나 신입사원 환영회를 할 때 종종 볼 수 있는 광경이었다. 국회의원들이 이런 단합대회를 한다는 것도 크게 이상하지 않았다. 돈 따지지 말고 통 크게 허리띠 풀고 어울려 보자는 발상이었다. 비용이 좀 들겠지만 원내대표에게는 사용처를 밝히지 않아도 되는 운영비가 나오는 만큼 그건 문제가 아닐 수도 있었다. 운영비를 쓰기가 꺼려진다면 사비로 충당하면 될 일이었다. 당시 수석부대표는 유력한 재력가였다.

김근태의 생각은 달랐다. 불과 며칠 전에 원내대표실에서 쓰는 돈을 10원까지 공개하라고 지시했는데, 단합대회에 그렇게 큰돈을 쓸 수는 없는 일이었다. 사비를 쓸 수도 있지만 정치 개혁을 하자고 창당한 당을 출발부터 그런 모양새로 시작할 수는 없었다. 원내수석부대표가 생각하기엔 충분히 융통성을 발휘할 수 있는 일이었지만, 김근태에겐 그럴 수 없는 일이었다. 두 사람이 세상을 보는 눈높이가 달랐기 때문에 생긴 불화였고, 간극은 의외로 컸다.

밖으로 알려지지 않았지만 이 일로 김근태는 적지 않은 상처를 입었다. 많은 의원이 '김근태는 저래서 안 된다니까' 하고 손가락질했다. 스킨십이 부족하다는 딱지도 붙었다. 김근태 호는 그렇게 삐걱대며 움직이기 시작했다.

본회의장 좌석 배치를 바꾸다

김근태는 원내대표가 되면서 현실 정치를 시작한 뒤 처음으로 리더십을 선보일 자리에 올랐다. 김대중이라는 압도적 지도자가 존재하던 민주당에서 김근태는 젊은 나이에 부총재, 특위위원장 같은 역할을 맡기도 했다. 그러나 실제 권한을 갖고 조직을 운영하는 역할은 한 번도 주어지지 않았다.

김대중 대통령 시절, 김근태는 장관 입각을 원했다. 권한 있는 자리를 맡아야 제 능력을 발휘할 수 있기 때문이다. 그러나 그런 일은 일어나지 않았다. 동교동계에게 김근태는 자기 계보를 거느린 인물, 견제해야 할 인물이었다.

당시 김근태는 개인 자격으로 민주당에 합류한 것이 아니었다. 함께 민주화운동을 하던 동지들을 조직해 재야 세력의 대표 자격으로 민주당 활동을 하고 있었다. '통일시대국민회의'나 '국민정치연구회' 가 그가 이끄는 재야 세력 조직이었다.

김근태는 제왕에 비유되던 김대중 총재에게 요구해 재야 세력의 민주당내 조직을 공식적인 정파 조직으로 인정받았다. 민주당이 온통 김대중 총재 일색이었지만 재야 세력만은 김근태라는 지도자를 중심으로 공식적인 정파로 활동하고 있었다. 제왕적 총재 시절, 유례가 없는 일이었다.

당을 장악하고 있던 동교동계는 그런 김근태가 껄끄러웠다. 꼴불견이었다. 겉으로 개혁을 주장하지만 뒤로는 공천을 부탁하고, 정치자금을 의지하던 다른 의원들과 김근태는 달랐다. 거기다 그는 당내 재야 세력의 지도자로 인정받고 있었다. 하늘 아래 두 개의 태양이 있을 수 없다고 굳게 믿는 동교동계는 그런 김근태가 가소롭기도 했고, 아니꼽기도 했다. 재야 세력이 당의 외연 확장에 도움이 되기에 눈 감고 있지만, 그들이 김근태라는 지도자를 중심으로 공식적인 정파 조직으로 활동하는 건 영 못마땅한 일이었다. 이런 이유로 김근태는 민주화운동의 지도자 자격으로 현실 정치를 시작했지만, 1996년 이후 한 번도 영향력 있는 역할을 맡아 본 적이 없다.

독자적인 정파 활동을 중단하고, 동교동계와 협력하라는 요구가 많았지만, 김근태는 민주화운동 세력이 독자적으로 활동하는 것만은 포기할 수 없다고 맞섰다. 그리고 그건 김근태가 현실 정치에 참여하면서 세운 민주화운동 세력 정치세력화의 대원칙이었다. 평민련을 비롯해 조직을 갖추지 못한 채 개인 자격으로 입당한 민주화운동 활동가들이 당내 독자적인 세력을 형성하는 데 실패한 것에 대한 반성 때문이었다.

정치인으로서 처음 영향력 있는 지도자가 된 김근태 원내대표는 재선 국회의원으로 활동하며 구상하던 일들을 하나씩 실행에 옮겼다. 언뜻 중요하지 않아 보이는 일도 하나하나 고쳐 나갔다. 그는 매우 치밀하고 꼼꼼했다. 작은 일을 처리할 때도 하나하나 따져보고 전술을 세웠다. 겉으로 드러난 이미지와 딴판이었다. 그때 비서들이 그에게 붙인 별명이 '김꼼꼼'이었다.

국회 본회의장 좌석을 거꾸로 배치한 것도 그런 구상 가운데 하나였다. 그때까지만 해도, 그리고 지금도 국회 본회의장 좌석은 국회의원의 영향력을 드러내는 징표였다. 초선 의원은 앞줄, 재선의원은 중간, 삼선 이상 중진 의원들은 뒷줄에 앉았다. 당의장(당대표)이나 원내대표, 원내대표단은 맨 뒷줄에 앉아 본회의장 전체를 굽어보며 의사 진행을 지휘했다. 돌발 상황이 벌어질 때 회의장 전체를 살펴보며 일사불란하게 의원들을 지휘할 수 있다는 이유였다.

본회의장 맨 뒤편에는 국회 직원들과 각 당 당직자 몇 명만 들어갈 수 있는 행정 부스가 있다. 본회의장 맨 뒤편에 앉은 사람들은 이 부스에 있는 국회 직원이나 당직자들에게 실무적인 도움을 받기도 수월했다.

이런 이유로 본회의장 맨 뒷줄은 명당 가운데 명당으로 꼽힌다. 높은 자리에서 회의장 전체를 굽어볼 수 있고, 출입문 및 휴게실과 가까워 회의 중에 자리를 비우기도 쉬웠다. 각 당 지도부와 중진 의원들이 회의장 맨 뒷줄에 의자를 젖히고 앉아 정겹게 이야기 나누는 장면은 사진기자들이 즐겨 포착하는 구도이기도 했다.

원내대표가 된 김근태는 '거꾸로' 좌석 배치를 시도했다. 국회의원 선수가 아니라 상임위원회 기준으로 본회의장 의석을 배정했다. 본회의 도중에 상임위원회별로 의견을 모으고 상황에 대응하기 쉽게 하자는 뜻이었다.

즉각적인 상황 대처를 위해 원내 지도부가 맨 뒤가 아니라 앞으로 자리를 옮기기도 했다. 김근태 원내대표 자리는 맨 뒷줄에서 앞줄로 바뀌었다. 상황이 벌어지면 당 지도부가 뒤에서 지시하고 초선 의원들이 행동대처럼 단상으로 뛰어나가는 게 아니라, 원내 지도부가 솔선수범하겠다는 의미이기도 했다. 결국 초선 의원이 맨 뒷줄에 앉기도 하고, 4선 중진 의원이 앞줄에 앉기도 했다.

새 원내대표의 이런 시도를 고까운 시선으로 보는 사람도 많았다. 내용이 중요한데 보여주기 쇼를 한다는 비아냥이었다. 정치 이벤트에 둔감하다던 김근태가 본질에 집중할 시간에 쓸데없는 일을 한다고 수군거렸다. 그러나 김근태의 생각은 달랐다. 권위적인 본회의장 의석 배치를 효율 중심으로 바꾸는 것은 정당 민주주의를 발전시키는 의미 있는 출발이었다. 그는 원칙과 전략이 중요하지만, 일의 성패를 가르는 것은 결국 작은 전술에 있다고 생각했다.

새삼스러운 게 아니었다. 민주화운동을 하던 시절부터 김근태는 전략은 물론 전술 지휘에도 능했다. 가두시위를 하기 전에 현장을 꼼꼼히 확인하고, 조금이라도 더 유리한 환경을 만드는 것이 싸움에서 이기는 기술이었다. 민청련 의장으로서 안기부 직원들과 기싸움을 할 때도 다양한 전술을 구사했다. 《민주화의 길》에 논설을 쓰는 일이 무엇보다 중요했지만, 시위 전술을 개발하고, 시위 도구를 구상하는 일도 중요했다. 그는 민주화운동의 현장에서 그렇게 단련된 전사였다. 이런 꼼꼼함은 그가 원내대표 역할을 기대 이상으로 잘 수행한 원동력이기도 했다.

한글 이름패

국회의원 명패(이름패)를 한글로 바꾼 것도 특유의 꼼꼼함 덕분이었다. 그때까지 국회의원은 누구나 한자로 된 명패를 써야 했다. 의원 개인이 한글로 자기 이름을 쓰고 싶다고 아무리 요구해도 한글 명패를 쓸 수 없었다. 한글 명패를 쓰는 의원이 아예 없던 것은 아니다. 서한샘, 김한길 의원처럼 순 한글 이름을 쓰는 국회의원만 한글 명패를 쓸 수 있었다.

김근태 원내대표는 이전부터 '한글 명패'를 쓰게 해달라고 여러 번 국회의장에게 요구했다. 그러나 국회 관례에 없다는 이유로 번번이 거절당했다. 당의 원내 지도부에게도 여러 번 그런 의견을 제시했지만 받아들여지지 않았다. 원내대표가 된 그는 본격적으로 한글 이름을 쓰게 하리라 마음먹었다.

한글 이름을 쓰게 한다는 것은 단지 명패를 바꾸는 데서 그치는 문제가 아니었다. 국회를 뒤덮고 있는 정체불명 한자 홍수를 걷어내는 일이었다. 그때까지 모든 법률 이름은 한자로 표기했다. 법전을 들춰보면 뜻을 알 수 없는 한자가 가득했다. 법률 표기는 한자를 쓰는 게 원칙이었다. 한자를 쓰는 것도 문제지만, 법률에 어려운 한자식 표현을 남발하는 것도 심각한 문제였다.

세상은 이미 한글 중심으로 바뀐 지 오래고, 학교에서 한자 공부를 하지 않은 지도 오래건만, 법률은 요지부동 한자투성이였다. 대학 교육을 받은 사람조차 법률집을 제대로 읽지 못하는 경우가 많았다. 한글은 같은 뜻을 담은 글자가 많아 뜻을 정확하게 표현하기 어렵다는 주장이 한자를 쓰는 명분이었다. 법률은 국민 생활에 큰 영향을 미친다. 누구나 쉽게 읽고, 이해할 수 있어야 마땅하다. 국회의원이 한글 명패를 쓰는 문제는 이런 한자투성이 국회와 법률에 국민이 더 쉽게 다가설 수 있도록 바꾸는 출발점이었다.

국회 본회의장 의석 배치가 끝날 무렵, 김근태 원내대표가 국회의장을 만났다. "모든 의원이 한글 이름을 쓸 수 있게 해달라"고 요청했다. 이 일은 국회의장이 승인해야만 할 수 있었다. 한나라당 소속이던 당시 국회의장은 난감하다고 했다. 집권 여당 원내대표가 큰일에나 신경 쓰지 그런 자질구레한 일부터 챙기느냐 타박하는 눈치가 역력했다. 대답을 피하던 국회의장은 관례가 그렇다거나 한자 이름 사용을 원하는 의원도 많다는 등의 이유를 들며 한글 명패를 쓸 수 없다고 알려왔다. 국회의원이 자기 이름을 한글로 쓰는 것조차 쉽지 않은 일이었다.

김근태는 원내대표실 직원들에게 "우리 당 의원들의 한글 명패를 당에서 직접 만들라"고 지시했다. 그리고 국회의장을 만나 이렇게 말했다. "국회 사무처가 명패를 바꾸는 게 어렵다면, 한 사람 한 사람이 헌법기관인 국회의원이 자기 손으로 직접 자기 명패를 바꿀 수는 있지 않겠습니까?" 국회의원들이 알아서 자기 명패를 한글로 바꿀 테니 국회의장은 모른 척 넘어가달라는 말이었다. 한글 이름을 쓰고자 하는 의원은 자기 손으로 한글 명패를 만들어서 쓸 테니 치우지만 말아달라는 얘기였다.

국회의장이 난처하지 않게 배려하면서도 뜻을 이루는 묘수였다. "왜 자꾸 문제를 만들려고 하느냐?" "크고 중한 일이 많은데, 한가하게 이름표 가지고 시끄럽게 하느냐?" 하며 불쾌해하던 국회의장은 그제야 못 이기는 척 미소를 지었다.

사실, 김근태 원내대표는 처음부터 이런 방법으로 한글 명패를 쓸 작정이었다. 혼자 오래 생각한 끝에 일의 시작과 끝을 미리 설계해 둔 것이다. 그래서 처음에는 의원 전체 한글 명패를 만들어 국회의장실 앞에서 시위를 하기도 하고 성명서를 발표하기도 했다. 성명서 제목은 〈여기는 대한민국 국회입니다〉였다. 그렇지만 이 문제로 국회의장과 대립하는 것은 여러모로 불필요한 일이었다. 결국, 국회의장도 만족하고, 뜻도 이룰 수 있었다.

이때부터 우리나라 국회에서 처음으로 한글 이름을 쓸 수 있게 되었다. 지금은 국회의원들이 대부분 한글 명패를 쓴다. 이렇게 바뀌기까지 오랜 시간이 걸리지 않았다. 한번 올라가기가 어렵지, 고개를 넘

어가면 내리막길이 있다. 국회에서 법률 이름을 한글로 쓰게 된 것도
이 일이 출발점이었다.

"긴 글은 안 되는구만"

첫 정기국회가 다가왔다. 그즈음 김근태 원내대표가 나를 불렀다. "곧 교섭단체 대표연설이 시작될 텐데 연설문을 준비해줘. 다른 사람과 상의하지 말고, 준비가 되면 내가 고쳐볼게."

놀랍고 부담스러웠다. 회사 생활하다가 여의도로 몸을 옮긴 지 몇 달 지나지 않은 때였다. 여의도 정치 문법이 낯선 초년병에게 교섭단체 대표연설이라니. 어떻게 준비해야 할지 막막했다. 회의 때 발언할 '말씀자료'를 써보기는 했지만, 교섭단체 대표연설은 달랐다. 당을 대표하는 연설이고, 역사에 기록되는 비중이 큰 연설이었다.

역대 명연설문집을 뒤적였다. 김대중 대통령이 한 교섭단체 대표연설을 읽었고, 새정치국민회의 시절 김근태 부총재가 했던 연설문도 찾아 읽었다. 김대중 대통령의 연설문은 역시 명문이었다. 스케일이 크면서도 김대중이라는 큰 정치인의 정치 철학이 잘 녹아 있었다. 야당 정치인과 지지자들이 언제나 반복해서 주장하는 내용이 교과서처럼 잘 정리되어 있었다.

당에 '대표연설 준비팀'이 꾸려졌다. 정책위원회와 원내대표실 관계자가 두루 참석했다. 첫 회의에 참석했는데, 원내대표 캠프에서 따로 준비하는 거 아니냐고 누가 물었다. 대통령 후보를 염두에 둔 유력 정치인들은 당 공식 조직 말고 정치인 측근들이 연설문을 준비하는 게 관례인 모양이었다. 다른 사람과 상의하지 말고 연설문을 준비해달라는 당부를 들은 터라 별도로 준비하겠다고 말했다. 그때부터 연설문 준비는 나 혼자 하는 일이 되었다.

김대중 대통령 연설문에 버금가는 명연설문을 써야겠다 마음먹었다. 역사적인 연설문을 상상했다. 김근태의 지론인 '따뜻한 시장경제', 시장의 실패를 공공이 보완해야 하는 까닭을 감동적으로 전하고 싶었다. 정치 개혁의 중요성, 연합과 연대의 정신, 평화의 길을 녹여내야겠다고 마음먹었다. '인간의 얼굴을 한 자본주의', '만인에 대한 만인의 투쟁을 끝내자' 같은 거창한 표현이 넘쳐났다. 잔뜩 힘이 들어간 연설문이었다.

정기국회 개원일이 다가올수록 속이 바짝바짝 타들어갔다. 문장은 따로 놀았고, 단어는 허공을 맴돌았다. 연설 사흘 전, 그가 대표연설문 준비가 됐는지 물어왔다. 그때까지 준비한 원고를 내밀었다. 원고를 읽던 그의 표정이 일그러졌다. 한참 말이 없었다. 그리고 한마디. "긴 글은 안 되는구만."

낭패였다. 내가 준비한 연설문은 너무 거창했다. 전투를 해야 하는데, 담론을 철학하는 꼴이었다. 곧 대표연설을 해야 하고, 기자들은 어떤 내용으로 연설할 것인지 벌써 집요하게 취재하기 시작했는데, 연설문 준비는 백지상태로 돌아갔다. 쥐구멍에라도 숨고 싶은 심정이었다. 비상이 걸렸다. 이인영 위원장, 임종석 의원 같은 연설 대가들이 모여들었고, 연설 원고를 한 문장씩 처음부터 다시 썼다. 내가 얼마나 헛다리를 짚었는지 그제야 깨달았다.

부랴부랴 새 연설문을 작성하고, 무난히 대표연설이 끝났다. 처음 내가 설계한 연설과는 완전히 딴판인 연설이었다. 책상에 앉아 모니터로 중계하는 대표연설을 들었다. 착잡하고 부끄러웠다. 그리고 곰곰이 생각했다. '원내대표가 왜 나에게 대표연설을 맡겼을까?'

그즈음 '김근태의 언어가 달라졌다'는 말이 기자들 사이에서 나오기 시작했다. 딱딱하고 건조해 교수님 강의 같다고 놀리던 김근태 언어에서 시장 냄새가 나기 시작했다는 것이다. 아마도 여의도 어법에 둔감하고 회사원 정서에 가까웠던 내가 준비한 몇몇 단어 덕분인 것 같았다.

그러나 아마도 그즈음 김근태는 내가 제공하는 '말씀자료'에 정무감각이 부족하다는 생각을 하지 않았을까 싶었다. 그래서 내가 한시바삐 여의도 언어에 숙달할 수 있도록 특단의 조치를 한 건 아닐까? 새끼 사자를 언덕 아래로 밀어내는 어미 사자처럼. 혼자 그렇게 멋대로 상상했다.

"그거 합시다, 정치 개혁"

2003년 10월, 정기국회에서 김근태는 파격적인 대표연설을 했다. 국회 본회의장이 술렁거릴 만한 파격이었다. 보통 교섭단체 대표연설은 여당과 야당 사이에 최고 수위의 공방이 오고 가기 마련이다. 교섭단체 대표연설은 예리한 창으로 상대의 빈틈을 노리는 검투사의 경연장이다. 그런데 이날 대표연설에서는 여당 원내대표가 느닷없이 거대 야당인 한나라당을 칭찬하고 나섰다. 김근태 원내대표는 한나라당 최병렬 대표를 콕 짚어 칭찬했다.

저는 얼마 전, 한나라당 최병렬 대표가 '범국민정치개혁위원회'를 공동으로 만들자는 제안을 한 데 전적으로 찬성합니다. 이미 최 대표와 민주당 정대철 전 대표가 합의한 바도 있습니다. 정치인과 더불어

학계, 언론계, 시민사회, 법조계 등 각 분야 전문가가 함께 모여 10월 말까지 위원회를 구성합시다. 최 대표께서 제시한 대로 11월 말까지 시한을 정해 입법 성과를 만들어내도록 합시다.

이 대목은 김근태 원내대표가 오래 고심해서 직접 작성한 원고였다. 대표연설 전날까지 그는 고심이 많았다. 정치 개혁을 해내라는 게 국민의 요구인데, 열린우리당은 43석 미니 집권 여당에 불과했다. 열린우리당만으로는 개혁 법안을 통과시킬 방법이 없었다. 그렇다고 얼마 전 분당 파동을 겪은 구 민주당의 도움을 기대할 수도 없었다.

마침, 전날 교섭단체 대표연설에서 한나라당 최병렬 대표가 '정치 개혁' 얘기를 꺼냈다. 이 연설을 듣고 김근태 대표는 무릎을 쳤다. 한나라당을 공격하는 대신 등을 떠밀기로 작정한 것이다.

사실, 전날 한나라당 대표연설에 담긴 '정치 개혁' 주장에 무게가 실렸다고 보기 어렵다는 것이 중론이었다. 정치 개혁에 대한 국민의 요구가 워낙 크다 보니 한나라당이 여론을 외면할 수 없어 '지나가는 말'로 이런 표현을 담았다고 보는 것이 타당했다.

최병렬 대표연설의 핵심은 노무현 대통령과 열린우리당이 말로만 정치 개혁을 떠들고, 민주당 분당에서 보이는 것처럼 실상은 패거리 정치를 하려고 한다는 것이었다. 이 연설을 듣고 김근태는 역발상을 기획했다.

그날 이후, 김근태 원내대표는 한나라당 의원들을 만날 때나 기자들을 만날 때 입버릇처럼 말했다. "그거 합시다, 한나라당 최병렬 대표가 말한 거 그거 합시다" 정치 개혁을 요구하는 시민단체를 만나서도 마찬가지였다. 오랜 시간 함께 민주화운동을 했던 시민사회 관계자들이 하루가 멀다고 찾아와 "김근태가 원내대표가 됐으니 과감하게 정치 개혁을 밀어붙여야 한다"고 요구했다.

그럴 때마다 그는 정치 개혁을 이루었다는 공을 열린우리당이나 시민사회가 가지려고 하면 아무 일도 안 된다, 한나라당을 찾아가 '고맙다' '최병렬 대표가 말한 거 그거 하자'고 말해야 한다, 한나라당을 공격하기보다 등을 떠미는 것이 지금 할 수 있는 최선의 방법이라고 설득했다.

실제로 김근태는 치열한 정치 개혁 협상에서 철저하게 시민사회와 당을 다독이고, 한나라당을 앞세우는 전술을 구사했다. 정치 개혁을 이룬 공을 한나라당이 차지하게 만들어야 실질적인 정치 개혁 입법을 할 수 있다고 강조했다. 이른바 '오세훈법'은 이런 김근태의 원모심려 덕분에 가능했다.

정치는 말로 하는 것

김근태는 평소 "정치는 말로 하는 거야"라는 말을 즐겨 했다. 그에게 정치란 말로 시작해서 말로 끝나는 행위였다. 이해관계를 물리적 힘겨루기, 즉 폭력이 아닌 말로 조정하는 게 정치였다. 시위하고 농성하는 대신 마이크 앞에 서서 말하는 것이 현실 정치였다. 그는 '말'을 하기 위해 수많은 시위와 농성, 체포와 투옥을 감수한 사람이다. 그래서 그 말이 더 절절했다.

'말'은 정치인의 모든 것이다. 많은 정치인이 더 강한 말, 더 자극적인 말을 찾는다. 한마디 말을 찾아 고심하고, 토론하고, 울고, 웃는 것이 정치다. 말 잘하는 정치인은 단박에 언론의 주목을 받고 스타 정치인이 되지만, 그렇지 못한 정치인은 능력을 세상에 드러낼 기회를 찾기 어렵다. 그런 면에서 정치인이란 귀에 쏙쏙 박히는 말, 유권자가 환호하는 말, 언론이 받아쓰기 좋은 말을 찾는 하이에나들이다. 여의도에 막말과 비속어가 남발하는 것도 이런 까닭이다.

흥행을 위한 집요한 압박

2003년 11월, 열린우리당이 창당대회를 열었다. 김근태는 이미 두 달 전부터 원내대표로 일하고 있었다. 개문 발차, 먼저 의원들이 원내 교섭단체를 만들어 활동하고, 뒤이어 창당하는 모양새였다.

창당 전당대회를 앞두고 정동영 의원이 당의장 출마를 선언했다. 당 원로인 김원기 의원이 임시로 맡고 있던 당의 간판을 젊고 참신한 인물로 바꿔야 한다는 여론이 높았다. 성대한 창당대회를 여는 건 아주 중요했다. 의석은 43석뿐이었지만 열린우리당은 집권 여당이었다. 정치 개혁을 향한 국민의 열망을 모아 거침없이 질주하는 모습을 보여 줘야 했다. 성대한 출발 이벤트가 절실했다.

그에게 원내대표에서 사퇴하고 전당대회에 출마하라는 압력이 거세게 가해졌다. 정동영과 김근태의 대결이라는 빅이벤트를 만들어 창당 초기에 돌풍을 일으키자는 기획이었다. 민주당 분당 직후, 전술적으로 그에게 맡겨 두었던 원내대표직, 투톱의 한 자리를 이제 돌려받겠다는 의도도 엿보였다. 정동영 의원이 직접 그에게 전화를 걸어 함께 출마해야 한다고 끈질기게 주장했다.

그와 뜻을 함께하는 '국민정치연구회' 동지들은 다른 이유로 출마를 압박했다. 당에서 원하는 '흥행 카드'를 거부하는 것은 명분이 없다는 주장이었다. 곧 총선이 다가오는 만큼 그가 당의장 경선에 나가 비빌 언덕이 되길 기대하는 마음도 있었다.

출마를 종용하는 사람들도 일방적인 경선판이라는 걸 잘 알았다. 그렇지만 당내에 김근태를 능가할 흥행 카드가 없었다. 민주화운동 세력의 명실상부한 상징, 김근태가 이번에 제대로 희생해야 한다는 주장이 드셌다.

나를 포함해 국회의원 출마를 준비하지 않는 주변 젊은 참모는 대부분 출마를 반대했다. 무엇보다 당선 가능성이 희박했다. 전당대회는 노골적인 세력 대결의 장이었다. 유권자를 상대로 하는 선거와 차원이 달랐다. 한 표 한 표 계산이 가능한 철저한 조직 선거였다. 표 계산을 해보면 그는 틀림없는 비주류였다. 정동영 의원은 명실상부 친노 적자이자 주류였다. 조직 대결에서 도저히 계산이 서지 않았다.

원내대표를 맡은 지 몇 달 되지 않았다는 점이 중요한 반대 명분이었다. 일을 막 시작해놓고 자리를 내놓는 것은 책임 있는 모습이 아니라고 주장했다. 내심 원내대표의 역할이 생각했던 것보다 막중하고, 그와 잘 맞다는 판단이 작용했다. 지금 잘하고 있는데, 패배가 뻔한 전장에 나설 필요는 없었다. 원내대표로 성과를 보여주는 것이 나중을 위해 좋았다. 당의장에 출마하는 건 비현실적이었다. 그에게 일방적인 희생을 요구하는 셈이었다. 출마를 종용하는 분들을 보면서 왜들 저러나 싶었다.

그는 오래 망설였다. 일차적인 판단은 젊은 참모들과 비슷했다. 그러나 전당대회 흥행이라는 강력한 명분을 앞세운 당 주류의 압박을 거부하기 어려웠다. 꽃가마를 타라는 게 아니라 흥행 불쏘시개가 되어 희생해달라는 주문이 아닌가. 이럴 때 희생할 수 없다고 버티는 것은 속 좁은 일로 해석될 가능성이 컸다.

곧 치를 총선 공천권을 감안해 동지들이 출마를 종용하는 것도 부담스러웠다. 그는 속내를 드러내지 않고 버텼다. 동지 여럿이 한반도재단 사무실에서 그를 만났다. 그는 끝내 출마를 고사했다. 명분 대신 실리를 택한 결정이었다. 희생해달라는 주문을 물리친 결정이었다. 몇 차례 패배를 절감한 그의 지극히 현실적인 결단이었다. 그로서는 쉽지 않은 결정이었고, 동지들의 실망이 컸다.

토론하는 힘

김근태는 성공적으로 열린우리당 원내대표 일을 해냈다. 원내대표직 수행을 성공적으로 했는지 아닌지 판단하려면 원내대표 이전과 이후 입지를 비교해보면 분명해진다. 원내대표직을 마친 뒤, 그의 입지는 상전벽해가 됐다. 처음 원내대표를 할 때만 해도 고립된 개인에 불과했던 그는 원내대표를 끝낼 무렵, 당을 양분할 만큼 확고한 세력을 확보한 유력 대선 후보로 떠올랐다. 원내대표 재임 기간 동안 보여준 놀라운 리더십 덕분이었다.

그는 과거 어느 정치인도 보여준 적 없던 새로운 유형의 민주적 리더십을 선보였다. 그가 원내대표를 하는 동안 당은 잡음 없이 단결했고, 효율적으로 싸울 줄 아는 소수 정예부대로 탈바꿈했다.

국회 역사상 한 번도 없던 43석 미니 여당이었지만, 열린우리당은 거대 야당 한나라당과 벌인 원내 전투에서 번번이 이겼다. 43석 소수 여당으로 정치 개혁 입법을 성사시켰고, 국회 분위기도 일신했다. 여당 의원들은 소외되는 사람 없이 모두 의정 활동에 열심이었고, 당내 민주주의는 유례없는 전성기를 구가했다.

그가 성공적으로 당을 이끈 무기는 '민주주의'였다. 그는 '민주주의'라는 무기를 누구보다 잘 쓰는 정치인이었다. 김근태 비장의 무기 '민주주의'는 이미 성능이 입증된 잘 벼린 칼이었다. 1980년대 전두환 정권 치하에서 민청련을 만들어 독재정권의 성채에 파열구를 만든 힘도 그 민주주의였다. 민청련 의장 김근태는 말하기 좋아하고, 지기 싫어하며, 선후배끼리 뭉쳐 즐겨 남을 배타하던 청년 투사들을 민주주의라는 이름 아래 하나로 묶어 세웠다. 마음껏 주장할 자유와 공동의 결정에 따를 의무! 민주주의 최고의 규율이라고 할 수 있는 민주집중제가 그것이었다.

민청련 회원들은 헌신적이었다. 회원 한 사람 한 사람이 가진 최대치를 민주화운동에 쏟아부었다. 회원 수는 적었지만, 강철같이 단단한 일당백의 전사들이었다. 무한대의 토론과 결정에 대한 강철같은 집행력 덕분이었다. 뱀 아가리에 기꺼이 제 몸을 던지는 옴두꺼비 이야기는 그런 민청련 전사들에게 맞춤한 상징이었다. 민청련 신화는 그렇게 만들어졌다.

원내대표 김근태가 다시 꺼내든 무기도 바로 그 '민주주의'였다. 그는 국회 역사상 처음으로 의원총회 무한토론을 시도했다. 열린우리당은 매주 두 번씩 의원총회를 열었다. 정무적 토론과 정책 토론이 함께 열렸다. 소속 의원 43명이 모두 연설을 마칠 때까지 이어지는 길고 긴 회의였다. 한번 의원총회를 하면 서너 시간이 걸리는 게 보통이었다. 그걸 원내대표 임기 내내 한 주도 거르지 않았다.

"또 회의하냐?" "그만 토론하고 이제 제발 좀 원내대표가 결정하라!" 의원총회장 뒤편에 앉아 있던 내 귀에 의원들이 수군대는 소리가 들렸다. "김근태는 너무 미적대서 문제야"라거나 "해방된 다음 날부터 독립운동 할 사람"이라고 빈정대는 소리도 들렸다. 오늘 결론을 내지 말고 다음에 다시 토론하자는 원내대표의 제안에 어이없다는 듯 피식 웃는 의원들도 많았다. 리더면 리더답게 결단력과 카리스마를 보여줘야 하는 것 아니냐, 권한을 잘 쓴 김대중 대통령에게 배워야 한다는 얘기도 들렸다.

그러나 리더가 앞장서 이끌고 결과를 평가받는 방식은 그가 추구하는 방식이 아니었다. 김근태는 처음부터 그런 리더십을 행사할 생각이 없었다. 아니, 당내 비주류 원내대표였던 그로서는 그런 리더십을 행사하고 싶어도 할 수 없는 처지였다.

열린우리당은 정당 민주화를 이루겠다는 뜻을 세우고 만든 당이었다. 제왕적 총재제도라고 일컫던 낡은 방식의 당 운영에서 벗어나 당내 민주주의를 구현하는 정당을 만들어보자고 뜻을 모았다. 정당 민주화는 구 민주당 시절, 동교동계 패권정치에 맞서 김근태가 흔들던 깃발이기도 했다. 열린우리당이라면, 김근태라면 다른 리더십을 보여줘야 했다.

그즈음 정당 민주화라는 말은 모든 정치인이 노래하는 유행어였다.

삼김시대가 막을 내린 직후였다. 우리 정치는 '제왕 없는 정당' 시대를 맞았다. 정당도 이제 군주제에서 공화제로 이행해야 했다. 이를 위해 열린우리당은 당 총재가 거머쥔 인사권과 정책 결정권을 나눠 원내대표직을 신설했다. 당 총재가 행사하던 공천권을 당원에게 돌려줬다. 당 총재가 아니라 의원총회에서 당론을 정한다는 원칙도 정했다.

정당 민주화를 위한 제도를 갖췄지만 그것만으로 민주주의가 실현되는 것은 아니었다. 그런 제도보다 훨씬 중요한 것은 민주주의를 운영하는 능력이었다. 민주적 제도가 하드웨어라면, 소프트웨어는 민주적으로 조직을 경영하는 경험과 능력이었다. 그때까지 우리 정치는 당내 민주주의를 경험해본 적이 없었다. 모두 정당 민주화라는 말을 썼지만 구체적으로 어떻게 하는 건지 갈피를 잡지 못하고 있었다.

민주적인 당 운영을 요구하면서도 화끈한 카리스마와 승부사 같은 결단을 정치 지도자의 덕목이라 주장하는 이율배반이 횡행했다. 토론을 거치지 않고 이뤄진 지도자의 일방적 결정은 '고독한 결단'으로 미화됐다. 그는 민주주의라는 무기의 위력을 잘 알고 있었고, 그 무기를 잘 다룰 줄 알았다. 현대 정당의 리더라면 토론문화라는 민주주의의 무기를 누구보다 잘 다뤄야 한다고 생각했다. 그게 그가 생각하는 민주적 리더십이었다.

김근태가 지휘하는 43명 미니 여당은 강력했다. 정치 개혁 입법, 노무현 대통령 탄핵 등 모든 국면에서 전략·전술 모두 거대 야당 한나라당을 압도했다. 모두 깜짝 놀랐다. 소수 여당이었지만 의원들은 일당백 전사가 되어 일사불란하게 움직였다.

비결은 '토론의 힘'이었다. 43명 의원 한 사람, 한 사람이 어떤 생각을 하고 있는지 서로 자기 손금 들여다보듯 알고 있었다. 다수 의견이 어떻게 수렴되고, 소수 의견은 어떻게 존중되는지도 낱낱이 알고 있었다. 이심전심, 염화미소였다. 섣부른 다수결보다 토론하고, 공감하고, 합의하는 과정을 거치며 의원 개인 의견이 용광로 속에서 하나로 녹았다. 빠른 승부를 가리는 다수결을 배척하고, 비효율적인 듯했지만 끝까지 합의와 공감, 설득을 추구한 덕분이었다. 빠름보다 바름이 더 힘이 셌다.

총선 직후, 그는 막 싹 트기 시작한 민주적 토론문화를 활짝 꽃 피우고 싶어 했다. 그러나 그에게 그런 기회는 주어지지 않았다. 원하지 않은 상황에서 그가 원내대표 생활을 마치자 치열했던 민주적 토론문화도 명맥이 끊겼다. 그리고 다른 문화로 대체됐다. 이어진 열린우리당 토론문화는 백가쟁명, 백팔번뇌라는 평가를 받았다. 주장할 자유를 마음껏 누렸지만, 공동의 합의를 이끌어내는 데까지 이르지 못했다. 공동의 합의를 생략하자, 결정에 승복하는 규율도 생략됐다. 김근태 원내대표 시절의 토론문화가 단절된 탓이 컸다.

김근태가 원내대표로 일한 건 반년 정도밖에 안 된다. 김근태가 씨 뿌린 치열한 토론문화는 열매도 맺지 못한 채 스러졌다. 의원 수가 세 배 이상 늘었기 때문이라고 말하는 사람도 있다. 그럴 수도 있겠다. 어쨌든 김근태 원내대표 시절 이전에도, 이후에도 그런 토론문화를 가진 정당은 우리나라에 없었다. 이후, 열린우리당은 당내 의견과 행동의 일치를 이끌어내는 데 치명적 약점을 노출했다. 백 년 정당을 꿈꾼 열린우리당이 '조로 증세'를 보이며 사멸했다. 용광로 같은 토론문화가 사라진 것이 중요한 이유 가운데 하나라는 점은 분명했다. 용광로가 꺼지면서 백가쟁명의 시대가 왔다. 역사를 되돌릴 수도 있다면 그때로 되돌리고 싶을 정도로 두고두고 아쉬운 일이다.

미국이 판 함정

이라크 파병은 우리 정치 역사에서 아픈 상처다. 참여정부는 미국 요구에 이끌려 원하지 않는 파병을 결정했다. 주권국가의 자존심이 훼손당했고, 정권은 치명상을 입었다. 침공 구실로 삼았던 대량살상무기가 없다는 사실이 밝혀진 다음에도 미국은 우리에게 2차 파병을 요구했다. 부끄러운 일이었다.

사실 2차 이라크 파병 요구는 네오콘이 노무현 정부를 시험하기 위해 파 놓은 함정이었다. 네오콘은 그 카드를 던져 미국과 함께 갈 것이냐, 말 것이냐 공개적으로 물었다. 함께 갈 거면 속옷까지 벗고 확실히 줄 서라는 협박이었다.

이라크 파병 요구는 '악의 축'으로 지명한 북한을 섬멸할 함정이기도 했다. 이라크 다음은 북한이라고 해도 할 말이 없었다. 모두 그걸 알았다. 참여정부는 협박이고 함정인 줄 알면서도 어쩔 수 없이 날카로운 크레바스 속으로 몸을 던졌다.

김근태는 노무현 대통령이 국회, 특히 집권 여당의 반대를 명분 삼아 미국의 폭력적인 요구를 슬기롭게 거절하길 기대했다. 파병을 하더라도 규모를 상징적인 수준으로 최소화하거나, '인도주의'라는 완장을 두르고 참여해 명분과 실리를 챙길 수 있기를 기대했다. 무엇보다 이 일로 지지 세력이 분열하게 되는 것을 걱정했다. 민주개혁 세력은 그러지 않아도 소수였다.

참여정부는 이미 대북 송금 특검과 민주당 분당을 거치며 전통적 호남 지지 세력을 잃은 상태였다. 오른쪽 날개가 꺾인 불구의 새. 이라크 파병 결정은 왼쪽 날개마저 잃게 만들었다. 엎친 데 덮친 격이었다. 이라크 파병 과정에서 마음 떠난 지지 세력은 참여정부가 끝나는 순간까지 닫은 마음을 열지 않았다. 탄핵 역풍 때 잠깐 한나라당과 구 민주당을 응징했지만 그게 다였다.

명분 없는 이라크 파병으로 잃어버린 왼쪽 날개는 시민사회와 진보 지지층이었다. 시민사회와 진보 지지층은 참여정부와 열린우리당이 약속한 '개혁'에 큰 기대를 걸었다. 개혁 세력이 헌정 사상 처음 집권한 만큼 기대가 컸다. 후보 시절, "반미면 어떠냐" 일갈하던 노무현 대통령이 한반도 평화의 길을 열 것이라 기대했다. 6·15 정상회담으로 김대중 대통령이 낸 '한반도 평화의 길'이 손에 잡힐 듯 눈앞에 또렷했다.

그러나 명분 없는 이라크 파병으로 지지를 접었다. 미국의 폭력적 요구에 변변한 저항도 못한 채 속절없이 두 손 들고 항복하는 모습에 실망했다. 노무현 대통령의 처지를 모르지 않지만, 이런 미국의 요구가 새삼스러운 것은 아니었다. 북한을 봉쇄하겠다는 미국의 위협은 국민의정부 시절부터 계속되었다. 김대중 대통령은 이런 미국의 요구를 반대하고 버텨냈다. 두 날개를 다 잃은 참여정부와 열린우리당 지지층은 옹색해졌다. 이후 총선을 제외한 모든 선거에서 연전연패했다.

김근태도 큰 상처를 입었다. 2003년 4월, 1차 이라크 파병 당시, 김근태는 이라크 파병에 반대하는 반전평화의원모임을 주도했다. 청와대와 여당 지도부의 찬성 방침에도 국회 본회의장에서 국회 역사상 처음 전원위원회를 열어 이라크 파병안을 막아서기도 했다. 그즈음 김근태는 언론에 글을 보내 "만일 불행히도 이라크 전쟁 이후 한반도에 위기가 닥쳐온다면 우리는 그때 뭐라고 할 것인가? 이라크 전쟁에 파병까지 했던 한국이 세계를 상대로 평화를 호소한다면 국제사회는 어떤 반응을 보일 것인가? 나는 그것이 두렵다. 우리는 지금 원칙도, 명분도 그리고 실리도 잃어가고 있는 건 아닌가?" 하고 물었다.

원내대표가 된 뒤, 2차 파병이 본격 추진되기 시작했다. 1차 파병 때 앞장서 파병 반대 캠페인을 벌였지만 이번에는 그럴 수 없었다. 그는 집권 여당 원내대표. 대통령의 결정을 집행해야 하는 역할이었다.

정부안이 확정됐다. 미국의 요구대로 사실상 전투병을 파병하는 안이었다. 국회로 공이 넘어왔다. 국회가 파병동의안을 집행해야 하는 순서였다. 그는 이 문제를 두고 10여 차례 의원총회를 열었다. 짜낼 수 있는 모든 지혜를 모았다. 장영달 의원 등으로 당내 의원단을 구성해

이라크 현지에 조사단을 파견하기도 했다. 당초 정부가 제시한 전투병 파병안을 비전투병 중심 지원부대로 변경한 것도 원내 지도부의 노력 덕분이었다.

김근태 원내대표는 그렇게 시간을 벌며 정부와 청와대를 향해 '여당의 반대'를 지렛대 삼아 협상의 우위를 차지해야 한다고 강조했다. 할 수 있다면 파병 자체를 없던 일로 만드는 것이 최선이라고 믿었다. 시민사회와 진보적 지지층은 일제히 반대하고 나섰다. 파병반대 시위대가 국회 앞을 가득 메우고, 이게 갈림길이 될 것이라고 경고했다. 정부 규탄이 이어졌다. 김근태 원내대표 집무실에는 시민사회 어른들이 드나들며, 파병 반대를 당론으로 채택해야 한다고 요구했다.

당내 의견도 반대와 찬성으로 홍해처럼 갈렸다. 임종석 의원은 반대 단식에 돌입했다. 파병이 이뤄지면 의원직을 사퇴하겠다고 배수진까지 쳤다. 우려했던 대로 열린우리당 지지층은 대분열을 시작했다. 이대로 루비콘강을 건널 것인가, 돌아설 것인가? 원내대표가 답해야 했다. 모두 김근태의 입을 쳐다봤다.

한나라당은 파병 찬성이었다. 다만, 여당인 열린우리당이 찬성해야 자기들도 찬성할 수 있다고 고리를 걸었다. 다른 야당인 구 민주당과 민주노동당은 반대였다. 여당인 열린우리당은 찬반이 갈렸다. 한나라당은 대통령은 파병을 결정했는데, 여당이 추진하지 않는 것은 근무태만이라 몰아붙였다. 야당이 여당 같고, 여당이 야당 같다고 비아냥거렸다. 보수 언론들도 연일 여권의 엇박자를 공격했다. 김근태 원내대표의 리더십을 도마에 올리는 언론도 많았다.

2004년 2월 12일, 갑자기 원내대표실로 열린우리당 의원들이 모여들기 시작했다. 기자들은 물론, 당직자들에게도 알리지 않은 극비 긴급의원총회가 소집된 것이다. 그날 아침, 한 보수 신문이 '이라크 파병 동의안' 처리를 망설이는 여당을 공격하는 기사를 대문짝만하게 실었다. 언론의 최후통첩이었고, 당은 동요했다.

원내대표실에 접이식 의자가 펼쳐졌다. 40명 남짓한 의원들로 가득 찬 원내대표실은 한겨울인데도 열기가 후끈했다. 팽팽한 긴장감이 감돌았다. 당직자는 한 사람도 남지 말고 모두 퇴장하라는 엄명이 떨어졌다. 녹음이나 메모 같은 어떤 기록도 하지 말라는 지시도 전달됐다. 의원 아닌 모든 당직자가 밖으로 나갔다. 한두 의원이 일어서 나가지 않은 당직자가 있는지 눈으로 확인했다. 구석에 앉아 몸을 낮췄다. 이 순간을 기억하고 기록해야 한다고 생각했다. 비공개회의에서 나가지 않고 버티는 데 익숙하기도 했고, 넓지 않은 방에 40명 넘는 의원들이 다닥다닥 붙어 앉아 있는 상황이라 눈에 띄지 않았다.

당직자들이 나가고 회의실 문이 닫히기 무섭게 거친 언사가 쏟아졌다. 원내대표에 대한 노골적 비난이 대부분이었다. 당내 경쟁자 격인 한 의원은 '정치는 타이밍'이라는 말로 김근태 원내대표를 공격하고, 회의장을 박차고 나갔다. 다른 후배 의원은 본인은 개인적으로 파병에 반대하지만, 이 문제는 대통령이 정권 차원에서 고심 끝에 결정한 일인 만큼 당론으로 찬성해야 한다 주장했다. 그리고 '당론 찬성'이 결정되더라도 본인은 소신에 따라 반대표를 행사할 것이라 예고했다.

결론이 났다. 당론으로 찬성하자는 것이었다. 김근태 원내대표는

'권고적 당론'이라는 뉘앙스로 톤을 낮췄다. 당은 찬성 입장을 지키되 반대하는 의원들이 소신을 지킬 수 있는 길도 열어 둔 것이다. 이어 열린 본회의에서 '파병안'이 상정되고, 김근태 원내대표는 찬성 버튼을 눌렀다. 당론 찬성을 주장했던 후배 의원은 예고한 대로 반대에 투표했다.

원내대표실 입구 책상에 앉아 본회의장 회의 중계를 지켜봤다. 오후 3시, 파병동의안이 통과하는 순간, 그의 얼굴이 카메라에 잡혔다. 그를 맞으러 본회의장 앞으로 갔다. 그래야 할 것 같았다. 마음고생 심했을 그에게 작은 힘이라도 보태고 싶었다. 금방이라도 쓰러질 듯한 걸음으로 본회의장을 빠져나오던 그가 내 손을 잡았다. 그리고 "미안해" 하고 나직이 말했다. 왈칵 눈물이 쏟아졌다.

그날 오후 내내 원내대표실에는 무거운 침묵이 흘렀다. 누구도 말 한마디 꺼내지 않았다. 모두 일손 놓고 망연자실했다. 그는 방문을 걸어 잠갔다. 그 뒤로 여러 시간 동안, 그의 방에서는 작은 기척조차 없었다.

그날 저녁, 청와대 정무팀과 당의장실, 원내대표실 술자리가 잡혔다. 미리 참석하기로 한 선배가 나에게 그 모임에 참석하라고 지시했다. 거절했다. 이라크 파병을 둘러싸고 길었던 갈등을 마감하는 술자리라는데 참석할 기분이 아니었다. 선배도 완강했다. 본인도 못 가겠으니 원내대표실을 대표해 비서팀장이 가라는 것이다.

저녁 술자리에서 폭음했다. 환하게 웃는 정무수석실 사람들과 당의장실 당직자들 보기가 부담스러웠다. 축하와 건배가 이어졌다. 구석에 혼자 앉아 술잔을 비웠다. 당내 경쟁자라지만 인생 선배라 할 그에게 '정치는 타이밍'이라고 일갈하던 유력 정치인의 경직된 얼굴이 잊히지 않았다. 대통령에 대한 정치적 경호실장을 자처하던 오랜 후배 의원이 설파하던 낯선 민주주의도 겹쳤다.

의원들이 매서운 얼굴로 공격을 퍼붓던 그 원내대표실 문을 걸어 잠그고 오후 내내 미동도 하지 않던 김근태가 서러웠다. 그 긴 시간 그는 그 휑한 방에 홀로 앉아 무슨 생각을 했을까? 공개회의에서 후배 의원으로부터 '정치는 타이밍'이라 공격당한 분함을 곱씹었을까? 본인은 반대하지만 당은 찬성해야 한다고 주장하는 어떤 후배의 이상한 처신을 곱씹었을까?

본회의장에서 한 후배 의원이 그에게 다가와 '기권'을 권했다. 누구보다 앞장서 이라크 파병을 반대해온 의원이었다. 당론을 집행할 책임이 있는 원내대표로서 '반대' 투표하기는 어려우니 '기권'하는 것이 방법이 될 수 있지 않겠느냐는 제안이었다. 그러나 그는 '찬성' 버튼을 눌렀다. 당론 집행을 책임진 원내대표로서 당의 결정에 승복한다는 의사 표시였다.

김근태의 사람들

김근태 주변에는 함께하는 여러 사람이 있었다. 동지도 있었고, 팬클럽도 있었다. 가장 오래된 조직은 민평련이다. 민평련은 역사가 긴 조직이다. 1994년, 그가 재야운동 동지들과 함께 '현실 정치 참여'를 선언하며 만든 '통일시대 민주주의 국민회의'(국민회의)가 시작이다.

당시 그는 현실 정치 참여가 불가피함을 역설했다. 다만, 개인 자격으로 야당에 입당하는 방식에는 한계가 있으니 민주화운동의 연장선에서 보수 야당과 합당하는 방식을 주장했다. 흡수되는 것이 아니라 민주화운동 세력이 조직적으로 참여해 영향력을 확보해야 한다는 주장이었다.

그는 국민회의와 함께 민주당에 입당해 부총재로 선임됐다. 국민회의라는 명칭은 간디와 네루가 연합해 독립을 위해 싸운 인도의 국민회의를 떠올리게 했다. 그는 현실 정치 참여를 선언하며, "네루의 길을 가겠다"고 밝히기도 했다. 국민회의는 '국민정치연구회'로 이름을 바꿨다가 다시 '민주평화국민연대'로 이름을 바꿔가며 지금까지 쉼 없이 활동을 이어오고 있다. 우리 정치사에서 가장 오랜 역사를 지닌 조직이라고 할 수 있다.

언론에서는 민주평화국민연대를 김근태계라고 하지만 이는 매우 잘못된 표현이다. 설립 당시부터 지금까지 국민회의, 국민정치연구회, 민평련은 김근태 사조직과 성격이 전혀 달랐다. 함께 민주화

운동을 하다 현실 정치에 참여한 운동가들의 '결사체'였고, 김근태는 전체 구성원 가운데 한 명이었다. 정당에서 흔히 보이는 계보와는 출발과 구성, 운영 방식이 모두 달랐다.

민평련 다음으로 오래된 조직은 '한반도재단'(한반도평화와 경제발전전략연구재단)이다. 2001년 4월, 대통령 선거 출마를 염두에 두고 만든 조직이다. 이 조직이 정치인 김근태의 사조직이라 할 수 있다. 한반도재단에는 전국 각 지역에서 활동하는 지역 책임자들이 있었고, 사무국도 있었다. 한반도재단에서 활동하는 활동가들은 모두 김근태와 뜻을 함께하고, 그를 따르는 사람들이었다. 모두 생업에 종사하며, 무보수로 일했다. 한

반도재단은 김근태가 세상을 떠난 뒤, 김근태재단으로 이름을 바꿨다.

그에게도 팬클럽이 있었다. 첫 팬클럽의 이름은 '희망'이었다. 2002년 대통령 선거 당내 경선 즈음에 자발적 지지자들이 만든 모임이다. 온라인을 중심으로 활동했으나 오프라인 활동도 활발했다. 2004년, 팬클럽 희망 구성원들과 자발적 지지자들이 다시 모여 '김근태친구들'(김친)이라는 팬클럽을 만들었다. 김근태친구들은 전국적인 조직망을 갖추고 열정적인 활동을 펼쳤다. 한 사람 한 사람 잘 훈련된 전사였다. 2006년, 열린우리당 전당대회 때 절정을 이루었다. 2007년, 김근태가 갑작스럽게 '대선 불출마'를 선언하면서 활동을 마쳤다.

탄핵 전야

2004년 1월 5일, 새천년민주당 조순형 대표가 '노무현 대통령 탄핵'을 언급하는 기자회견을 할 때만 해도 이 말이 어떤 후폭풍을 몰고 올지 짐작한 사람은 많지 않았다. 3월 5일, 새천년민주당이 거듭 기자회견을 할 때도 과녁은 '탄핵'이 아니라 '대통령 사과'였다. 3월 9일, 새천년민주당과 한나라당이 공동으로 '탄핵소추안'을 발의할 때조차도 이 안이 실제 국회 본회의장에서 표결 처리될 것이라 생각하는 의원은 없었다.

안을 제출한 당사자를 포함해 거의 모든 의원이 속으로는 탄핵소추안을 처리할 의사가 없었다. 탄핵 명분이 없다는 걸 모두 잘 알고 있었다. 김근태 원내대표도 마찬가지였다. 실제로 본회의장에서 탄핵안이 가결될 거라고는 꿈에도 생각하지 않았다. 새천년민주당 의원들이

나 한나라당 지도부를 만나보면 실제 분위기가 그랬다.

그러나 예상치 못한 방향으로 상황이 흘러가기 시작했다. 새천년 민주당이나 한나라당은 대통령을 위협해 사과나 양보를 받아낼 생각이었지만 대통령 생각은 달랐다. 대통령은 처음부터 끝까지 그런 요구에 굴복할 생각이 조금도 없었다. 대통령이 "상대가 펀치를 날렸는데, 나는 그 주먹을 꼭 쥐고 놔주지 않을 생각"이라고 말했다는 얘기가 돌았다.

당초, '유감 표명'이라는 정치적인 언사로 절충해 넘어갈 수 있을 거라 생각했던 김근태 원내대표는 상황이 심상치 않음을 직감했다. 그리고 야당 지도부를 만나 대통령은 사과할 뜻이 없음을 전하고, 다른 정치적 해결책을 모색하자고 설득했다.

당황하기는 야당 지도부도 마찬가지였다. '사과' 선에서 마무리할 생각으로 펀치를 날렸는데, 대통령이 사과를 거부하니 주먹을 거두기도 뻗기도 애매한 상황이었다. 대통령 말처럼 야당이 내민 주먹을 대통령이 꽉 움켜잡고 있는 것처럼 보였다.

3월 9일, 탄핵소추안이 국회에 제출됐다. 한나라당과 구 민주당의 여러 의원이 발의에 참여했다. 김근태 원내대표는 의원들을 비상소집하고, 본회의장 점거에 나섰다. 만약의 상황에 대비한 예방 조치였다. 본회의장 농성은 비교적 느슨했다. 열린우리당 의원들은 "설마 탄핵안을 상정하기야 하겠느냐?"고 의견을 주고받았다. 국회의사당 주변에 대기하던 사람 대부분 같은 생각이었다.

상황이 반전된 건 3월 11일 오전, 노무현 대통령 기자회견 뒤부터였다. 대통령은 야당이 바라던 사과 대신 '총선 결과와 재신임 연계' 카드를 빼 들었다. 사과 대신 선택한 승부수였다. 대통령 기자회견 직후, 뉴스 속보가 떴다. 남상국 전 대우건설 사장이 11일 오후 12시 50분께 한남대교 남단에서 투신 자살했다는 소식이었다. 남상국 사장은 노무현 대통령 친형 건평 씨에게 인사청탁과 함께 3000만 원을 건넨 혐의로 검찰 조사를 받고 있었다. 대통령이 기자회견에서 남상국 씨를 거론했다.

분위기가 돌변했다. 야당 표 점검 결과, 탄핵 찬성 의원이 가결 정족수를 넘어섰다는 얘기가 들려왔다. 원내대표실은 긴장으로 터질 듯했다.

11일 밤, 나는 본회의장 불침번을 섰다. 의원들은 의장석 주변에 몸을 묶고 잠을 청했다. 새벽 순찰을 마치고 자리에 앉은 얼마 뒤였다. 갑자기 본회의장 문이 열리며 한나라당과 구 민주당 의원들이 우르르 몰려왔다.

"놈들이 온다" "일어나세요" 소리치며 의원들을 깨우고, 의장석 쪽으로 달려갔다. 의장석 주변은 순식간에 아수라장으로 변했다. 잠이 덜 깬 열린우리당 의원들을 타 넘고 한나라당 의원 일부가 의장석에 진입했다. 좁은 공간에 국회의원 수십 명이 뒤엉켜 숨도 쉬기 어려운 상황이었다. 나는 밤새 불침번을 제대로 서지 못한 내 잘못을 곱씹었다. 그렇게 3월 12일, 탄핵의 아침이 밝았다.

탄핵

'설마' 하던 탄핵이 진짜 진행될 조짐을 보였다. 한나라당과 구 민주당은 광기에 가까운 반응을 보였고, 쌍을 이뤄 열린우리당 원내대표실 분위기도 격앙되고 있었다. 국회 본회의장 사수를 위한 여러 방안이 논의됐다.

이 무렵, 원내대표실 당직자들은 온몸으로 탄핵을 저지해야 한다는 일념으로 여러 방안을 마련했다. 국민이 뽑은 대통령을 뚜렷한 명분도 없이 탄핵하는 것은 민주주의를 거스르는 반역이라 생각했다. 국회법이나 국회 관행을 생각할 여지는 없었다.

본회의장 출입문 봉쇄를 위한 여러 도구가 거론됐고, 일부는 준비하기도 했다. 수단과 방법을 가리지 않고 본회의장을 봉쇄할 생각이었다. '정치는 말로 하는 것'이지만 상대가 말을 부정한다면 어쩔 수 없다는 논리였다.

논란 끝에 의원들의 의장 단상 점거가 결정됐다. 준비한 여러 방법과 '도구'들 가운데 의원들이 의장 단상을 지키기 위해 서로 몸을 묶을 밧줄만 본회의장에 들이는 것으로 정리했다. 밧줄 도입 자체도 국회 역사상 처음 있는 일이었다.

탄핵 전야, 김근태 원내대표는 탄핵안 상정을 만류하기 위해 국회의장실을 방문했다. 국회의장실 주변은 한나라당 의원들과 당직자, 기자들로 아수라장을 이루고 있었다. 김근태가 의장실 앞에 도착하자 한나라당 의원들이 김근태를 막아섰다.

한 여성 의원이 본회의장을 점거하고 밧줄을 들여왔다며 그를 격렬히 공격했다. 험한 말이었다. 주변은 온통 한나라당 사람들이고 김근태 원내대표 주변에는 나를 비롯한 몇 명의 수행원밖에 없었다. 그는 온갖 험담을 퍼붓는 여성 의원의 말을 묵묵히 들으며 "국회의장을 만나기로 약속이 되어 있다"고 나직이 말했다. 한나라당 의원들의 폭언은 계속됐다.

정치는 기싸움이다. 말싸움에서 밀리면 기세가 꺾인다. 원내대표를 수행하는 몇 안 되던 당직자였던 나는 험담을 퍼붓는 한나라당 여성 의원을 향해 빽 소리를 질렀다. 명분도 없이 대통령을 탄핵하는 게 말이 되느냐는 논지였지만 좀 격한 단어도 있었던 것으로 기억한다. 순간, 그가 홱 돌아보며 뒤따르던 내게 눈짓으로 말했다. 책망하는 눈빛이었다. 왜 그런 상스러운 말을 하느냐는 꾸중이 담겨 있었다.

결국, 다음 날 의장석을 점거했던 의원들이 하나둘 짐승처럼 끌려

나왔다. 탈진하고 땀범벅이 된 여당 의원들은 분하고 억울해 부둥켜안고 눈물을 흘렸다. 그 광경은 텔레비전으로 생중계됐고, 국민 대부분이 지켜보았다. 탄핵 전야, 폭언을 퍼붓던 한나라당 의원들이 졌고, 묵묵히 폭언을 감내하던 그가 이겼다.

국민이 심판하다

노무현 대통령 탄핵 추진은 엄청난 역풍을 불러왔다. 국민은 분노했고, 4월 총선에서 한나라당과 구 민주당은 괴멸 직전으로 내몰렸다. 거대한 파도 같았다. '국민의 심판' 말고는 표현할 말이 없었다. 탄핵한 달 뒤, 총선이 열렸다.

헌법재판소 탄핵 판결을 앞두고 열린 절체절명의 선거였다. 선거에서 드러나는 민심 향방이 헌재 판결에 영향을 미칠 것이라고 모두 예상했다. 그때 총선은 국회의원을 뽑는 선거가 아니라 탄핵을 심판하는 선거였다. 총선에서 김근태는 선거대책위원장을 맡았다. 탄핵 광란을 국민이 심판해달라고 호소했다.

2004년 총선 시기, 그는 정치 인생에서 가장 역동적인 모습을 보여줬다. 표정도 밝았고 자신감이 넘쳤다. 최대 약점이라 고심하던 연설 실력도 일취월장했다. 보좌하던 사람들 사이에서 '신들렸다'는 평가가 나왔다.

그즈음 열린우리당 당의장은 정동영 의원이었다. 김근태와 정동영 의장이 당의 간판이었다. 김근태는 당에서 준비한 전세 버스를 타고 매일 전국을 돌았다. 하루 열 번 넘게 선거 지원 연설을 하는 날이 많았다. 계속되는 강행군에 목이 쉴 법도 하건만 그의 목소리는 쌩쌩했다. 총선 결과에 대통령 탄핵이 걸린 상황, 말할 수 없이 절박했다.

나는 원내대표실에서 지원 유세 일정을 짜고 연설문 작성하는 일을 맡았다. 허영일이라는 후배가 매일 핵심 메시지를 정하고 관련된 이벤트를 하나씩 준비했다. 새로운 선거운동 방식이 언론의 호평을 받았다. 지원 유세 요청이 쇄도했고, 한 곳이라도 더 방문해야 했다. 무리한 일정이 계속됐다.

그는 빼곡한 일정표를 받아 들고 "사무실에 있는 것들이 나를 죽이려고 한다"며 허허 웃었다. 힘들었지만 싫어하거나 일정을 줄여달라고 요구하지는 않았다.

선거 막판, 그의 유세 버스에 올랐다. 그의 얼굴에 흐뭇한 미소가 번졌다. "이 팀으로 대통령 선거도 치르고 싶어." 내가 그에게 들은 최고의 찬사였다.

워크숍 소동

　총선 결과, 열린우리당이 과반을 확보했다. 3분의 2도 가능하다는 초반 전망에 비하면 기대에 못 미치는 수준이었다. 그러나 당 안팎은 자부심으로 가득했다. 민주 정당이 국회 절반을 넘긴 건 이때가 처음이었다. 헌정 사상 처음으로 '의회 권력'을 교체했다며 환호했다. 얼마 후, 노무현 대통령 탄핵에 대한 헌법재판소 기각 판결까지 더해졌다. 모두 마음껏 웃을 수 있었다.

　열린우리당 지도부는 마음이 바빴다. 마침내 의회 권력을 교체했다는 믿지 못할 현실이 주는 중압감이 상당했다. 열린우리당이 과반 의석을 차지한 만큼, 국민에게 눈에 보이는 효과를 안겨줘야 했다. 더는 핑계 댈 말도 없었다.

　김근태는 즉각 국회 개조에 착수했다. 의회 권력 교체에 어울리는 면모 일신이 필요했다. 국회 담장 허물기, 의원 특권 폐지, 남북 국회 회담, 상시 국회, 당내 민주주의 안착 같은 과제를 집중적으로 논의했다. 중량감 있는 의원들이 참여해 몇 개 분과를 만들고, 새로운 국회 소프트웨어를 구상했다.

4월 26일 열린 당선자 워크숍은 이런 준비 과정을 종합하는 행사였다. 김근태는 과반 여당 원내 사령탑에 의욕을 보였다. 자기 손으로 '새로운 국회'를 설계하고, 당내 민주주의를 새로운 차원으로 끌어올리고 싶어 했다. 김근태의 참모들 역시 원내대표 재선을 위한 준비에 돌입했다.

당선자 워크숍은 강원도 오색에서 막을 열었다. 당선자들과 기자들이 구름처럼 몰렸고, 들뜬 분위기가 조성됐다. 당선자들은 10여 개 조로 편성돼 여러 주제를 두고 난상 토론을 벌였다. 김근태 원내대표가 준비한 새로운 국회를 만드는 방안도 논의 주제 가운데 하나였다. 당선자 워크숍에서 김근태 원내대표의 인기는 하늘을 찌를 듯했다. 인사말을 하기 위해 그가 등장하자 연호가 쏟아졌다. 예전에 볼 수 없던 극적인 일이었다.

이런 상황을 견제하는 기류도 있었다. 총선 후반, 김근태 원내대표에 대한 당내 지지가 높아지는 현상이 확연히 드러났다. 그와 경쟁 축을 형성하고 있던 정동영 당의장이 '노인 폄하 발언'이라는 뜻밖의 설화를 겪으며 의원직과 선대위원장직에서 사퇴했기 때문에 이런 현상은 한층 극적으로 보였다.

워크숍 마지막 순서에서 아무도 예상하지 않았던 반전이 시작됐다.

워크숍 마무리 인사말에서 정동영 당의장이 '실용주의'를 강조하는 의외의 연설을 했다. 국회 개혁, 개혁 정치의 시동을 구상하던 당내 흐름을 거스르는 연설이었다. 게다가 조중동을 비롯한 보수 언론은 마치 당선자들이 치열한 토론 끝에 '실용주의'를 당의 노선으로 확정한 것처럼 보도하기 시작했다. 이른바 '개혁 대 실용 논쟁'의 서막이 오른 것이다.

정동영 당의장의 실용주의 연설은 사전에 준비한 계획된 연설이었다. 내용 역시 당선자 워크숍의 토론 결과로 보기 힘들었다. 그러나 기자들에게 공개된 마무리 연설에서 당의장이 세간의 우려와 달리 '실용주의'를 천명하고 나서자, 이튿날 조중동을 비롯한 보수 언론은 일제히 이 연설을 격찬하고 나섰다. 헌정 사상 처음 있는 의회 권력 교체가 어디까지 영향을 미칠지 가늠하기 바쁘던 보수 언론들이 '살았다' 만세를 부르는 것 같았다.

민주적 시장경제론

1995년, 김근태는 '현실 정치를 바꾸기 위해' 정계에 진출했다. 이런 선택에 대해 스스로 "간디의 길을 버리고 네루의 길을 간다"고 설명했다. 우리 사회가 나아갈 방향을 제시하고 권력을 감시하는 역할에 머물지 않고, 스스로 참여해 권력을 장악함으로써 세상을 바꾸겠다는 각오였다.

그는 '비주류의 상징'이었다. 야당이 군사 독재정권과 맞서 싸우면서 생존을 위해 불가피하게 선택한 '일인 지배 정당의 틀'을 '현대적인 민주 정당 체제'로 바꿀 책임이 그에게 주어졌다. 그는 이런 역할을 다하기 위해 고군분투했다. 끊임없이 '정치 개혁'을 주문하고, 당내 민주주의를 요구했다. '동교동계 해체'를 주장하고, 국민 참여 경선을 처음 제안한 것도 그였다.

여러 차례 파열음이 났다. 그리고 그는 외톨이가 됐다. 동교
동계로부터 '철없는 의원'이라 지탄받았고, '현실을 모르는 이
상주의자'라는 꼬리표가 붙었다. 동교동 중심의 주류 세력은
노골적으로 그를 견제하고 모멸했다. 김대중 대통령을 포함한
주류는 그가 민주당의 '개혁성'을 보완하는 역할에 머물러줄
것을 희망했다. 김근태와 그의 친구들이 민주당의 중심으로 부
상하는 것은 동교동계를 비롯한 주류의 계획에 없는 일이었다.

1997년 IMF 외환 위기가 시작되고, 김대중 대통령이 역사
적인 정권 교체에 성공했을 때, 김근태는 감격했다. 훗날, 그는
'정권 교체로 김근태의 소임은 끝났다'고 생각했다고 솔직히 고
백했다. 정권 교체만 되면 만사가 술술 풀릴 줄 알았다. 그러나
정권 교체는 종착역이 아니라 '새로운 길의 출발점'이었다. 정
권 교체를 이룬 만큼 새 정부의 국정 운영 기조를 어떻게 잡아
야 하는지가 중요했다.

당시 상황은 IMF가 구제 금융을 하는 대가로 우리 정부에
가혹한 요구를 하는 상황이었다. 당장 외환 위기 극복이 시급
한 정부는 IMF의 요구를 무시하기 어려웠다. IMF는 우리 경제
의 운영 원리를 '극단적인 시장주의'로 몰고 갈 것을 요구했다.
그들의 요구는 훗날 스스로 시인했을 정도로 지나치게 시장 중

심적이었다.

김근태는 대통령 취임사 준비위원으로 참여해 새 정부의 국정 기조를 '민주적 시장경제'로 할 것을 주장했다. '시장에 모든 것을 맡겨야 한다'는 IMF식 처방이 아니라 헌법 119조 2항에 나와 있는 '경제민주화' 정신을 반영해 민주적 시장 질서를 확립해야 한다고 주장한 것이다. 그러나 그의 주장은 다수의 뜻에 묻혔고, 국민의정부는 '민주적 시장경제' 대신 '민주주의'와 '시장경제'를 국정 운영 기조로 채택했다. 인식의 차가 컸다.

〈님을 위한 행진곡〉

당선자 워크숍 이후, 이상한 흐름이 감지되기 시작했다. 대통령의 정치적 경호실장을 자처하던 한 의원이 부지런히 김근태 원내대표실을 드나들었다. 소원했던 노무현 대통령이 김근태 원내대표를 청와대로 초청하기도 했다. 대통령과 그가 대취할 정도로 술을 마시고, 어깨 걸고 〈님을 위한 행진곡〉을 불렀다는 기사도 나왔다.

원내대표 재선을 준비하던 그의 구상은 벽에 부딪혔다. 곳곳에서 원내대표 재선을 원치 않는 흐름이 감지됐다. 청와대의 눈치도 그랬고, 당내 친노계 의원들의 눈치도 그랬다. 당내 세력 균형이 김근태 쪽으로 쏠리는 현상이 관찰됐다. 총선 기간, 당내 라이벌 격인 정동영 당의장이 몰락하며 생긴 급작스러운 현상이었다. 당시만 해도 친노 세력은 내심 정동영 의장을 지지하고 있었다. 정동영 의장의 몰락은 예상하지 못한 일이었다. 정동영 의장이 대통령에게 입각을 요청했다는 소문이 돌았다.

대통령을 만나러 가는 날, 김근태는 참모들에게 아무래도 대통령이 입각을 제안할 것 같다고 털어놨다. 참모 모두 극구 만류했다. 나는 입각을 거절하는 '워딩'을 적어 건넸다. 당에서 할 일이 많은데, 지금 당에서 발 빼는 건 적합하지 않다는 생각이었다. 가까운 의원들도 비슷한 의견이었다. 앞으로도 장관을 할 기회는 많으니, 지금은 당을 개혁하는 데 집중하는 것이 좋겠다는 의견이 다수였다.

김근태는 대통령의 입각 요청을 거절하지 못했다. 대통령을 만나고 돌아와 입각을 수락했다 전하는 표정이 씁쓸했다. 훗날 그때 왜 거절하지 않았느냐 여쭤봤다. 대통령이 남북관계를 진전시키기 위해 김 대표의 도움이 절실하다며 통일부 장관 입각을 간곡하게 요청하더라고 했다. 차마 그 자리에서 거절할 수 없었다고 했다.

그는 평소 기회가 있을 때마다 대통령에게 남북정상회담 조기 개최를 요청하곤 했다. 임기 초반 정상회담을 해야 미국의 노골적인 견제를 뚫고 한반도 평화의 길을 놓을 수 있다고 간곡히 건의하던 김근태였다. 대북 송금 특검에 대해서도 북측을 만나 사정을 설명하고, 오해가 생기지 않도록 정리해야 한다고 건의하곤 했다.

그때마다 대통령은 손바닥도 마주쳐야 소리가 나는 법이라며, 우리 상황을 전혀 고려하지 않는 북측의 태도를 섭섭해하더라고 했다. 그는 그렇더라도 밀고 나가야 한다, 북측을 위해 하는 일이 아니고 우리를 위해 하는 일이다, 하고 말씀드렸다고 했다. 내심 그는 대통령의 그

김근태는 대통령의 입각 요청을 거절하지 못했다. 대통령을 만나고 돌아와
입각을 수락했다 전하는 표정이 씁쓸했다.

런 모습이 답답했다고 전하기도 했다. 그런 대통령이 "그럼 당신이 들어와서 그 문제를 직접 풀어 보시오"라는 식으로 말하는데, 그걸 거절할 명분이 없더라고 했다.

이 소식을 듣고 가까운 의원과 참모들은 크게 낙담했다. 비로소 능력을 발휘할 기회가 왔는데, 시작도 못 해보고 당을 떠나야 했기 때문이다. 불가항력의 상황이라는 사실도 모두 잘 알고 있었다. 청와대가 김근태에게 당을 맡기지 않겠다는 의중을 분명히 한 마당에 저항할 수도 없는 일이었다. 원내대표 재선을 전제로 준비하던 일을 모두 중단했다. 맥이 탁 풀렸다.

대통령에게 입각을 제안받은 김근태는 내심 서운했다. 정동영 의장이 상처를 입고 당에서 발을 빼자, 김근태의 발도 함께 묶겠다는 의도가 엿보였다. 김근태를 대신해 친노 주류 세력이 구상한 원내대표 후보는 이해찬 의원이었다. 이해찬 의원을 앞세워 당 장악력을 높이겠다는 기획으로 해석됐다. 원내대표 선거는 의외로 치열했다. 누구나 이해찬 의원이 손쉽게 이길 거라고 예상했지만, 반전이 일어났다. 천정배 의원이 원내대표가 되었다.

통일부 장관에 정동영, 보건복지부 장관에 김근태가 내정됐다는 보도가 나왔다. 김근태는 아무 말이 없었다. 통일부 장관 자리를 두고 정동영과 김근태가 다툰다는 보도가 이어졌다. 이즈음 김근태는 굳은 표정으로 기자들의 질문에 함구하는 일이 잦았다. 참모들에게도 아무런 얘기가 없었다. 그런 김근태의 모습을 보고 그가 상황을 매우 불쾌하게 받아들이고 있다 짐작했다.

처음부터 원치 않는 입각이었다. 콕 짚어 남북관계 개선을 도와달라고 하지 않았다면 입각 의사를 밝히지도 않았을 일이었다. 그렇지 않아도 정동영 의장이 통일부를 요청했다는 소문이 들려오던 차였다. 보건복지부 장관직을 제안받은 김근태의 심사가 좋을 리 없었다.

일본 원정에 나서다

원내대표에서 물러난 김근태는 잠시 야인이 됐다. 그때 일본 외무성에서 공식 초청장이 왔다. 지난 총선은 우리에게도 놀라운 일이었지만, 일본 외무성에도 큰 충격이었다. 쟁쟁한 삼선, 사선 중진 의원들이 이름도 듣지 못한 정치 초년생들에게 패배했다. 당시 열린우리당의 초선 의원만 108명이었다.

일본 정부가 당황한 건 '한일 의원 외교'의 뿌리가 통째 뽑혔기 때문이었다. 그동안 한나라당 중진 의원 가운데 일본 의원들과 친하게 지내며, 한국 정부에 다리 구실을 하는 의원이 많았다. '한일의원연맹'이라고 부르던 모임이다. 지난 선거에서 이 조직을 이끌던 무게 있는 의원들이 대부분 낙선했다. 게다가 박정희 대통령 이래 단 한 번도 다수당 자리를 잃지 않던 한나라당이 소수 정당으로 떨어졌다. 일본 정부로서는 한일국교정상화 이래 대를 이어오던 한국 국회 안의 네트워크가 단번에 붕괴된 사건이었다. 새로 등장한 열린우리당에는 익숙한 의원이 없었다. 지난 시기, 일본 외무성에게 민주당 의원은 관심 밖 인물군이었다.

총선이 끝나자마자 일본 정부는 부랴부랴 열린우리당 지도부와 만나자고 연락했다. 김근태 원내대표실에도 일본 정치인과 외교관들이 드나들었다. 김근태 원내대표는 일본어로 대화를 주고받으면서 친구처럼 지내던 의원연맹 시대는 잊어야 한다, 앞으로는 그런 일이 없을 것이다 못을 박았다. 일본 외무성은 마음이 급했다.

일본을 방문한 그의 일정은 혀를 내두를 만큼 빡빡했다. 3박 4일 일정이었는데, 마지막 날 잠깐을 제외하고는 밤낮을 가리지 않는 긴 토론이 이어졌다. 주자야민. 낮에는 자민당 주요 정치인, 밤에는 민주당 정치인을 만났다.

김근태 일행을 초청한 일본 외무성이 잡은 공식 일정은 모두 자민당 의원을 만나는 것이었다. 그는 일본 민주당 의원들에게 따로 연락해 늦은 밤까지 토론을 이어갔다. 고이즈미 총리를 비롯해 아베 간사장, 하토야마 의원, 간 나오토 의원 등 언론에 등장하는 일본 여야 정치인 수십 명과 만났다.

만남은 간단하지 않았다. 한 번에 한 명에서 두세 명씩, 하루 대여섯 번 미팅이 반복됐다. 한번 만나면 두세 시간은 보통으로 흘렀다. 김근태는 마음먹고 토론을 벌였다. 상견례와 친목 도모를 생각했던 일본 정치인들이 예상하지 못한 방식이었다.

아베 간사장을 비롯해 일본 자민당 지도자들을 만나 미국 일변도를 버리고 아시아를 귀하게 생각해야 한다고 또박또박 힘주어 말했다. 한미일 동맹도 중요하지만, 미래를 개척하기 위해서는 한중일, 나아가 남북과 중국, 일본 네 나라가 경제공동체를 만들어 공동 번영의 길을 열어야 한다고 강조했다.

일본 정부가 현안으로 요구하는 한일 FTA보다는 한중일 공동 FTA를 추진하자고 끈질기게 설득했다. 그냥 하는 말이 아니라 마치 일본 정치인들을 설복이라도 시키겠다는 듯 정열적으로 토론했다. 물론 몇 시간 토론으로 그들을 설득할 수 있다 생각한 건 아니었다. 진심을 전하고, 일본 정치인들에게 '세상이 바뀌었구나' 하고 느끼게 하자는 뜻이 컸다.

그의 도발적인 주장과 엄청난 토론 태도를 접한 일본 외무성과 자민당 지도자들은 경악했다. 자민당 지도자들이 생각하는 김근태는 별나라에서 온 사람이었다. 그들은 '이 사람이 대통령이 되겠다는 현실 정치인이 맞나' 하는 표정을 지었다.

밤에는 민주당 의원들을 만나 자민당 의원들과 나눈 이야기를 소개했다. 일본 민주당 의원들은 무릎을 치며 감탄했다. 마침내 의회 권력까지 교체한 우리를 보는 그들 눈에 부러움이 가득했다.

그의 발언 하나하나는 차기 대통령 선거에 출마하겠다고 생각하는 정치인이 절대 해서는 안 되는 금기 언어였다. 그때만 해도 대통령 후보가 되려는 정치인은 미국이나 일본을 방문해 매력을 뽐내는 것이 관례였다. 친분을 쌓는다는 말로 포장했지만, 실은 미국이나 일본 정계가 한국 대통령 후보를 면접 보는 과정이었다. 그와 일본 정치인이 나눈 대화는 남김없이 기록되어 다음 날, 일본 정계는 물론 미국 정보기관의 정보 보고에 올라갈 게 틀림없었다.

3박 4일 동안 한국 국회의 새로운 지도자 김근태는 일본 정부가 경천동지할 발언을 쉼 없이 쏟아냈다. 그것도 일방적으로 주장만 하는 것이 아니었다. 당내 주요 그룹 지도자들을 서너 시간씩 만나 과거와 현재, 미래를 들어가며 집요하게 설득하려고 했다. 토론은 깊이가 있었고, 열정이 가득했다.

일본 자민당 정치인에게 김근태의 주장에 귀를 기울이는 것은 '개종'보다 어려운 일이었다. 일본 정부의 관심사는 미국과 맺은 동맹을 기본으로, 한국을 하위 동맹으로 끌어들여 중국에 맞서는 것이었다. 탈아입구, 메이지 유신 이래 일본의 오랜 생존 전략이었다.

첫날 토론이 끝나고 둘째 날 아베 간사장을 만날 무렵이었다. 자민당 당사에 마련된 회의실에 들어오는 아베 간사장의 표정은 딱딱하게 굳어 있었다. 전날, 다른 의원들과 만난 소식이 이미 자민당 안에 널리 퍼져 있었기 때문이리라.

김근태와 아베 간사장의 토론은 무미건조했다. 사사건건 부딪쳤다. 나중에 아베 간사장은 열심히 설명하는 김근태를 외면하고 먼 산을 보는 일이 잦았다. 그의 얼굴에 불쾌감이 가득했다. 김근태의 이런 모습은 일본 외무성 실무자들도 전혀 예상하지 못한 것이었다. 김근태 초청 실무를 진행하던 담당 참사관의 얼굴에 당혹한 빛이 역력했다.

방문을 추진한 외무성 관리는 '일본을 이해하는 대한민국 국회 네

트워크'를 만들자고 시작한 일이었다. 한국에서 대권 후보로 불리는 정치인이라면 일본 정부나 미국 눈치를 보며 함부로 발언하지 못할 것이라는 계산도 했을 것이다. 그러나 이런 예상은 보기 좋게 빗나갔다. 김근태는 일본 정계를 뒤흔드는 발언을 폭포처럼 쏟아냈다. 이렇게 노골적으로 미국을 의식하지 않고 발언하는 건 일본 정치문화에서 상상도 할 수 없는 일이었다.

사실, 김근태는 일본 방문 전에 여러 구상을 했다. 그는 일본 외무성의 의도를 처음부터 알아챘고 '정면 돌파'를 결심했다. 의례적인 친교 만남 대신 깊은 토론을 구상했다. 이번 방문을 일본 정계에 충격을 던져 더는 예전 방식이 통하지 않는다는 사실을 알리는 기회로 삼기로 마음먹었다. 자민당과 민주당의 주요 정치인을 모두 만나는 중요한 기회였다. 그는 이번 출장을 한일 관계의 판을 다시 짜는 첫 단추로 여겼다.

아베 간사장을 만난 다음 날, 그는 일본 주재 한국 언론사 특파원들과 간담회를 열었다. 그리고 다음 총리로 유력하게 거론되던 아베 간사장에 대한 인물평을 했다. "19세기 인물과 만나는 것 같았다"는 어마어마한 평이었다. 그의 말은 이튿날 우리 언론에 크게 소개됐다. 이 기사를 보도한 기자는 '실언'이라 간주하고, 아마추어 의원 외교라며 신랄히 비난했다. 차기 총리 후보로 유력한 정치인에게 그런 인물평을 하면서 어떻게 건강한 한일관계를 기대하느냐는 힐난이었다. 의원들이 외국에 나가 나라 망신을 시킨다 흥분했다.

일본 정부가 집요하게 요청하던 한일 FTA 대신 한중일 FTA를 설득했다는 그의 얘기를 듣고 고래고래 소리치며 비난한 외교관도 있었다. 그 외교관의 생각도 기사를 쓴 기자와 크게 다르지 않았을 것이다. 그러나 그날 기자간담회에서 한 김근태의 발언은 '실언'도 아니고 '아마추어'는 더더욱 아니었다. 사전에 계산된 발언이었고, 일본 정계 한복판에 작심하고 던진 폭탄이었다.

그는 새로운 한일관계를 구상하고 있었다. 미국을 중심으로 한미일이 연대해 중국을 견제하고 북한을 배척하는 구도로는 미래가 없었다. 그는 동북아를 새로운 경제안보 공동체로 발전시켜 나갈 꿈을 꾸고 있었다. 미국만 바라보는 외교가 아니라 동북아 전체를 바라보는 외교가 필요했다. 그래야 미래가 있고, 한반도 평화도 이룰 수 있었다. 비공식 방문 형식이라 외교적 부담이 덜한 이번 일본 방문이 적기였다. 한반도 평화 개혁 세력은 일본이 이끄는 대로 따라가지 않는다, 우리는 새로운 판을 원한다는 걸 분명히 선언해야 했다.

아베 간사장과 만난 뒤부터 일본 외무성 관계자들의 태도가 달라졌다. 첫날, 따뜻하던 환영 분위기는 금세 싸늘해졌다. 행사를 안내하던 외무성 관계자들 가운데 일부가 철수했다. 이번 방문을 기획한 일본 외무성은 뜻한 바를 이루지 못했고, 김근태는 뜻한 바를 다 이루었다.

분양원가 고차 방정식

2004년 6월 15일, 폭탄이 터졌다. 모든 언론이 "권력투쟁이 시작됐다"고 대문짝만하게 실었다. 전날, 김근태가 발표한 '개인 성명'에 대한 보도였다. 의원실에 기자들이 몰려들었고, 대통령이 격노했다는 보도가 이어졌다. 벌집을 쑤신 듯했다.

불붙기 좋은 이슈였다. 첫째, 대한민국 모든 국민이 이해 당사자인 '부동산 문제'의 향방을 가늠하는 논쟁이었다. 둘째, 보건복지부 장관 취임을 앞둔 전직 여당 원내대표가 현직 대통령의 발언을 문제 삼은 모양새였다. 언론이 뜨겁게 반응할 만했다. 언론은 이 사건을 '계급장 파동'이라 불렀다.

전날, 나는 김근태에게 개인 성명 발표를 건의했다. 며칠 전, 노무현 대통령이 민주노동당 지도부와 만나 '열 배 남는 장사도 있는 법'

이라며 '분양원가 공개'라는 열린우리당의 총선 공약에 반대한다는 발언을 한 뒤였다. 나는 지금 이 순간을 그냥 지나치면 나중에 크게 후회하게 될 것이라고 강조했다. 김근태는 오래 고민하지 않고 의원실에 성명서 작성을 지시했다. '소리 나는 것을 두려워하지 말자'라는 제목이었다.

총선 끝난 지 얼마 지나지도 않았는데, 대통령이 직접 나서서 여당 총선 공약을 부정했다. 간단한 일이 아니었다. "총선 공약을 만들면서 대통령과 상의하지 않았다"는 말도 덧붙였다. 역사상 처음으로 민주 세력이 국회 과반 의석을 차지하고, 역시 사상 처음으로 국회에서 탄핵됐다가 국민의 힘으로 되살아난 대통령이 꺼낸 발언이었다. 주목할 만했다.

그때 많은 보수 언론과 경제계는 대통령과 열린우리당이 어디로 움직이는지 눈을 부릅뜨고 지켜보고 있었다. 얼마 전, 집권 세력은 기득권 세력에게 결정적인 원투 펀치를 얻어맞았다. 집권 여당은 당내 쟁투 끝에 험한 꼴로 분당했고, 그 여파로 대통령은 탄핵당했다. 회복 불가능한 늪에 빠진 것처럼 보였다.

그런데 대반전이 일어났다. 총선에서 기사회생했다. 기사회생 정도가 아니라 대한민국 헌정 사상 처음으로 의회 권력을 교체했다. 국회 주류 세력이 교체된 것은 조선시대 정조가 세상을 떠난 뒤 처음 있는 일이라는 그럴듯한 해석이 뒤따랐다. 기득권 세력이 두려움에 떠는 건 본능이었다. 죽음의 늪에서 기사회생한 여권이 사상 유례없는 개혁 정책을 펼 것이라 여겼다. 반정에 어울리는 개혁의 회오리가 몰아치는 게 순리였다. 때마침 천정부지로 치솟기 시작한 부동산이 주요 표적 가운데 하나였다.

유례없는 부동산 투기 억제 정책이 쏟아질 것이라는 전망이 많았다. '분양원가 공개'라는 메가톤급 정책이 열린우리당 핵심 공약으로 시퍼렇게 살아 있었다. 부동산 시장은 숨죽이며 여권 지도자의 입을 바라보고 있었다. 선거대책위원장을 맡아 총선을 승리로 이끈 김근태는 여세를 몰아 4월 22일, "7월부터 공공 아파트 분양원가를 공개해 부동산 가격 폭등을 막겠다"고 선언했다. 그때만 해도 김근태는 다시 한번 원내대표 선거에 출마할 생각이었다.

그는 1995년, 현실 정치에 참여한 이래, 10년을 기다려 비로소 때가 왔다 생각했다. 이제 본격적으로 '따뜻한 세상'을 위한 꿈을 펼칠 순간이라 여겼다. 민주화운동 세력이 아스팔트에서 외치던 다른 세상의 모습을 국민에게 보여줄 차례였다.

대통령의 발언은 모두 사실이었다. 나중에 안 사실이지만, 그즈음 부동산 시장을 바라보는 당과 대통령의 시선이 달랐다. 당과 건설교통부 등 행정 부처의 시각도 충돌하고 있었다. 대통령은 부동산 문제를 정부가 직접 개입하는 방식으로 해결해서는 안 된다고 생각했던 것 같다. 대통령 선거 공약이기도 했던 '분양원가 공개'가 무리한 발상이었다는 점을 인정하고, 시장의 원리에 맞춰 문제를 해결하자는 뜻이었을 것이다.

당이 총선 공약을 내세우며 대통령과 긴밀히 상의하지 않은 것도 사실이었다. 노무현 대통령이 직접 '분양원가 공개' 공약에 반대 의견을 낸 적도 있었다. 그러나 이 문제로 당과 청와대가 긴밀히 의견을 주고받은 적은 없었다.

총선이 막 끝난 4월 하순, 노무현 대통령의 뜻이 당에 전해졌다. 총선 승리를 만끽하던 원내대표실 회식 도중, 당 정책실에서 일하던 누군가가 내용을 전했다. 대통령이 "분양원가 공개를 누구 맘대로 공약했느냐?"며 화를 냈다는 것이다. 들떴던 총선 승리 분위기는 일순 가라앉았다. 그러나 그뿐이었다. 이미 엎질러진 물이었기 때문이다. 당이 총선 공약을 만들 때 대통령은 탄핵으로 직무정지 상태였다. 대통령 권한대행이 집무하고 있었기에 당청 협의가 원만하지 않았다.

분양원가 공개는 노무현 대통령의 대선 공약이기도 했다. 그래서 깊이 상의하지 않은 면도 있었다. 어쨌든 총선은 끝났고, 공약을 주도한 원내대표와 정책위의장 임기도 끝났다. 원내대표 임기를 마치고 입각을 준비하던 김근태는 그 일을 까맣게 잊고 있었다. 그런데, 대통령이 불쑥, 그것도 공개적으로 '분양원가 공약'에 반대한다는 말을 꺼낸 것이다. 폭탄이었다. 대통령의 말로 분양원가 공개는 없던 일이 됐다. 언론은 '분양원가 공개' 공약 폐기를 기정 사실로 보도하고 있었다. 언론 보도가 쏟아졌지만 당에서는 누구도 이 문제를 거론하지 않았다.

열린우리당은 총선을 앞두고 '15대 핵심 공약'을 발표했다. 그 가운데 이목을 끈 정책 가운데 하나가 '공공주택 분양원가 공개'였다. 폭등하는 부동산을 시장에만 맡겨 둘 것이 아니라 정부가 직접 개입해 해결하는 '공공적 해법'을 예고한 것이다. 분양원가 공개를 총선 공약으로 내건 최종 책임자는 김근태 원내대표였다. 총선을 앞두고 그는

'정치 개혁'과 함께 '분양원가 공개'를 비롯해 서민 생활 개선을 이룰 시나리오 구상에 몰두했다. 참모 그룹은 '정치 개혁'과 '따뜻한 시장 경제'를 위한 정책 밑그림을 그려 나가고 있었다.

그러나 이런 구상은 노무현 대통령이 입각을 간곡하게 제의하며 없던 일이 됐다. 김근태는 훗날 "노무현 대통령이 국정 운영에 대한 별도의 그랜드 디자인을 가지고 있다고 느꼈다"고 회고했다. 결국, 대통령의 권고에 따라 김근태는 당에서 발을 빼야 했다. '당을 개혁 주도의 민주정당으로 탈바꿈시키는 선봉에 서고 싶다'던 김근태의 절실한 꿈도 미뤄야 했다.

김근태가 원내대표 재선을 준비했던 건 민주화운동 시절부터 품고 있던 개혁 정책을 적극적으로 펼칠 수 있는 최고의 환경이 조성됐다는 판단 때문이었다. 1995년, 김근태는 현실 정치 참여를 선언하며 '네루의 길'을 떠올렸다. 재야운동으로 상징되는 '간디의 길'을 접고, 현실 정치에서 문제를 해결하는 '네루의 길'을 걷겠다고 선언한 것이다. 총선 직후, 정치 환경은 그런 김근태의 구상을 펼치기에 안성맞춤이었다.

김근태가 이런 성명을 내는 건 여러 면에서 무모했다. 입각을 눈앞에 둔 장관 후보라는 신분에 맞지 않는 일이었다. 그러나 그는 오래 고민하지 않고 개인 성명 발표를 결심했다. 이유는 여럿이었다.

첫째는 사안의 중요성 때문이었다. 김근태는 이 문제를 단순히 부동산 정책을 보는 견해 차이에서 생긴 논쟁으로 생각하지 않았다. 시장과 정부의 역할에 대한 견해 차이를 포함해 경제 개혁 방향을 둘러싼 중대 논쟁이었다. 대통령의 생각이 달라졌다는 말을 듣고 그냥 따라가도 되는 사안이 아니었다.

"열 배 남는 장사도 있고, 백 배 밑지는 장사도 있다"는 대통령의 말 속에 답이 있었다. 김근태는 부동산, 교육, 복지제도, 의료제도 등은 시장 논리에만 맡겨서는 안 된다고 생각했다. 모든 국민이 이해 당사자고, 국민의 생존과 직결된 문제이기 때문이었다. 이런 영역은 시장의 실패를 보완할 공공의 역할이 필수적이었다. 그게 김근태가 정치하는 이유였고, 개혁을 내세운 열린우리당의 존재 이유였다.

둘째는 당이 보여준 이상한 모습 때문이었다. 대통령이 한마디 하자 당은 숨소리 하나 내지 않고 조용해졌다. 대통령 경호부대를 자처하는 정치인들의 지원사격 소리만 요란했다. 변변한 토론 과정도 없이 당론은 대통령 뜻을 수용하는 방향으로 흘러가고 있었다.

당 정체성을 결정짓는 중대 사안이었지만 당에는 남몰래 내쉬는 한숨만 가득했다. 불과 한 달 전에 당이 내세운 총선 공약을 대통령이 공개적으로 부정했는데도, 당에서는 누구 하나 문제를 제기하는 사람이 없었다. 이해하기 어려운 상황이었다.

당과 대통령의 생각이 다른 건 아주 자연스러운 일이다. 당과 청와대, 정부는 서로 맡은 역할과 처한 위치가 다른 만큼 바라보는 곳이 다르다. 생각도 다른 게 당연하다. 당은 유권자인 국민의 생각에 촉각을 곤두세워야 하는 집단이다. 여론에 민감하고, 국민의 생각을 정책에 반영하는 것이 존재 이유다. 그 결과를 크고 작은 선거로 심판받는다.

대통령과 정부는 국가 운영 전략을 세우고, 안팎의 상황을 반영해 가장 효과적인 정책을 추구하는 존재다. 환경은 항상 변한다. 대통령과 정부는 선거에 덜 예민하다. 대통령 선거 시기, 당과 대통령 후보는 한 몸이 되어 전략과 전술, 정책을 만들고 공약을 세운다. 그러나 집권 뒤에는 수시로 변하는 안팎의 상황에 맞춰 새롭게 조율할 과제가 등장한다. 서 있는 위치가 다르고 바라보는 지점이 다르니 생각이 달라지는 건 당연한 일이다. 조정할 일이 없다면 게으르거나 이상한 일이다.

제왕적 총재 시절, 당의 총재이기도 했던 대통령은 말 한마디로 당을 통솔했다. 대통령 혹은 총재의 생각이 곧 당론이었다. 이래서는 안 된다고 시작한 것이 정치 개혁이다. 그래서 총재에게 독립된 원내 정당을 만들고, 당정 분리를 제도화하기로 했다. 정치 개혁의 첫걸음을 이제 막 뗐는데, 데자뷔처럼 과거 상황이 연출됐다.

김근태는 정치 개혁을 이루고자 하는 민주 정당이라면 당정 간에 견해차가 분명한 사안일수록 충분히 토론해야 한다고 확신했다. 그게 진짜 정치고, 정치 개혁이었다. 그는 아무 소리도 내지 않는 당 분위기에 절망했다. 당의 총선 공약을 거둬들일 거면 합당한 토론과 설명이 뒤따라야 마땅했지만, 당은 꿀 먹은 벙어리처럼 조용했다. 대통령의 말을 수용할 거면 당론을 변경하는 토론이 뒤따라야 마땅한데, 아무도 그런 논의를 꺼내지 않았다.

김근태는 '개인 성명'을 내 '이건 정상이 아니다'며 말을 걸기로 마음먹었다. 말을 건 대상은 대통령이 아니라 열린우리당 의원들과 지도부였다. 장관 입각을 앞둔 처지에 대통령에게 '계급장 떼고 토론하자'고 나서는 건 쉬운 결정이 아니었다. 그러나 김근태는 분양원가 공개 총선 공약을 만든 당사자였고, 선거를 책임진 선대위원장이었다. 총선 공약의 책임자는 김근태 원내대표였다. 총선 공약을 번복하거나 지키고자 한다면 김근태가 감당해야 마땅한 역할이 있었다.

입각을 준비하던 그에게 '발언해야 한다'고 건의한 건 '지금 이 순간이 갈림길'이라고 판단했기 때문이었다. 김근태는 '따뜻한 시장경제'를 정치하는 사명으로 삼았다. 열린우리당을 그런 방향으로 이끌 꿈을 설계하느라 분주했다. 그런 김근태의 생각과 부동산 문제도 시장논리에 맡겨야 한다는 대통령의 말은 양립하기 어려웠다. 부동산, 교육, 의료제도 등에는 공공의 역할을 한층 강화해야 한다는 것이 김근태의 소신이었다.

이해할 수 없는 '당의 침묵'도 그랬다. 생각이 다른 건 '문제'가 아니라 '토론의 계기'로 삼을 일이었다. 이대로라면 당과 대통령이 서로 보완하는 관계를 지향한다는 정치 개혁 선언은 말짱 도루묵이 될 처지였다. 대통령이 대통령의 처지에서 말하면 당에서는 의원총회를 열어 '총선 공약 철회 여부'를 토론해야 마땅했다.

대통령의 충격적인 변신과 이해할 수 없는 당내 분위기를 접하고 직감적으로 '갈림길에 섰다'고 판단했다. 이 사안은 단지 '분양원가 공개 여부'에 그칠 사안이 아니었다. 시장과 공공(정부)의 역할에 대한 기준점이 될 것이고, 당과 청와대의 토론문화를 결정짓는 '쐐기'가 될 것이었다.

그런 점을 전했고, 김근태는 새파란 후배의 생각에 전적으로 동의해 '개인 성명 발표'를 결심했다. 오래 고심하지도 않았다. 같은 생각을 하고 있던 게 틀림없었다. 누군가 그때 상황에 다시 처한다면 어떻게 할 것인가 물은 적이 있다. 대답하지 못했다. 망설여졌다. 파동의 후유증은 처음 예상했던 것보다 훨씬 컸다.

직감했던 것처럼 이 일은 참여정부의 갈림길이 됐다. 참여정부는 더 빠른 속도로 '시장 중심'으로 선회했고, 누구도 브레이크를 걸지 못했다. 당청 관계는 '토론'이 아니라 '대립'으로 치달았다.

김근태도, 참여정부도 큰 상처를 입었다. 성과는 없었다. 조중동으로 대표되는 보수 세력에게 먹잇감만 던져준 셈이다. 언론의 관심은 '정쟁'으로 모였고, 변변한 토론은 이루어지지 않았다. 거기가 끝이었다. 치열한 정책 토론이 필요했던 사안은 '치졸한 정쟁'으로 변질됐고, 결국, 김근태와 열린우리당 지도부가 야심 차게 준비한 '부동산 정책의 공공성 강화'는 첫발도 내딛지 못하고 좌절했다.

그리고 그가 "대통령의 말씀이 부동산 시장에 잘못된 사인을 보낼 수 있다"고 우려했던 것처럼 이후 시장 원리를 중심으로 문제를 해결하고자 했던 참여정부는 집권 기간 내내 폭등하는 부동산 문제로 골머리를 앓아야 했다. 도미노처럼 교육정책, 의료 제도 등 사회 전반에서 공공성 대신 시장주의를 앞세운 집요한 전방위 공격이 이어졌다.

그가 요청했던 당과 청와대 사이의 치열한 토론 문화도 없었다. 당은 당대로, 청와대는 청와대대로 소 닭 보듯 하는 관계가 됐고, 당정 분리로 시작한 정치 개혁은 당정 불통으로 막을 내렸다. 다시 그때로 돌아가 그의 말을 찬찬히 들어보자.

소리 나는 것을 두려워하지 말자!

공공주택 분양원가 공개를 둘러싼 논란이 지속되고 있다. 대통령
의 언급에 대해 일각에서는 개혁의 후퇴라며 우리 당과 대통령을 강하
게 성토하고 있고, 일부에서는 시장 원리에 충실한 당연한 결정이라며
환영하고 있다. 하지만 대다수 집 없는 서민들의 경우 대단한 실망과
허탈감에 휩싸여 있다는 점을 부인할 수 없다. 논의를 출발하기 전에
몇 가지 전제를 확인하자.

첫째, 소리 나는 것을 두려워하지 말자. 시대 변화에 따라 많은 부
분에서 그럴 수 있지만 특히 특정 분야의 정책에 대해서는 당과 청, 그
리고 정부가 입장이 다를 수 있다. 집행을 책임지고 있는 청와대와 정
부의 입장에서는 더욱 많은 점을 고려해야 하기 때문에 더욱 신중할
수 있고, 국민의 최일선에서 민심을 먹고 살 수밖에 없는 정당은 모든
눈높이를 대다수 서민에 맞출 수밖에 없다. 그래서 입장이 다를 수 있
다. 이것은 탈권위주의 시대에 너무도 당연한 것이다. 마찰과 불협화
음이 있을 수 있다. 변화된 시대에서 기존의 당정 관계, 당청 관계 역
시 당연히 변화되어야 한다. 지금은 새로운 관계의 모색을 꿈꾸는 과
도적인 단계이기 때문에 소리가 날 수밖에 없다. 물론 그 시간을 최대
한 단축시켜 국민들을 안심시켜야 하겠지만 그렇다고 심각한 문제를
덮고 갈 수는 없는 것이다. 그래서 당정, 당청 간에 치열하게 논쟁하는
것을 두려워해서는 안 된다. 오히려 공공주택 분양가 문제와 같은 중
요한 문제에 대해 치열하게 논쟁하여 결론을 도출할 때, 여타의 다른

문제들을 쉽게 갈 수 있다. 계급장 떼고 치열하게 논쟁하자. 그리고 나서 질서를 고려하자.

둘째, 국민과의 약속을 소중히 여기자. 권력은 선거를 통해 국민의 손에 의해 창출된다. 우리의 선거가 아직도 지역주의 등 후진적인 부분이 있기는 하지만 이제 국민들은 각 정당이 제시한 공약을 보고 선택하기 시작했다. 그래서 선거 당시 내건 공약을 함부로 바꿀 수 없다. 특히 서민들의 삶과 직결된 민생 문제는 더욱 그렇다. 그리고 바꾸려면 국민들이 납득할 수 있는 절차와 과정을 밟아서 국민들에게 양해를 구해야 한다. 국민들이 받아들이지 않으면 어떤 형태로든 그 약속을 파기한 것에 대해 책임져야 한다. 그것이 국민과 약속한 대전제다. 이것이 무너지기 시작하면 "공약公約은 공약空約일 뿐이다"라는 비아냥과 상실감을 어떻게 대처할 수 있는 것인가? 국민과의 약속은 지켜야 한다.

이런 기본 전제를 바탕으로 공공주택 분양원가 공개에 대해 개인적으로 이렇게 생각한다. 결론부터 말하면 국민과 약속한 공공주택 분양원가 공개에 대해 여전히 긍정적으로 검토해야 한다는 것이다. 일부에서 말하는 시장 논리를 부정하고 싶은 생각은 추호도 없다. 다만 공공주택 공급은 서민을 위한 공공재적 성격이 강하다는 점을 주목해야 한다. 따라서 이를 일반 기업의 이윤 창출 논리와는 다른 각도에서 접근하는 것 역시 정당하다. 그런 차원에서 공공성을 중심으로 사고할 때 공공주택의 분양원가를 공개하는 것을 전향적으로 검토하는 것이 마땅하다고 생각한다. 분양가 자율화 조치 이후 아파트 분양가가 두 배 이상 뛰었고, 도시개발공사와 주택공사의 일부 분양원가 공개 당시 공기업인 이들조차 30~40% 이상의 이익을 남겼다는 주장은 분양원가 공개 요구에 대한 정당성을 확인하는 것이다. 물론 수익금을 공공의 영역에, 특히 낙후된 지역 주택 건설에 투여했다고 하는 것은 건설적이다.

정부에서 대안으로 제시한 원가연동제 역시 긍정적이다. 그것을 부정하고 싶지 않다. 정책 변경에 따른 혼선도 피하고 건설 경기 연착륙도 고려할 필요가 있고 해서 더욱 그렇다. 분양원가 공개는 개혁이고, 원가연동제는 개혁 후퇴라는 발상에는 동의하지 않는다. 원가연동제의 긍정성을 부정하지 않지만 그렇다고 해서 국민들이 납득할 만한 절차와 해명 과정 없이 우리 당의 총선 공약을 이 상태에서 그냥 포기할 수는 없는 일이다.

정부에서 추진하고자 하는 안도 진전이고 우리 당에서 공약으로 내걸었던 안 역시 개혁적이다. 시장에 미칠 영향을 충분히 고려하되 부동산 문제에 있어서만큼은 강력한 의지와 집행력이 담보되어야 한다. 나 개인적인 입장은 분명하지만 이 두 가지 안을 모두 현실 도상에 올려 놓고 긍정적으로 검토할 필요가 있다고 본다. 선택의 문제인지, 조화의 문제인지 국민들과 함께 더불어 판단해야 한다.

바야흐로 이제 논쟁이 시작되었다. 여기서 우리가 유의할 점은 무엇이 국민을 더욱 편안하게 하고, 무엇이 더욱 민생을 돌보아 국민 통합을 실현할 수 있는 것인지에 논의의 초점을 모아야 한다는 것이다. 외부 환경에 너무 민감하게 반응하지 말자. 조급하지 말자. 대다수 국민들의 생명줄이 걸린 중차대한 문제인 만큼 차제에 확실한 국민적 공감대를 만들어 깔끔하게 해결하자. 우리 모두 진지하게 마음을 열고 공청회도 진행하고, 의원총회도 열고, 당정협의도 개최하자. 다시 한 번 강조하지만 소리 나는 것을 너무 두려워하지 않았으면 한다.

2004년 6월 14일, 국회의원 김근태

밀월의 끝

　노무현 대통령과 짧았던 밀월이 끝났다. 두어 달이 채 안 됐던 것 같다. 승승장구하던 기세도 꺾였다. 열린우리당을 개혁 정당으로 이끌겠다던 한여름 밤의 꿈에서 깰 시간이었다. 정치의 중심, 당의 주류로 인정받던 전성기는 냉정하리만큼 짧았다. 누가 말하지 않아도 느낄 수 있었다. 정동영과 김근태 동반 입각을 구상한 사람들의 기획 의도가 그랬고, 계급장 파동의 여파가 겹쳤다.

　입각은 예정대로 이뤄졌다. 여의도를 떠나 과천으로 근거를 옮겨야 할 순간이었다. 원치 않은 입각이었고, 뒤끝이 개운치 않은 과천행이었다. 김근태는 열린우리당 의원총회에서 "과천 출장 잘 다녀오겠다"고 너스레를 떨었다.

　그와 참모들은 생소한 보건복지 분야를 학습하기 시작했다. '김근태친구들'을 비롯한 지지자들 사이에서는 기대보다 걱정이 오고 갔다. "보건복지부 장관은 잘해야 본전"이라거나 "사방이 지뢰밭"이라는 말들이 건네졌다. 국민연금, 장기요양보험, 담뱃값 인상, 의료민영화, 식중독, 식품 안전 문제…. 지뢰는 곳곳에 있었다.

무언가 이루려 하지 말고 '현상 유지'를 택하는 것이 현명한 방법이라고 조언하는 사람도 있었다. 공무원들이 쓸데없는 행사 일정을 잡아 장관을 밖으로 내몰더라는 씁쓸한 경험담도 들었다. 유쾌하지 않은 출발이었다.

그와 함께 보건복지부 일을 하게 되었다. 취임하는 장관이 함께 데리고 들어갈 수 있는 인원은 보통 한두 명에 불과했다. 그나마 장관 정책보좌관 제도가 마련된 덕분이라고 했다. 장관 정책보좌관 지명은 청와대 몫인 경우가 많았다.

네 명이 장관실에서 함께 일하기로 했다. 정책보좌관 두 명, 비서관 한 명, 비서 한 명. 과제가 산적한 만큼 체면 차릴 상황이 아니었다. 정치인 출신 장관이라는 점을 내세워 정책보좌관 두 명을 모두 데리고 들어가겠다고 청와대와 협의했다. 비서실장 역할을 하는 비서관도 데리고 들어가겠다고 했다.

비서관 직책은 직급은 낮지만 부처 안의 업무가 집중되는 노루목이었다. 부처 돌아가는 상황을 전체적으로 살펴보고, 장관 일정을 잡고, 부처 안의 여론을 살펴 장관에게 보고하고, 장관의 의중을 공직자들에게 전하는 역할이었다. 비서관은 부처 안의 공무원이 맡는 게 관례였다. 전임 김화중 장관의 경우 정책보좌관 한 명과 비서관을 공무원 출신으로 채우고 있었다.

내가 비서관에 내정됐다. 보건복지부 공무원의 얼굴에 걱정 근심이 가득했다. 이미 발령을 받고 업무 준비를 하던 공무원 비서관도 있었다. "부처 업무를 잘 모르시는데 비서관 일을 할 수 있을까요?" "비서실이 상황실 역할을 하는 곳인데, 부처 상황에 익숙한 공무원을 임명하시는 것이…" 같은 주문이 오갔다.

그래서 우리가 비서관을 하려고 하는 것이라고 답했다. 장관과 부처 공무원들을 연결하는 일은 공무원보다 장관을 잘 아는 사람이 하는 게 효과적이라는 논리를 폈다. 김근태는 여의도에서도 일에 대한 입맛이 까다롭기로 소문난 사람이다. 공무원들이 장관 의중에 맞춰 일정을 잡고, 메시지를 쓸 수 있겠냐고 살짝 겁도 줬다. 나중에 안 일이지만 비서관 일은 밖에서 생각했던 것보다 훨씬 중했다. 정책보좌관이 있지만, 부처 안의 여러 정보가 모이는 비서실과 분리되어 있었고, 무엇보다 결재 라인 밖에 있었다. 비서관이 마음만 먹으면 입맛대로 장관 일정을 잡고, 장관실 문고리를 흔들 수 있었다.

장관 업무는 무척 바빴다. 일정의 3분의 2가 외부 회의와 행사였다. 국무회의, 총리 주재 회의, 각종 장관 회의, 국회 상임위원회, 당정협의가 줄이어 열렸다. 나중에 그가 사회 부처를 관장하는 책임장관 역할까지 부여받으며 회의는 더 많아졌다. 도봉구에서 과천 정부청사까지 아침 7시에 출근해, 일일 현안 점검회의를 하고, 곧바로 과천을 떠나 긴 회의와 행사 투어를 하는 일이 다반사였다.

장관실에 머무는 시간은 일주일에 하루, 길어야 이틀에 불과했다.

장관이 자리를 비운 동안 현안을 확인하고, 부처의 공무원들과 장관을 연결하는 대부분의 일이 비서관 책임이었다. 비서관 생활은 고행이었다. 아침 7시 30분에 하루를 시작하는 회의가 열렸다. 회의 준비를 하기 위해 비서관은 그보다 일찍 출근해야 했다. 일과가 시작되면 수시로 장관실을 찾아오는 공직자와 외부 손님을 만나 얘기를 들어야 했다. 틈틈이 장관 연설문을 고쳐 쓰고, 회의 자료를 챙겼다.

저녁은 전쟁을 치르는 시간이었다. 정책보좌관과 나는 한 달 안에 부처 과장급 이상 모든 공직자와 술자리를 갖기로 마음먹었다. 짧은 시간 안에 공직자들과 호흡을 맞추고, 생각의 결을 맞추기 위한 여의도식 응급 처방이었다. 한 달 동안 맹렬한 술 전쟁이 이어졌다. 우리 쪽은 두 명, 상대는 대여섯 명이었다. 국장과 자리를 만들면 그 국에서 가장 술이 센 과장과 사무관 대여섯 명이 함께 나왔다. 과장과 만나는 자리에도 사무관과 주무관들이 함께 나왔다.

처음 한 달 동안 이런 술자리가 매주 서너 번씩 이어졌다. 한 달이 지나자 부처에 있는 모든 과장, 대부분의 사무관과 술자리를 마쳤다. 짧은 시간에 부처 간부 대부분과 터놓고 얘기를 나눌 수 있는 상황이 됐다. 쉼 없이 이어진 술 상견례 덕분이었다. 술자리가 끝난 다음 날 아침이면 결산이 이뤄졌다. 어제 전적은 몇 대 몇 하는 식이었다. 어제는 누가 취했다더라 하는 소문이 부처 안에 떠돌았다.

그러다 보니 술자리가 시작되면 묘한 긴장이 흘렀다. 처음 의도는 그게 아니었는데, 어느새 먼저 취하지 않기 경쟁 같은 모양새가 됐다. 함께 정책보좌관으로 일하던 후배는 술이 엄청 셌다. 아무리 마셔도 취하지 않는 사람처럼 보였다. 술 전쟁이 시작되면 공직자들이 '비서관은 열외'라고 배려하기도 했다. 다음 날 아침 일찍부터 자리를 비울 수 없는 사정을 감안한 배려였다.

3부

뜻밖의 적성

보건복지부 장관
김근태

통과의례

   장관에 취임한 김근태에게 첫 시련이 닥쳤다. 불똥은 엉뚱한 곳에서 튀었다. 보건복지부 장관이 새로 부임하면 관련 협회들과 상견례를 하는 관례가 있었다. 보건복지부는 크게 복지 분야와 보건의료 분야로 나뉘는데, 연관된 협회만 해도 수십 개에 이르렀다.

   '길거리를 지나다 아무 곳이나 들러도 다 보건복지부와 연관된 곳'이라는 말이 있다. 음식점, 미용실, 커피숍, 병원, 약국부터 노래방, 사우나, 찜질방에 이르기까지 해당하지 않는 곳이 드물었다. 소속 단체만 해도 대한노인회 같은 곳부터 장애인단체, 복지 관련 단체, 의사협회, 병원협회, 간호사협회, 미용협회 등 헤아릴 수 없을 만큼 많았다.

   새로 장관이 취임하기를 기다렸다는 듯이 수많은 산하단체가 상견례를 요청해왔다. 장관은 한 명인데, 상견례를 청하는 단체는 수십 곳이니 난감했다. 게다가 말이 상견례지 모든 산하단체가 신임 장관에게 요구하는 '현안'을 몇 개씩 들고 찾아왔다.

막 취임해 업무 파악이 안 됐으니 기다려달라고 할 수도 없는 일이었다. 그들이 들고 오는 모든 현안은 나름대로 생사가 걸린 중대사였고, 상당한 결정권이 장관에게 있었다. '잘 모른다'는 말이 통할 리 없었다.

신임 비서관인 내가 그 많은 일정을 잡아야 했다. 감당하기 어려운 시험대였다. 협회 입장대로 하자면 상견례만 하다가 장관 임기가 끝날 판이었다. 고심 끝에 분야별로 합동 상견례를 하기로 했다. 각 협회별 현안은 차차 협의해나가겠다 양해를 구하고, 이번에는 말 그대로 인사를 나누는 자리로 하자 했다.

처음에는 큰 문제가 없어 보였다. 복지 분야, 장애인 분야, 건강 분야, 위생 분야 등 단체별 상견례가 열렸다. 그런데, 의료 분야는 양상이 달랐다. 의사협회가 분야별 상견례는 할 수 없다고 들고 나왔다. 의사협회는 '의사와 약사, 간호사, 한의사 대표가 같은 자리에 앉는 것은 보건의료계 특성을 잘 모르는 처사'라고 주장했다. 의사협회가 강조한 의료계 특수성은 '위계'였다. 약사나 간호사는 의사의 지시를 따르는 사람들인데, 어떻게 같은 자격으로 회의에 참석할 수 있느냐는 것이다.

전임 비서관에게 전에는 어떻게 했는지 물어보았다. 전에도 의사협회는 다른 의료 단체들과 함께 회의할 수 없다고 해서 별도로 자리를 만들었다고 했다. 그렇다고 다른 분야는 다 합동 상견례를 했는데, 의료계만 따로 하기도 어려운 상황이었다. 그 소식이 알려지면 다들 우리가 만만하냐고 따지고 들 기세였다.

장관도 나와 같은 생각이었다. 의료 분야 공직자들이 관례대로 의료계는 협회별로 상견례를 하는 것이 좋겠다고 했지만, 형평에 어긋나니 합동 상견례를 추진하라고 지시했다. 의사협회는 설득이 불가능했다. 지금도 비슷한 상황이지만 의약분업 이후 민주정부와 의사협회는 사이가 좋지 않았다. 의사협회는 의약분업으로 의약품 병원 조제가 어려워지면서 민주정부가 약사들 편을 들고 있다고 비난했다. 약사나 간호사, 한의사와 같은 자리에 앉을 수 없다는 주장도 사실은 이런 불편함을 가장한 명분이었다. 그들은 의사의 권위를 인정하라고 요구하며, 말 그대로 장관 길들이기를 하고 있었다.

한 달 정도 의료 분야 상견례를 못한 것 같다. 다른 분야 상견례가 다 끝난 지 한참이 지났는데, 의료계와 협의하는 채널은 조금도 진전이 없었다. 결국, 협회별로 상견례를 하기로 했다. 그런데, 이번에는 순서를 문제 삼았다. 일정을 맞추다 보니 약사협회를 먼저 만나게 됐는데, 이것도 의사를 무시하는 처사라고 주장했다. 우여곡절 끝에 열린 의사협회 상견례는 예상과 달리 화기애애하게 시작했다. 장관은 만남이 늦어져 아쉽다며 의료계 현안을 정성껏 듣겠다고 했다.

그러나 그런 분위기는 오래가지 못했다. 의사협회의 한 간부가 불쑥 꺼낸 말 때문이었다. 그 간부는 '약사는 약을 만지는 사람이고, 의사는 사람의 몸을 직접 다루는 사람들이다. 같은 취급을 하는 건 곤란하다'는 요지로 말을 꺼냈다.

일순간 김근태 장관의 표정이 굳어졌다. 그는 의사협회가 그런 인식을 가지고 있는 것은 대단히 잘못된 일이라며 정면으로 비판했다. 나아가 의료인들이 특권의식을 갖고 대접받겠다고 하기 전에 우리 사회가 의료계에 베푼 은혜를 먼저 생각해야 한다고 강조했다. 우리 사회가 나라 최고의 인재들을 의료계와 법조계에 보내고 있는데, 최고의 인재들을 보낸 만큼 의료계가 우리 사회에 어떻게 기여할 것인지 고심해야 한다고 했다. 분위기가 싸늘해졌다. 모두 불편한 표정으로 상견례를 마쳤다.

　이튿날, 의사협회 상견례 소식을 전하는 업계 언론들은 '성토' 일색이었다. 정치인 출신 신임 장관이 의료계에 편견을 갖고 있다 대서특필했다. 인터넷 의사 커뮤니티는 분노로 들끓었다. "김근태가 병원에 오면 아무도 받아 주지 마라" 같은 유치한 글들이 이어졌다. 나로서도 당혹스러운 일이었다. 보건복지부 장관 비서관을 하는 동안, 장관이 그날처럼 외부 참석자들에 직설적이고 불쾌하게 말하는 것을 본 적이 없었다.

"존중합니다"

　김근태는 회의 석상에서 논쟁하거나 언성 높이는 법이 없었다. 그의 생각과 다른 주장도 말없이 빙긋 웃으며 진지하게 들었다. 참모들과 회의할 때도 마찬가지였다. 간혹 그와 회의를 마치고 나서 그가 동의했는지, 아닌지 서로 다른 판단을 하는 경우도 많았다. '나는 생각이 달라'라고 딱 부러지게 말하지 않기 때문이었다.

　견해가 다른 상대방의 주장이 이어질 때 그가 자주 쓰는 말은 "존중합니다"였다. 간혹 "경청하겠습니다" 같은 표현도 썼다. 존중한다는 말은 생각이 다르지만 굳이 논쟁하지는 않겠다는 뜻이었다. 말 그대로 당신의 의견을 있는 그대로 존중한다는 의미다.

　상대방은 이 말을 '동의한다'는 뜻으로 잘못 알아듣는 경우가 많았다. 상대방을 배려한 표현이지만 보통 생활에서 자주 쓰지 않는 말이라 오해하는 경우가 있었다.

보고에서 토론으로

　장관에 취임하고 나서 얼마 뒤, 그는 장관실 집기를 바꾸라고 지시했다. 이전 장관실은 비서실을 통해 들어가면 넓은 방 하나가 모두 장관 집무실이었다. 회의 참석을 위해 방문한 사람들은 좁은 비서실 원탁에 앉아 회의를 기다리곤 했다.

　그는 장관실을 반으로 줄이고, 긴 소파 세트와 묵직한 목재 테이블 세트는 옮겨 다른 곳에 쓸 수 있게 하라고 했다. 장관 집무실 절반을 나눠 회의실을 만들고, 장관실에는 실용적인 책상과 작은 원탁 테이블 하나만 두라고 했다.

　지시를 받은 총무과장은 난감해했다. 장관실에서 쓰던 대형 소파 세트며, 목재 회의 테이블은 모두 육중했고, 값비싼 제품들이었다. 이 집기를 다른 사무실에서 쓰는 건 불가능하다고 하소연했다. 새로 비싼 집기를 구입하려면 비용이 이중으로 드니 그냥 사용하는게 어떻겠는지 여쭤달라고 부탁했다.

장관께서 집기가 성에 차지 않아서 그런 말씀을 하시는 게 아니라고 알렸다. 장관실이 너무 크고 권위적으로 보여 불편해하는 거라고 전했다. 마침 회의 참석자 대기실이 없어 불편하니, 장관실을 반으로 쪼개 새로 회의실을 만들고, 그곳에 여러 사람이 회의할 수 있는 원탁을 준비해달라고 전했다. 상석과 말석 구분 없이 모든 참석자가 얼굴 마주 보며 회의할 수 있는 회의실로 만들어달라는 의미였다.

회의 참석자들은 좁은 비서실에서 대기하지 말고 미리 회의실에 자리를 잡고 기다리면 나중에 장관이 회의실로 오는 구조로 하면 좋겠다고 했다. 대신 장관 집무실에서 가장 가까운 원탁 쪽에 장관이 앉는 자리만 표시해 주면 좋겠다고 했다.

그는 장관실의 육중한 책상과 소파, 회의 탁자 구조가 불편했다. 서열을 가려 앉아야 했고, 회의 참석자들이 마주 보고 토론하는 구조가 아니라 장관을 바라보고 앉아야 하는 구조도 불만이었다. 총무과장의 하소연도 일리가 있었다. 바꾸면 비용이 많이 드는데, 따로 준비해둔 예산도 없으니 불편하더라도 그냥 사용하면 어떻겠느냐는 거였다. 그러나 신임 장관의 지시는 앞으로 수평적인 토론으로 부처를 이끌겠다는 메시지였다. 비싼 집기 구입하지 말고, 실용적인 사무용 집기로 바꿔달라고 했다.

장관실 집기를 바꾸자, 회의 분위기가 확 달라졌다. 회의 참석자들은 서열 구분 없이 앉았고, 결재 서류를 들고 장관 비서실에서 하염

없이 서성이는 모습도 없어졌다. 보고할 사람들이 미리 자리를 잡고 보고 준비를 마치면 장관이 집무실에서 나와 결재하거나 회의를 시작했다.

회의 방식도 달라졌다. 장관은 회의에 차관이나 실장, 국장급 고위 간부뿐 아니라 담당 국장과 과장, 사무관, 주무관까지 함께 참석하도록 요구했다. 회의에서도 고위 간부의 발언이 끝나면 과장이나 담당 사무관, 주무관에게도 따로 의견을 물었다. 해당 안건과 무관한 다른 부서 회의 참석자들에게도 의견을 물었다.

고위 간부가 보고하고, 실무 간부들은 보고를 돕는 방식에서 함께 토론하는 방식으로 바뀐 것이다. 회의실 뒤에 앉아 발언권 없이 배석만 하는 사람은 없었다. 그는 회의 참석자 한 사람 한 사람에게 의견을 물었고, 모두 동등한 자격으로 토론에 참여했다.

여성 참석자가 회의에 참석하면 꼭 가까운 자리에 앉도록 하고, 적극적으로 의견을 내도록 요청했다. 그때만 해도 여성 공직자 가운데 고위 공무원은 찾아보기 힘들었다. 장관은 여성 공직자들이 적극적으로 발언하고 주도적으로 회의에 참여하도록 이끌었다. 보건복지부에서는 특별히 여성 공직자의 역할이 중요하다고 강조했다. 보건복지부가 국민의 어머니 같은 역할을 해야 한다고 주장하기도 했다.

공직사회는 계급사회다. 엄격한 계급이 있고, 효율적인 업무 집행을 위해 상명하복의 위계질서를 중시했다. 2004년 당시만 해도 상관이 부하직원의 정강이를 걷어차는 일이 심심찮게 있었다. 그는 그런 공직사회 문화를 수평적 토론문화로 바꾸는 것으로 장관 업무를 시작했다.

국정원 조정관

    보건복지부 장관이 바뀌고 나서 가장 난처해진 사람은 국정원 조정관이었다. 참여정부가 들어선 지 한참이 지났지만, 정부 중앙부처에는 국정원 관계자들이 수시로 드나들었다. 조정관이라는 직책을 사용하는 고위직 국정원 직원이었다. 정부청사가 있는 과천에 사무실을 두고, 조정관 한 사람이 두어 개 부처를 담당했다. 주요 업무는 장관을 면담해 부처 상황을 파악하는 것이었고, 종종 자신들이 파악한 '고급 정보'를 장관에게 알려주기도 했다. 그들은 장관의 집무를 돕는다는 명분을 내세웠다. 그들이 부처를 드나들며 정보 보고서를 작성하고, 총리실이나 청와대에 보고한다는 얘기도 있었다.

    국정원 말고 경찰청에도 조정관이라는 직책이 있었다. 경찰청 조정관과 국정원 조정관이 하는 일은 비슷해 보였다. 국정원 조정관이 장관계 인사를 드리고 싶으니 일정을 잡아달라고 했다. 장관께 보고했다. 그는 국정원과 경찰청 직원들이 장관실을 드나든다는 사실을 보고받고 깜짝 놀라는 눈치였다. 앞으로는 국정원과 경찰청 조정관이 장관실을 드나들지 못하게 하라고 지시했다. 장관실은 물론이고, 차관실을 비롯한 부처의 사무실도 방문하지 않도록 단속하라는 지시도 내렸다.

국정원과 경찰청 조정관을 만나 장관 지시를 전달했다. 국정원 조정관은 난감한 표정이었다. '사찰'을 하는 게 아니라고 극구 설명하고, 자기 판단으로 결정할 수 있는 사항이 아니라고 했다. 보건복지부뿐 아니라 모든 중앙부처에 국정원과 경찰청 조정관이 드나들고 있는 만큼 국정원장 지시가 없는 한 임무를 수행할 수밖에 없다는 것이었다.

국정원 조정관의 말은 사실이었다. 당시만 해도 모든 정부 부처에 국정원과 경찰청 직원이 드나들었다. 국정원 직원의 출입을 막는 것은 장관이 결정할 수 있는 일이 아니었다. 김근태는 출입 자체를 막을 수 없다면 그들과 따로 만나는 것부터 하지 않겠다고 선을 그었다. 장관 비서실을 제외하고 공직자들이 근무하는 사무실에 출입하는 것도 용납할 수 없다고 했다. 대신 비서관인 내가 그들을 상대하라고 지시했다.

국정원과 경찰청 조정관은 일주일에 한두 번 비서실에 들렀다. 부처 돌아가는 속사정을 비서관인 나보다 더 잘 파악하고 있었다. 이런저런 일이 있는데 알고 계시느냐, 장관께 보고해야 되지 않겠느냐 주문하기도 했다. 자기들은 장관을 도우려는 것이라고 거듭 주장했다. 경찰청 조정관은 이번 기회에 경찰이 김근태에게 저지른 잘못을 사과하고 싶다는 경찰 수뇌부의 뜻을 전해오기도 했다.

그는 제안을 받아들였다. 경찰청 간부들을 대상으로 인권 강의도 했다. 짐승의 시간을 보냈던 남영동 대공분실을 지금도 운영하고 있느냐 물었다. 경찰이 과거사를 사죄하고 청산하고자 한다면 합당한 행동을 해야 한다고 강조했다. 경찰 수뇌부는 남영동 대공분실을 인권기념관으로 만들어 국민에게 돌려드리고 싶다고 했다. 그러나 모두가 아는 것처럼 남영동 대공분실이 온전히 국민의 품으로 돌아온 건 그로부터 14년이 지난 2019년에야 이루어졌다.

당시 국정원이나 경찰청 조정관들은 다른 부처 장관을 독대하고, 부처의 여러 정책에 직간접적으로 영향을 행사하는 것 같았다. 기자들도 수시로 국정원과 경찰청 조정관들을 만나고 있었다. 장관들에게는 청와대나 총리실에 정보 보고를 하는 국정원 및 경찰청 조정관들이 부담스러운 존재였다. 김근태 장관의 엄명 때문에 보건복지부를 담당하는 국정원 조정관은 장관이 바뀔 때까지 장관을 면담하지 못했다.

'감기 보험'에서 공공 보험으로

　　김근태가 보건복지부 장관으로 취임하고 가장 먼저 결정한 정책은 '민간 건강보험 도입 저지'였다. '민간 건강보험 도입'은 삼성을 비롯한 민간 보험회사의 숙원사업이었다. 공공 보험인 '국민건강보험'의 부담을 줄이고, 대신 민간 회사가 운영하는 '민간보험'을 도입해 비중을 높이자는 주장이었다.

　　사실, 이 제도는 전임 보건복지부 장관이 이미 여러 차례 '도입 방침'을 발표해온 사안이었다. 전임 김화중 장관은 "공보험(건강보험)이 고가의 의료 서비스를 소화할 수 없으므로 공보험의 토대가 훼손되지 않는 한 민간 의료보험 도입에 반대할 이유가 없다"는 입장을 밝혀왔다. 보험업계는 곧 민간 의료보험이 활성화될 것이라 생각하고 사업 준비에 박차를 가하는 상황이었다.

처음 이 사실을 알게 된 김근태는 당혹스러워했다. 전임 장관이 이미 여러 차례에 걸쳐 공개적으로 확인한 정책을 신임 장관이 '반대'하기는 쉽지 않았다. 그러나 장관 취임 직후인 2004년 7월 7일, 국회 보건복지위원회에 참석한 그는 "개인적인 소신과 철학으로는 민간 건강보험을 도입하게 되면 사회 근간을 저해할 수 있으므로 반대한다"고 또렷이 밝혔다. "일방적인 경제성장주의로 나아가서는 안 된다는 게 국민 여론이므로, 건강보험 제도나 운영의 문제점은 개선해야 하지만 민간보험 도입은 그 근본적인 철학의 문제를 흔들 수 있기 때문에 반대한다"는 이유였다.

신임 김근태 장관의 단호한 반대 때문에 '민간 건강보험 도입' 논란은 물밑으로 가라앉은 것처럼 보였다. 그러나 그게 끝이 아니었다. 삼성을 비롯한 보험업계의 탐욕은 그리 만만치 않았다. 그들은 '국민건강보험'을 대체할 민간 건강보험 도입을 추진하는 데 사력을 다했다. 경제 부처도 보험업계와 같은 생각이었다. 민간 건강보험이 큰돈 되는 시장이었던 것이다. '민간 건강보험 도입 논의'가 다시 수면 위로 오르기까지는 오랜 시간이 걸리지 않았다. 경제 부처를 중심으로 보건복지부에 대한 압박이 계속됐다. 급기야 총리실에 관련 태스크포스팀이 구성되어 민간 보험회사 직원들이 파견되어 일하는 지경에까지 이르렀다.

어느 날, 보건복지부 건강보험 담당 공직자가 헐레벌떡 비서실로 달려왔다. 총리실 태스크포스팀에서 자료를 요구하는데, 익숙한 목소리라 확인해보니 민간 보험회사 직원이었다는 것이다. 그 공직자는 "이럴 수가 있느냐"며 분통을 터트렸다. 당황스러웠다. 김근태를 향한 압박은 집요했다. 2005년 6월, 이 문제가 다시 불거지자 그가 나섰다.

> 건강보험을 대신할 수 있는 민간보험을 도입하는 것은 충분한 토론이 필요하다. 서비스를 높인다며 미국식 제도로만 가는 것은 중대한 문제다. 유럽과 미국의 중간 수준에서 타협이 필요하다. 의료는 공공성이 중요한 만큼 의료 서비스나 보험을 전적으로 민간 영역에 맡기는 미국식은 문제가 있다고 본다. 건강보험이 서민용과 부자용으로 쪼개지면 의료 부문에서도 양극화를 피할 수 없고 사회 긴장을 초래할 수 있다.   2005년 6월 30일, 한경밀레니엄포럼

김근태가 보건복지부 장관으로 일하며 강력하게 막아섰음에도 14년이 지난 지금 '민간 건강보험' 시장은 전성기를 구가하고 있다. 텔레비전 채널마다 민간 건강보험 광고가 홍수를 이루고 있다. '실손형 보험'이라는 이상한 이름으로 국민의 의료비 부담을 늘리는 일도 공공연하게 벌어지고 있다.

경제 부처가 앞장서고, 김근태 이후 보건복지부 장관들이 민간 건강보험을 가로막고 있던 빗장을 하나둘 풀었기 때문이다. 결과적으로 민간 보험회사로부터 '국민건강보험'을 지켜내려던 김근태의 뜻은 실패한 것처럼 보인다. 그러나 그렇지 않다. 2004년과 2005년의 국민건강보험과 지금의 국민건강보험은 전혀 다르다. 2004년만 해도 국민건강보험은 '감기 보험'(국민건강보험이 주로 값싼 감기약 같은 것에만 혜택을 주는

것을 빗대서 부르던 말)이라고 불렸다. 큰돈이 드는 중병을 앓아 정말로 공공 보험의 도움이 필요할 때는 제구실을 못한다는 뜻이었다.

그러나 김근태는 보건복지부 장관으로 일하는 1년 6개월 동안 국민건강보험의 보장성을 획기적으로 높이는 데 성공했다. 국민건강보험은 이제 '감기 보험'이라는 손가락질을 벗어 던지고 국민의 건강을 지키는 '든든한 건강 지킴이' 역할을 하고 있다. 세계가 부러워하는 공공 보험이 된 것이다.

실제로 이제 암을 비롯해 어지간히 중병을 앓아도 집안 망하는 일은 드물다. 국민건강보험이 제구실을 하고 있기 때문이다. 지금 '민간 건강보험'이 홍수를 이뤄도 국민건강보험이 튼튼히 버티고 있어 국민의 의료비 부담이 감당할 수 없는 수준으로 치솟지 않는다. 건강보험 보장성 강화 정책 덕분이다.

영리병원을 둘러싼 총성 없는 전쟁

경제 부처와 민간 의료보험 회사의 공격은 막아냈지만 훨씬 큰 숙제가 기다리고 있었다. '의료시장 개방'과 '의료민영화'였다.

지금은 '의료민영화'에 대한 국민의 이해가 높고 우려하는 여론도 크지만, 당시만 해도 상황은 크게 달랐다. '의료민영화' 부작용에 대한 우려보다 '의료산업 활성화'를 주장하는 경제 부처와 의료계의 목소리가 훨씬 큰 시절이었다. 경제 부처는 물론 청와대까지 앞장서서 '의료산업 활성화'라는 이름으로 '의료시장 개방'과 '민영화'를 추진했다. 여론의 방향추도 갈팡질팡하고 있었다.

김근태가 보건복지부 장관으로 취임했을 때, 의료시장 개방과 의료민영화는 이미 큰 빗장이 풀려버린 상황이었다. '동북아 허브'를 만든다는 구실로 송도국제도시에 외국인 영리병원을 허용하는 법안이 입법 예고까지 끝나 있었다. 이 정책은 재정경제부를 비롯한 경제 부처가 중심이 되어 '보건의료산업에서 새로운 성장 동력을 만든다'는 명분을 앞세워 오래전부터 추진해온 정책이었다.

취임 직후, 이런 상황을 파악한 김근태는 보건복지부 간부들을 회의실로 불러모았다. 그리고 몇 시간에 걸쳐 치열한 토론을 시작했다. "재정경제부가 원하는 방향으로 진행해도 우리 의료체계에 문제가 없습니까?" 김근태는 이렇게 물었다. 그리고 보건복지부 간부 한 사람 한 사람의 발언을 경청했다. 의견은 크게 둘로 갈렸다. 영리병원을 허용해서라도 의료산업을 발전시켜야 한다는 주장과 공공성 중심으로 운영되고 있는 우리 의료 체계가 뿌리부터 흔들릴 수 있다는 반대 의견이 팽팽했다.

결론은 장관이 내렸다. 두세 시간에 걸친 치열한 토론이 결론 없이 이어지자 "이 문제는 나의 결정에 따라달라"며 회의를 마쳤다. 그리고 실무 부서에 지시해 "외국인 병원의 내국인 진료 허용 문제는 공공의료 확충과 병행해 검토해야 한다. 이해 관계자들의 정확한 입장 분석 및 국내 보건의료 체계에 미치는 영향 등에 대한 사회적 공론화 과정을 거쳐 결정하는 것이 타당하다"는 문서를 재정경제부에 보낼 것을 지시했다. 이미 입법 예고까지 끝난 사안을 되돌려 처음부터 다시 토론하자는 뜻이었다. 이후 보건복지부와 경제 부처 사이에 치열한 논쟁의 막이 올랐다. 총성 없는 전쟁이었다.

10월 8일, 취임 100일을 맞아 열린 기자간담회에서 김근태는 이런 사실을 언론에 처음 공개했다. 경제 부처와 벌이는 힘겨운 논쟁 과정에 '여론의 힘'을 보태겠다는 노림수였다. 그는 "인천 경제특구 내 외국인 병원의 내국인 진료 문제는 보건당국과 이해 당사자들의 공론화 과정이 필요하다. 동북아 허브를 위한 병원의 역할이 중요하지만 국내 의료의 근간을 흔들 수 있다는 점에서 고민이 된다. 경제 부처의 힘이 막강하고 성장 논리가 지배적인 상황에서 토론과 논쟁이 부족하다. 사회 부처가 공동의 가치와 이해관계를 논의하고 토론하는 것이 필요한데 보건복지부가 조정 역할을 해야 한다"고 주장했다.

보건복지부가 이런 판단을 내린 것은 재정경제부가 추진하던 '외국인 영리병원 허용'이 무늬만 외국인 병원일 뿐일 게 분명했기 때문이었다. 실상은 국내 병원들의 영리 활동 허용, 즉 본격적인 의료민영화를 노린 것이다. 입법 예고된 법안은 외국인 병원의 설립 자격을 '출자 비율 10% 이상인 외국인 투자기업'으로 확대했다. 외국인 투자 유치는 허울뿐이고, 사실은 국내 대형 병원들이 외국인 소액 투자를 받아 정부 통제(건강보험 적용)를 받지 않고 병원 영업을 하겠다는 것이다.

이 법안이 입법 예고된 대로 시행되면 정부가 병원 운영에 관여할 수 있는 열쇠가 사라진다. 국내 대형 병원들이 건강보험을 적용하지 않고, 즉 정부의 규제를 받지 않고 병원을 운영할 수 있는 의료민영화의 길이 활짝 열리는 아찔한 상황이었다. 정부나 공공이 병원 운영에 개입할 수 없는 병원 시장 시대가 열리는 것이다.

김근태 장관의 반대와 기자간담회를 계기로 '의료민영화'에 반대하는 여론이 형성되기 시작했다. '경제자유구역 외국인 병원 허용 문제'도 원점에서 재검토됐다. 김근태 장관과 보건복지부는 내부 토론을 거쳐 '경제자유구역에 한해 외국인 병원 1~2개를 허용하되 외국인 지분이 50%를 넘어야 한다'는 점을 분명히 하기로 했다. 국내 대형 병원들이 외국인 병원이라는 형식을 빌려 '영리병원'을 개설하는 것을 원천봉쇄하기 위한 방안이었다. 아울러 이 기회를 역으로 살려 열악한 국내 공공의료를 획기적으로 개선하는 방안을 마련해 경제 부처에 요구한다는 전략이 수립됐다.

결국 부처 간의 오랜 줄다리기 끝에 보건복지부의 의견이 수용됐다. 국내 병원의 외국인 병원 전환을 막고 공공의료 예산 4조 원을 확보하는 것으로 결론이 났다. 김근태가 청와대를 등에 업은 경제 부처의 뜻을 꺾은 한판승이었다. 훗날 김근태는 한 토론회에서 이때를 떠올리며 이렇게 말했다.

경제 부처들과 청와대가 의료서비스 산업 경쟁력을 높여야 한다고 강조하고 있다. 그 시험대가 경제자유구역이었다. 특구 내 외국인 병원을 여는 문제로 경제 부처와 실랑이를 벌인 끝에 공공의료 확충에 4조 원을 투입하는 타협점을 찾았다.

2005년 6월 30일, 한경밀레니엄포럼

끝난 줄 알았던 '영리병원 허용'의 불씨는 해를 넘겨 2005년 10월 다시 불붙기 시작했다. 이번에는 재정경제부 대신 총리실이 총대를 멨다. 총리 직속으로 '의료산업선진화위원회'를 만든 것이다. 재정경제부를 비롯한 경제 부처가 주도하는 의료 영리화 시도가 번번이 김근태 장관의 반대에 부딪혀 무산되자 총리가 직접 나섰다.

이해찬 국무총리는 2005년 10월에 '의료산업선진화위원회'를 구성하고 직접 위원장을 맡았다. 본격적으로 의료를 산업화하겠다는 뜻이었다. 위원회 산하에 두 개의 소위원회를 두었는데, 주무 부처 장관인 김근태 보건복지부 장관은 의료민영화에 관한 주요 정책 결정과 무관한, 의료 산업 인프라를 관리하는 소위원회 위원장에 임명됐다.

보건복지부와 김근태 장관의 손발을 묶겠다는 노골적인 시도였다. 의료민영화의 빗장을 푸는 것은 경제 부처와 의사들이 할 테니 보건복지부는 정책에 개입하지 말고 지원 업무만 하라는 얘기였다. 이때 민간 위원으로 황우석 교수, 미즈메디 병원의 노성일 원장 등이 임명되어 의료민영화 문제에 영향력을 행사했다. 황우석 교수가 무소불위의 만능열쇠로 통하던 시절이었다.

11월, '의료산업선진화위원회'는 다시 "제주도에 영리의료법인 설립을 허용하겠다"는 방침을 발표했다. 지난번 인천경제자유구역에서 외국인에게만 병원 설립을 허용하기로 한 결정을 넘어서 이번에는 국내 병원에게도 영리병원 설립을 허용하겠다는 것이었다. 김근태 장관을 비롯한 보건복지부를 따돌리고 총리가 직접 의사 결정권을 행사하고 나섰다. 그러나 곧 반발에 부딪혔다. 집권 여당인 열린우리당의 반대가 컸다. 당시 정책조정위원장을 맡던 이목희 의원 등이 앞장서서 제동을 걸고 나섰다.

11월 17일 열린 당정협의에서 이목희 제5정조위원장은 "영리병원에 대해 당장은 건강보험을 당연 적용하는 것이 가능하겠지만 영리법인의 성격상 지속되기 어렵고, 그럴 경우 도민들의 의료비 부담이 커져 의료 이용에 양극화가 초래될 수 있다는 우려를 전달했다"고 말했다.

김근태 장관도 "외국인 의료관광 등으로 제주도 방문이 늘어나길 바라지만, 국내 보건의료 체계에 중대한 변수가 생길 수 있는 만큼 정부 내에서 조율되지 않은 부분에 대해 분명한 논의가 필요하다"며 신중론을 폈다. 이에 따라 당정은 정부가 마련한 특별법 중에서 이와 관련된 법안 내용이 수정, 보완되어야 한다는 데 합의하고 1차로 정부 내에서 심도 있는 논의로 합의안을 만들도록 하되 합의안을 찾지 못할 경우 당에서 판단해 결정하기로 했다. 김근태 장관의 완승이었다.

이런 우여곡절을 겪은 끝에 결국 제주도 영리병원 허용 문제는 내국인이 병원 개설을 하지 못하도록 막고, 건강보험도 적용하지 않는 방향으로 결론이 났다. 경제 부처가 일부 의료인(황우석, 노성일 등)까지 앞장세워 두 차례에 걸쳐 추진한 영리병원 허용 문제는 이렇게 모두 김근태 장관의 벽에 막혀 좌절됐다.

신종 극한직업

    김근태가 보건복지부 장관으로 근무하는 동안 갑자기 '극한직업'이 된 직책이 여럿 있었다. 보건복지부 국제협력관이 그중 하나다. 김근태는 장관으로 근무하는 동안 수없이 많은 해외 인사들을 만났다. 집무 1년 반 동안 수십 번이나 해외 인사를 접견했다.

    보건복지부 장관실을 찾는 해외 인사의 면면도 다양했다. 보건복지 관련 인사 말고도 주한 미국대사를 비롯한 여러 나라 대사가 특히 많았다. 해외 유력 정치인이나 단체 간부들도 자주 찾았다. 방문 인사들이 청해서 접견하는 경우도 있었지만, 그가 만나자고 청해 접견하는 경우가 더 많았다.

    그가 장관이 되고 나서 보건복지부 국제협력관실에 일이 홍수처럼 밀려들었다. 장관이 외국 인사를 접견하면 해야 할 일이 많다. 접견 약속만 주선하면 되는 게 아니었다. 사전에 접견 내용을 파악해 참고자료를 만들어 보고해야 했다. 접견이 끝나면 접견 내용을 기록해 보관하고, 또 보고해야 했다.

여러 나라 인사들이 방문하다 보니 통역 문제도 만만치 않았다. 많은 경우, 방문하는 측에서 통역과 함께 왔지만, 국제협력관실에서 통역을 준비해야 하는 경우도 있었다. 국제협력관은 나에게 접견 내용을 잘 이해하지 못하는 경우가 많아 곤혹스럽다고 하소연하기도 했다. 접견 주제가 보건복지 관련 내용일 때가 많았지만, 국제 정세나 한반도 문제, 통상 문제 등 감당하기 어려운 주제인 경우가 매우 잦다고 울상이었다.

접견이 이뤄지면 국제협력관과 통역이 함께 배석하는데, 그는 수시로 배석자들에게 의견을 묻곤 했다. 토론 주제가 워낙 구체적이고 범위가 방대해 국제협력관이 당황할 만했다. 접견이 잡히면 미리 관련 자료를 찾아보고 공부해야 했다.

원래 보건복지부 국제협력관은 근무하기 좋은 이른바 꿀 보직이었다. 해외 출장이 많고, 업무도 많지 않았다. 평소 이해집단 사이의 이해관계가 충돌하는 업무를 처리하다 '번아웃'된 과장들에게 잠시 쉬라고 배려하는 자리이기도 했다. 그가 장관이 된 뒤로 보건복지부 국제협력관은 말 그대로 극한직업이 됐다. '자리를 옮겨달라'고 하소연하는 경우도 있었다.

그는 장관이 되기 전에도 여러 나라 외교관이나 정치인을 유난히 자주 만났다. 그는 언제나 국제 정세에 눈을 떼지 않았다. 신문을 보다

김근태는 국제 정세에 정통했다. 대략적인 흐름만 훑는 게 아니라
언제나 세부 사항까지 꼼꼼히 꿰고 있었다.

국제 정세에 관해 궁금한 게 생기면, 해외에 사는 오랜 벗들에게 연락해 리포트를 요청하기도 했다. 외국 대사관에 연락해 대사 접견을 요청하는 일도 잦았다. 외국 대사관에서도 우리 정치 상황을 파악하기 위해 그와 접견하는 걸 마다할 이유가 없었다. 미국이나 일본 같은 주요 국가 대사들과는 정례적으로 만났다.

이런 노력 덕분에 그는 언제나 국제 정세에 정통했다. 대략적인 흐름만 훑는 게 아니라 언제나 세부 사항까지 꼼꼼히 꿰고 있었다. 국내 문제를 설명할 때도 국제 정세와 연관해 입체적으로 설명할 수 있었다. 삼선 국회의원을 지내는 동안 소속 상임위원회가 어디건 상관없었다. 그는 실시간으로 가장 믿을 수 있는 정보를 파악하고 있었다. 원내 대표를 할 때나 보건복지부 장관을 할 때도 마찬가지였다. 그에게 해외 인사 접견은 일상이었다.

과천 청사관리본부 간부들도 극한직업이라 하소연했다. 장관은 수시로 청사관리본부 직원들을 불러 이런저런 주문을 했다. 특히 과천 청사 냉방 문제에 집요했다. 과천정부청사는 한여름이 되면 사무실이 찜질방이 되곤 했다. 청사가 낡고 수용 한계를 넘겨 직원들은 좁은 사무실에서 닭장처럼 근무했다.

겨울에는 견딜 만했지만, 한여름이 문제였다. 정부청사는 정부가 정한 기준에 따라 냉방을 했다. 융통성이 전혀 없었다. 문제는 냉방 기준이 비현실적으로 높았고, 기준 온도를 측정하는 지점이 비교적 시원한 청사 로비에 있다는 점이었다. 청사 로비를 기준으로 냉방을 하면 닭장처럼 좁은 사무실은 거의 한증막이었다. 냉방 시간도 문제였다.

냉방은 근무 시간에만 했다. 관리 규정이 그랬다. 근무 시간이 지나면 냉방은 중지됐다. 휴일도 마찬가지였다.

보건복지부 공무원들은 야근과 휴일 근무가 일상이었다. 특히 예산 편성 기간과 정기 국회 즈음이면 더욱 그랬다. 밤 10시가 넘어도 근무하는 공직자가 상당수였다. 주말에 쉬어본 게 언제였는지 기억나지 않는다고 하소연하는 공직자도 많았다. 해마다 과로로 생명을 잃는 공직자가 나오기도 했다.

한여름, 퇴근 시간이 지난 사무실은 후끈한 열기로 가득했고, 땀 냄새가 진동했다. 남자 직원들은 대야에 발을 담근 채 속옷 바람으로 근무하는 일이 다반사였다. 그것마저 어려운 여성 공직자들의 고통은 말로 할 수 없을 지경이었다. 직원들을 만나 이런 사실을 알게 된 그는 백방으로 문제 해결에 나섰다. 행정자치부 소속인 청사관리본부장을 수시로 보건복지부 장관실로 호출했다.

청사관리본부장은 관련 규정 때문에 어쩔 수 없다고 설명했다. 이미 한두 번 겪어본 일이 아니었을 것이다. 규정이 그렇다고 하면 다들 어쩔 수 없다며 포기했을 것이다. 그렇지만 김근태는 달랐다. 그는 집요했다. '김꼼꼼 씨' 아니던가. 수차례 행정자치부 장관과 상의하고, 국무회의에서 이 문제를 거론하기도 했다.

정부중앙청사 냉방 규정을 바꾸는 일은 간단한 일이 아니었다. 중앙정부부터 동사무소까지 모든 공공기관의 냉방 기준을 바꿔야 했다. 민간에 대한 냉방 권고 기준도 바꿔야 했다. 정부의 에너지 절감 대책 자체를 손대야 하는 엄청난 일이었다.

결국 냉방 규정이 현실화됐다. 냉방 기준을 정하는 온도 측정 지점
도 청사 로비가 아니라 사무실로 옮겨졌다. 그의 집요함 덕분이었다.
길은 있었다. 모두 가보지 않은 길이라 망설였던 것뿐이다. 문제가 다
해결된 건 아니지만 그의 유난함 덕분에 여름 한증막이라는 극한 상황
은 어느 정도 벗어날 수 있었다.

청사 안에 모유수유실을 처음 만든 것도 직원들을 만난 뒤부터였
다. 그는 막 출산을 하고 나온 여성 공직자들이 맘 편하게 모유를 모
아둘 수 있는 여성 휴게실과 모유수유실을 만들라고 지시했다. 그때
만 해도 '모유수유실'이라는 개념이 확립되지 않은 시기였다. 새로 개
념을 만들고 관련 근거 규정을 만들어야 했다. 이래저래 청사관리본부
장은 극한직업이었다.

인사 혁신 로드맵

취임 두 달이 지날 무렵, 김근태 장관에게 직원 인사를 건의했다. 장관이 바뀌었지만, 조직은 전임 장관이 구상한 대로였다. 그가 역점을 두고 있는 과제를 해결하기 위해 힘을 더 줘야 할 부서가 눈에 띄었고, 적임자들도 보이기 시작했다. 그런 취지에 맞춰 나름대로 인사안도 구상해 보고했다.

'인사는 메시지'라는 말이 있다. 조직 운영에서 리더의 뜻을 전달하는 가장 효과적인 수단은 인사라는 말이다. 나는 오랫동안 민간 회사에서 인재 관리 업무를 한 경험이 있어, 지금이 인사 적기라 생각했다. 그는 눈을 동그랗게 뜨고 나를 바라봤다.

"최 비서관이 이 사람들을 잘 알아?"

책망이었다. 한두 달 겉모습만 보고 사람 됨됨이를 판단할 수 없는 것 아니냐는 질책이었다. 왜 괜한 일을 했느냐는 꾸중이었다. 좀 억울했다. 장관이 무엇을 하고 싶은지, 어떻게 조직을 이끌려고 하는지는 결국 인사로 말하는 것이었다. 임기가 두 달이나(!) 지났으니 하루빨리 조직을 정비하고 업무에 속도를 내고 싶어서 한 일이었다.

장관은 한 발 더 나아가 간부회의에서 "연말까지는 어떤 인사도 없을 것"이라고 못 박았다. 그 대신 여섯 달 동안 지켜보고 성과에 따라 관례에 얽매이지 않고 전면적인 인사를 단행하겠다고 천명했다. 그때까지 현재의 자리에서 흔들림 없이 일하라고 했다.

공무원 조직은 유난히 인사에 민감하다. 인사철이 되면 일반 기업에서는 상상하기 어려운 일들이 벌어진다. 보건복지부에서도 알게 모르게 이런 일들이 벌어지고 있었다. 출신 지역, 출신 대학, 행정고시 기수를 둘러싸고 이러저러한 라인이 있다는 소문이 무성했다. 행정고시 출신인지, 비고시 출신인지도 중요한 기준이었다. 인사철이 다가오면 끼리끼리 모여 귀동냥을 하고, 튼튼한 줄을 찾아다녔다.

그는 이런 관행을 깨고자 했다. 우선 과장급 이상에 대한 인사는 장관이 직접 챙겼다. 사무관 이하 인사는 차관에게 일임했다. 장관이 사무관 이하 직원을 자주 만날 기회가 없어, 직접 인사하는 것이 부적절하다고 판단했기 때문이다. 간부에 대한 인사권 행사는 누구에게도 양보할 수 없다는 것이 그의 원칙이었다. 열어 놓고 의견을 들었지만 결정은 장관이 했다.

경영학에서는 목표를 분명히 정하고, 조직에 공유한 다음, 정한 목표에 따라 평가하고 인사하는 것이 조직을 잘 이끄는 비결이라고 가르

친다. 처음부터 목표를 제대로 정하지 않거나, 리더가 조직과 공유하지 않으면, 제대로 평가할 수 없다. 처음 설정한 목표와 관계 없이 평가를 해도 조직은 방향을 잃고 만다. 그는 경영학에서 말하는 인사 원칙에 비춰 괜찮은 리더였다.

임기 두 번째 해에는 한층 혁신적인 인사제도를 도입했다. 장관이 팀장 이상을 임명하고 공표한 다음, 직원들이 자기가 원하는 팀을 지원하게 하는 제도, 이른바 매칭 시스템이었다. 당시만 해도 경영학 서적에나 나오는, 국내 기업들도 이론만 알 뿐 도입한 전례가 드문 제도였다.

부서의 1급 이상 고위 공직자들에게 일괄 사표를 요청하기도 했다. 보건복지부 인사 혁신을 위해 과감한 물갈이가 필요하다는 판단 때문이었다. 차관이 제청한 3급 부이사관 승진 대상자 가운데 일부를 장관 판단으로 물리기도 했다. 유례가 드문 일이었지만 그는 한 치도 망설이지 않았다. 모두 참모들과 상의하지 않고 장관 스스로 판단해 진행한 일이었다.

결국, 장관 임기 초기에 나는 마음만 급한 참모였던 것으로 드러났다. 그는 마음속에 이미 조직 혁신을 위한 인사 혁신 로드맵을 가지고 있었다. 성급하게 인사권을 휘두르기보다 충분히 살펴보고 기회를 준 다음에, 성과에 따라 엄정한 인사를 단행하는 것이 그의 방식이었다.

혁신의 기관차

김근태는 장관 재임 시절, 정부 안에 미국식 경제 모델을 추종하는 경제 부처 사람들 목소리만 들린다고 탄식했다. 청와대, 총리실을 비롯한 컨트롤타워와 정부 내 핵심 요직을 경제 부처 사람들이 독차지하고 있었다. 보건복지부를 비롯한 사회 부처는 삼류 부처, 실무 부처 취급을 받았다. 그는 이런 상태로는 시대가 요구하는 '따뜻한 시장경제'를 추진할 수 없다고 확신했다.

정부부터 변해야 했다. 우선 보건복지부의 경쟁력 강화를 위해 체질 혁신에 시동을 걸었다. 그는 보건복지부가 재정경제부와 국가 운영 방안을 놓고 치열하게 논쟁하고 실력을 겨룰 만큼 성장해야 나라가 정상화된다고 믿었다. 경제정책과 사회정책이 두 날개를 이뤄야 비로소 우리 사회가 날아오를 수 있다고 강조했다.

보건복지부는 이미 우리 사회의 방향을 좌우하는 사회정책의 중심 부서로 주목받고 있습니다. 미래 사회를 대비하는 핵심 부서라는 엄중한 책임을 부여받고 있습니다. 더는 예산이나 권한을 탓할 수 없습니다. 현재 우리 사회의 핵심 과제인 저출산 고령화 대책과 사회 양극화를 해결해야 할 책임이 모두 여러분의 두 어깨에 짐 지워져 있습니다. 사회안전망과 국민연금, 건강보험과 같은 사회공공 인프라를 튼튼히 구축함으로써 미래의 우리 사회를 '세계에서 가장 안전한 사회' '가장 경쟁력 있는 사회'로 만들 책임도 여러분에게 있습니다. 공공의료를 강화하고, 안전한 식탁을 지킬 책임도 여러분에게 있습니다.

여러분의 책임이 막중합니다. 여러분의 선택에 우리 사회의 미래가 달려 있습니다. 사회정책, 미래정책의 책임 부서로서 여러분이 맡은 역할을 다하기 위해 무엇보다 중요한 것은 실력을 키우는 일입니다. 사회정책과 경제정책이 어깨를 나란히 하고 서로 선의의 정책 경쟁을 해야 국민이 행복해집니다. 　　　　　　2005년 12월 31일, 이임사에서

김근태는 '사람혁신'이 가장 중요하다고 생각했다. 보건복지부 실·국장부터 과장·사무관까지 실력 있는 인재를 영입하고 육성해야 했다. 경제부처와 당당히 실력을 겨룰 수 있는 사람을 채우고 발탁하는 일을 장관이 할 가장 중요한 일이라고 강조하곤 했다.

그는 보건복지부 인사혁명을 추진했다. 행정고시 기수에 따른 연공서열형 승진 관행, 일반직 출신과 고시 출신의 자리 안배 관행도 인정하지 않았다. 서기관이 국장이 되고, 부이사관이 과장이 되는 '직급

파괴'도 이뤄졌다. 여성을 차별하지 않는 인사를 했으며, 전체 직원 공모를 통해 희망 부서를 신청 받아 보직을 결정했고, 문호를 열어 민간 전문가를 간부로 영입했다.

지난 일 년, 복지부는 유례없는 '인사혁명'을 치러냈습니다. 능력 위주의 인사는 물론이고요, 팀장이 직접 팀원을 선발하고 팀원이 스스로 팀을 선택하는 '매칭 시스템'을 전면 도입해 정착시켜내기도 했습니다. 과학적인 평가체계 구축을 위한 성과관리제도(BSC 시스템) 도입, 전 직원에 대한 육성체계 등 일정한 성과를 이뤄냈다고 자부하고 싶습니다. 복지부가 이번에 시행한 '매칭 시스템'은 '신인사제도'의 열풍이 몰아치고 있는 민간기업에서도 성공한 예가 많지 않은 일입니다.

요즘 제가 하는 일은 우수한 인재를 영입하는 일입니다. 중앙인사위원회를 찾아가 사무관, 과장, 국장을 만나 부탁하고, 민간의 우수 인재를 유치하기 위해 뛰어다녔습니다. 7급 공무원 시험을 통해 인재를 선발하는 일도 게을리하지 않았습니다.

성과가 있었습니다. 14명의 사무관이 복지부에 새로 배치를 받았고, 민간의 능력 있는 분들 다수가 복지부에서 함께 일하겠다고 결심해줬습니다. 7급 공채에서 우수한 인재를 발굴해 현업에 투입하고 있습니다. 복지부의 인재풀이 풍성해지고 있습니다.

2005년 11월 29일, 〈일요일에 쓰는 편지〉 중에서

행정고시 합격자들이 연수를 받는 중앙공무원교육원을 직접 방문해 '사회 부처가 희망'이라고 강조하고, 능력 있는 신입 사무관 영입을 적극 추진했다. 행정고시 합격자들을 관리하는 담당자를 두세 차례 찾아가서 '우수한 인력을 보건복지부에 보내줘야 나라에 희망이 생긴다'고 간곡하게 호소했다. 다른 부처에서 일하고 있는 우수한 인력을 선별, 접촉해 '승진'을 약속하고 스카우트하는 일도 주도면밀하게 진행했다. 정부 역사상 유례가 없는 인력 보강 작전이 진행된 것이다.

보건복지 정책 수요는 폭발적으로 증가하나 인적·물적 자원에는 한계가 있다. 불필요한 일을 버리고 집행 업무나 민간이 더 잘할 수 있는 업무는 과감히 아웃소싱해 정책 역량을 강화하고자 한다. 그래서 복지부가 제공하는 핵심 정책들의 질을 높이고, 변화하는 정책 수요에 보다 적극적으로 대응할 계획이다. 이를 위해 직원의 전문성과 역량 강화를 위한 교육·훈련 체계를 마련하고 협업 증진 체계를 만들기로 했다. 2005년 6월 29일, 《서울신문》

보건복지부가 10일 팀제를 도입하면서 '깜짝 인사'를 단행했다. 사무관 4명을 팀장으로 전격 발탁하고, 핵심 보직인 혁신인사기획팀장에 복지부 사상 처음으로 여성을 기용했다.

김근태 장관은 "11일 복지부에 대한 국감이 끝나는 즉시 팀제 도입에 따른 인사를 단행할 예정"이라면서 "후배 팀장 밑에 선배 팀원이 배치되는 인사도 나올 수 있다"고 말했다.

2005년 10월 11일,《서울신문》

여러 차례에 걸쳐 공직사회를 들썩이게 했던 파격적인 인사와 지속적인 우수 인력 영입 노력 끝에 김근태가 장관으로 근무한 1년 6개월 동안 보건복지부는 몰라보게 젊어지고 유능해졌다는 평가를 받았다. 김근태 스스로 장관을 하면서 가장 보람 있었던 일로 보건복지부의 실력을 키우기 위해 노력한 것을 손꼽기도 했다.

그가 보건복지부에서 한 일에 대한 평가는 엇갈릴 수 있다. 그러나 사람 혁신이라는 목표 아래 주도면밀하고 일관되게 추진하는 김근태의 추진력은 혀를 내두를 만한 것이었다. 장관 재임 기간이 1년 반에 지나지 않았지만, 김근태는 수차례 인사를 단행하며 복지부 체질 개선에 나섰다. 다른 부처 공무원을 스카우트하고, 민간의 전문가를 끌어들이는 노력은 상식을 깨는 발상이었다. 팀원이 자기가 일하고 싶은 팀을 지원하는 '매칭시스템'은 공직 사회 역사상 전무후무한 시도였다.

장관 김근태는 역동적이고 스마트했다. 그리고 강력했다. 함께 일하던 후배들은 정치인보다 행정이 더 잘 어울리는 것 같다고 농담했다. 원내대표 김근태에 이어 장관 김근태의 리더십도 반짝반짝 빛났다.

그를 따르는 이유

장관 비서관과 정책보좌관으로 일하면서 한 번 크게 꾸지람을 들은 적이 있다. 해외 출장 때문이었다.

정책보좌관으로 일할 때였다. 정부 각 부처에서 일하는 정책보좌관들이 가끔 모였다. 한번은 보좌관들끼리 유대를 넓히자는 제안이 있었다. 마침 한 부처에서 원자력 인식 개선을 위한 일본 탐방 프로그램이 있으니, 함께 신청해서 다녀오자고 뜻을 모았다.

모든 부처 정책보좌관이 참여하는 프로그램이라 빠지기도 그렇고, 다른 부처 소식이 궁금하기도 했다. 정치권에서 영향력이 큰 정책보좌관들과 사귀고 싶은 생각도 있었다. 잠시도 자리를 비울 수 없는 비서관과 달리 정책보좌관은 업무 융통성이 있었다.

2~3일 일본 출장을 다녀오겠다고 보고했다. 그는 눈을 동그랗게

뜨고 나를 쳐다봤다. 마치 외계인이나 낯선 사람을 쳐다보는 것 같은 표정이었다. 언짢은 기색이 역력했다. 업무에 꼭 필요한 것도 아닌데, 장관 보좌관들이 해외로 몰려다니는 게 못마땅한 눈치였다.

정부에서 각계 인사들을 대상으로 상시 진행하는 프로그램이고, 다른 부처 돌아가는 이야기도 깊이 들을 기회라 다녀오는 것이 좋겠다고 말씀드렸다. 한참 가타부타 말이 없었다. 어색한 침묵이 흘렀다. 이럴 땐 빨리 자리를 피하는 게 상책이었다.

인사를 하고 나오는데 뒤에서 그의 목소리가 들렸다. "다녀오는 건 좋은데, 그냥 갔다 오지 말고 일본 원자력 정책에 대해 느낀 점을 소상히 정리해서 간부들에게 설명하는 자리를 만들도록 하지." 김근태 방식의 꾸지람이었다.

며칠 뒤, 그는 옛날 권노갑 의원에게 받은 정치자금 얘기를 꺼냈다. 의원실 비서관이 그 일을 보고하지 않고 혼자 알아서 처리해 나중에 일이 커졌다는 얘기였다. 어떻게 그렇게 일을 처리했는지 지금 생각해도 이해할 수 없다고 했다. 너는 그렇게 하지 말라고 다시 한번 단속하는 거였다. 정책보좌관 해외 출장을 문제의식 없이 받아들인 나를 꾸짖은 것이었다.

2박 3일 일본 출장을 다녀왔지만 마음이 영 불편했다. 기록하고 자료 챙기느라 몸도 불편했다. 그러나 불쾌하지는 않았다. 역시 김근태답다는 생각이 들었다. 이러니 내가 뒤에서 툴툴거려도 그를 좋아하고 따를 수밖에 없었다.

이별

장관으로 근무하던 김근태가 유난히 힘들어하던 날이 있었다. 오랜 시간 함께 일하던 후배가 곁을 떠나는 날이었다. 장관실로 찾아온 후배를 만난 그는 지켜보는 사람이 안쓰러울 정도로 괴로워했다. 한 시간 정도 후배를 만나고 돌아서는 그의 뒷모습이 유난히 작고 쓸쓸했다.

그 후배는 그가 가장 아끼던 사람이었다. 오랜 시간 함께 일했다. 2002년, 대통령 후보 경선에 실패하고 수많은 사람이 곁을 떠날 때도 그 후배는 곁을 지켰다. 그랬던 그 후배가 이러저러한 사정을 겪으며 떠나게 됐다.

그날, 그는 집무실 한쪽에 마련된 내실에 들어가 자리를 펴고 누웠다. 지켜보는 내가 안쓰러울 정도로 끙끙 앓았다. 퇴근 시간이 다 되도록 자리에서 일어나지 못했다. 남은 일정을 모두 취소하고, 방 앞에 앉아 그가 훌훌 털고 일어나길 기다렸다.

그는 사람을 그리워했다. 특히 후배들을 그리워하고, 사랑했다. 민주화운동 세력을 대표하는 정치인이었던 만큼 수많은 후배가 함께 일하겠다 찾아왔다. 그리고 몇 년 사이에 그들은 대부분 떠났다. 밀물처럼 밀려 왔다 썰물처럼 빠져나간 형국이었다. 모두 떠난 텅 빈 항구에 남은 그는 많이 아파했다. 내가 처음 한반도재단에서 일하기 시작했을 때가 주변에 사람이 가장 적을 때였다. 그 많은 이별을 겪었으면 이제 무뎌질 만도 하련만, 그날 그는 절망적인 얼굴로 고통스러워했다. 금방 통곡이라도 하고야 말 것 같은 분위기였다.

그는 민주화운동을 하다 고통받고 어려운 생활을 하는 후배들을 보면 특히 안쓰러워했다. "김근태는 민주화운동을 한 보상을 넘치도록 받았다. 그러나 많은 분이 민주화운동을 했다는 이유로 지금도 고통받고 있는 것이 안타깝다"고 입버릇처럼 말하던 그였다.

무리를 해서라도 그들이 청하는 민원은 들어주려고 노력했다. 이런 그였지만 '사람 챙기지 않는다'는 손가락질도 많이 받았다. 여의도 생활을 시작하기 전에 나도 주변에서 그런 이야기를 하는 선배들을 많이 만났다.

가까이 모시면서 이해가 됐다. 원내대표로 일하기 전까지 그는 사람을 천거하고 자리를 만들 만한 영향력이 없었다. 동교동계로부터 집중적인 견제를 받았고, 변변한 역할도 부여받지 못했다. 그래도 현역 국회의원 신분이니 정부나 기관에 전화를 걸어 부탁할 수도 있었을 것

민주화운동 세력을 대표하는 정치인이었던 만큼 수많은 후배가
함께 일하겠다 찾아왔다. 그리고 몇 년 사이에 그들 대부분 곁을 떠났다.
모두 떠난 텅 빈 항구에 남은 그는 많이 아파했다.
사진은 재야 어른들을 장관실에 초대해 환담하는 모습.

이다. 그러나 현실 정치를 시작한 지 10년이 다 되도록 그는 그런 일을 어려워했다. 자주 부탁하는 전화를 걸었지만 성공률이 형편없었다. 그런 일을 할 때는 적당히 압력도 넣고 해야 일이 성사되기 쉬운데, "원칙을 훼손하지 말고 상황을 알아봐달라"고 부탁하는 게 다였다.

장관으로 일하던 시절, 그는 소속 기관 인사로 속앓이를 했다. 장관 초기, 그가 추천한 소속 기관장이 청와대로부터 여러 번 퇴짜를 맞았다. 청와대가 임명한 소속 기관장은 능력이나 경력 면에서 그가 추천한 인사에 한참 못 미치는 경우가 많았다. 대통령 선거를 도운 사람들을 우선 배려하는 상황은 이해하지만 그로서는 무척 자존심 상하는 일이었다.

한 공공기관에 감사 자리가 났다. 마침 그와 오래 함께 일한 후배 가운데 그 자리에 적합한 사람이 있었다. 오랫동안 민주화운동을 해온 치과 의사였다. 이번에도 퇴짜를 맞으면 충격이 너무 클 것 같았다. 내가 미리 청와대 인사 담당자를 만났다. 장관에게 추천권이 있다고는 하지만 실질적으로는 청와대가 인사권을 행사하는 자리였다. 현직 의사로서 직무 전문성이 있고, 오래 민주화운동을 했으며, 노무현 대통령 선거 캠프에서도 일했다는 점을 들어 해당 인사를 그 기관의 감사로 임명해달라고 요청했다.

보건복지부 비서관 자격이 아니라 '김근태 캠프' 입장에서 요청드리는 일이니 배려해달라고도 했다. 김근태도 정치인인데 어느 정도는 사람을 챙겨야 하지 않겠느냐 읍소했다. 청와대 인사 담당자는 무슨 말인지 잘 알았다. 마침 추천한 분이 청와대에서 관리하는 인사 리스트에도 있는 분이라 특별한 문제가 없을 것 같다고 했다.

얼마 뒤, 해당 기관 감사 내정 결과가 내려왔다. 우리가 요청한 분은 명단에 없었다. 게다가 추천된 사람들 대부분이 해당 분야에 전문성이 없었다. 전화를 걸어 격렬히 항의했다. 너무 하는 것 아니냐, 현실 정치인이자 대권 후보라는 김근태 장관에게 이렇게 할 정도면 다른 장관에게는 훨씬 더 할 것 아니냐, 우리도 캠프를 꾸리고 사람을 모아야 하는데 이렇게 하면 어쩌라는 것이냐는 요지였다.

난리가 났다. 청와대에서 차관실에 전화를 걸어 당장 사과하지 않으면 나를 '항명'으로 징계하겠다고 했단다. 차관이 달려와 내 손을 잡고, 간곡히 사과 전화를 하라고 청했다. 사과할 수 없다고 말했다. 그 정도도 많이 절제한 표현이라고 했다. 내 신상에 어떤 불이익이 생기더라도 상관없다고 했다.

얼마 뒤, 우리가 추천한 사람이 해당 기관 감사로 임명됐다. 어떤 논의 과정이 있었는지는 모르겠다. 훗날, 차관이 그 일로 곤욕을 치렀다는 얘기를 들었다. 밖에서는 '실세 장관'이라고 했지만, 산하기관에 사람 한 명 추천하는 데도 그런 과정을 겪어야 했다.

보건복지부 위상을 높인
첫 번째 장관

김근태가 보건복지부 장관이 되면서 이전에 볼 수 없던 일이 많이 일어났다. 그는 사회정책이나 보건의료정책 컨트롤타워는 보건복지부임을 분명히 했다. 국무회의나 예산 관련 장관회의에서도 "경제 논리만으로 사회정책을 재단해서는 안 된다"고 자주 제동을 걸었다. 정부 예산 편성권을 무기로 경제정책을 넘어 사회정책까지 떡 주무르듯 하던 재정경제부의 주도권을 인정하지 않았다.

장관회의에 배석했다 돌아온 관련 국장들이 비서실에 찾아와 "속이 후련하다. 보건복지부에서 20년 넘게 생활하면서 이런 일은 처음 겪는다"고 털어놓기도 했다. 경제 부처가 주도하고, 뒤치다꺼리하는 데 익숙하던 보건복지부 간부들에게 가슴 뿌듯한 경험이었다.

장관을 배석해 장관회의에 참석하는 내내 가슴이 콩닥거렸다고 말하는 간부들도 많았다. 장관이 보건복지부 입장만 내세우는 것이 아니라 전반적인 사회경제 상황을 짚어가며 사회정책 강화를 주문하는 데 놀랐다고 했다. 경륜 있는 정치인 출신답게 정부 정책 전반을 꿰뚫어보며, 콧대 높은 경제 부처 장관들을 논리로 압도하는 경우가 많았다고 했다.

그전까지는 새로운 사회정책을 설계하더라도 반드시 경제 관료들의 승인을 거쳐야 하는 경우가 많았다. 그런 사회정책 대부분은 '경제에 미치는 영향'을 강조하는 경제 관료들의 화려한 반대 논리에 막혀 번번이 좌절했다.

장관직을 떠난 뒤, 그는 미국 시각에 경도된 경제 관료를 대체할 인력을 민주개혁 세력이 시급히 구축해야 한다고 강조했다. 현재 우리 정부 정책 방향 설정을 독점하고 세세한 정책 내용까지 일일이 관리하고 있는 경제 관료들이 대부분 미국식 자유주의를 추종하고 있는 게 큰 문제라는 생각이었다. 박정희 정권 이래 경제 관료들의 미국 편향은 말할 수 없이 심각했다. 그들은 대부분 미국에 유학해 공부하고, 미국식 경제 사조를 절대적인 것으로 인식했다. 그들에게 미국 주류 경제학파들의 주장이 아닌 모든 경제 이론은 '이단'과 동의어였다.

우리 사회에 미국 일변도의 경제정책이 아니라 균형 잡힌 경제정책을 설계하고 운영할 인력이 부족했다. 최소한 유럽 수준의 경제관을 가진 인물들이 관료의 절반은 차지하고 있어야 마땅했지만, 경제 부처 안에는 작은 싹조차 보이지 않았다.

민주개혁 세력 안에도 마찬가지였다. 우리 사회의 심각한 양극화와 고령화 상황을 고려해 큰 틀에서 나라의 경제정책 방향을 설계할 수 있는 인력이 별로 없었다. 있다 해도 세부 정책으로 들어가면 경제 관료들의 반대 논리를 이길 힘이 없었다. 경제학자들에게는 실물 경제를 운영해 축적한 경험이 전혀 없었기 때문이다.

그나마 민주개혁 세력 내부의 경제 전문가들 가운데는 박정희 정권 시절, 관치경제에 반대하는 방법으로 '주주자본주의'를 선택한 사람들이 대부분이었다. 그들은 그걸 경제민주화라 주장했다. 그러나 주주자본주의에 경도된 경제민주화론자들의 생각은 기본적으로 자유주의 경제학에 바탕을 둔 것이었다. 신자유주의가 극성을 부리던 시절, 그들의 주장은 국민경제의 이익보다 미국의 이해와 일치하는 경우가 많았다. 그들도 대부분 미국에서 유학한 전문가들이었다.

김근태는 보건복지부 공무원들이 해외 유학을 떠날 경우, 미국보다는 유럽으로 떠날 것을 추천했다. 사회정책과 경제정책이 균형을 이룬 북유럽 국가들을 특히 선호했다. 국민경제 관점에서, 우리 상황에 맞는 경제정책을 설계하고, 풍부한 정책 운영 경험을 쌓은 경제 전문가를 육성하는 것이 중요했다. 극심한 양극화로 고통받고 있는 우리 경제 상황을 감안하고, 남북통일 시대를 대비한 추가 성장 여력을 확보하는 역동적인 산업정책을 설계할 인재가 필요했다. 그래야 그의 필생의 과제인 '따뜻한 시장경제'를 이루는 새로운 접근이 가능했다.

많은 세월이 흐른 지금, 정부 부처 가운데 보건복지부의 발언권과 정부 정책 영향력은 이전과 비교할 수 없을 만큼 커졌다. 결과적으로 복지 예산이 가파르게 늘어난 것도 한 가지 이유라 하겠다. 그러나 정부 안에서 사회 부처의 영향력은 여전히 크지 않다. 경제정책과 사회 정책이 서로 경쟁하고 보완하는 두 날개로 움직여야 한다고 주장한 김근태 장관의 주장은 아직 미완이다. 그러나 그 이후로 사회 부처가 경제 부처에 맞서 적극적인 주장을 펴는 일도 아주 드문 일은 아니게 되었다. 그는 경제 관료들과 맞서고 때로는 경제 부처를 이끌고 간 첫 보건복지부 장관이었다.

국민의 든든한 건강 지킴이

김근태는 장관으로 일하는 동안 '국민건강보험'을 실제 의료비 부담을 덜어줄 수 있는 보험으로 바꾸기 위해 노력했다. '큰 병 때문에 집안이 어려워지는 일은 막겠다'는 것이 장관으로서 가장 중요하게 생각한 목표 가운데 하나였다.

2005년 6월, 국가가 암을 책임지고 관리하는 '국가 암관리체계 강화 방안'을 발표하고, 암 예방 검진을 전 국민으로 확대하는 방안을 추진했다. 이어 7월 13일에는 암을 비롯한 심장병, 뇌 질환 등 중증 질환을 앓고 있는 환자에게 비용의 80퍼센트를 건강보험이 부담하는 제도를 발표했다.

특히 그동안 건강보험 적용을 받으면서도 '본인 부담금'이라는 명목으로 환자 개인이 부담해왔던 1566개 항목 가운데 483개 항목을 건강보험이 부담함으로써 환자 개인의 부담을 획기적으로 줄이는 방안을 우선 추진하고, 나머지 1083개 항목에 대해서도 재평가를 거쳐 건강보험이 담당하는 항목을 늘려나가기로 했다. 이어서 12월 21일에는 나머지 본인 부담 항목 659개에 건강보험을 적용하고 나머지 401개 항목은 아예 본인 부담금을 없애기로 결정함으로써 마침내 '건강보험 보장성 강화'의 대미를 장식했다. 보건복지부 장관 임기가 끝나기 직전이었다.

이런 노력 덕분에 이제 국민건강보험은 국민의 건강을 지키는 든든한 '건강 지킴이' 역할을 훌륭하게 수행하게 되었다. 완벽하진 않지만 더는 큰 병 때문에 집안이 어려워지는 불행도 어느 정도 해결되었다. 국민건강보험이 글자 그대로 제구실을 하게 된 것이다.

2011년, 그가 세상을 떠났을 때, 이름 없는 많은 시민이 그를 조문해 깜짝 놀랐다. 장사 지내는 동안, 꼬깃꼬깃한 천 원짜리 지폐 열 장을 넣은 조의 봉투를 발견했다. 그 봉투 속에는 김근태 보건복지부 장관 덕분에 암에 걸린 부인을 치료하면서도 가정이 풍비박산 나지 않아 고맙다는 내용이 쓰여 있었다. 모르는 듯해도 많은 국민이 보건복지부 장관 시절, 그가 한 일을 기억하고 있었다.

까탈스러움과 나라 체면(?)

2005년 5월 12일, 한 언론에 보건복지부 장관이 국제 관례를 어겨 망신스럽다는 투의 기사가 실렸다. 참으로 놀라운 기사였다. 기자가 문제 삼은 것은 해외 출장 항공권이었다. 그즈음 그는 세계보건기구 총회에 참석하기 위해 제네바를 방문할 예정이었다. 보건복지부 실무자들이 해외 출장 계획을 들고 왔다. 장관 말고도 보건복지부 공직자와 산하기관장, 소속 단체장 등 수행단 규모가 매우 컸다.

원래 이렇게 하는 거냐고 물어보았다. 대체로 이렇게 하는 것이 관례인데, 이번에는 우리가 의장국이라 항공료와 호텔비 등을 모두 세계보건기구에서 부담한다고 했다. 그래서 방문단 규모를 조금 키웠다고 했다. 마침 세계보건기구 사무총장이 우리나라 사람이라 이번 기회에 사무총장을 지원하는 세 과시의 의미도 있다고 했다.

흔치 않은 해외 출장 기회였고, 떡 본 김에 제사 지낸다는 기분으로 이참에 직원 및 소속 기관 책임자들과 친분도 쌓으면 좋지 않겠느냐는 취지였다. 살짝 걱정스러웠지만, 나랏돈이 들지 않는다는 말을 듣고 그럼 그렇게 보고하자고 했다.

출장 계획을 보고 받은 그는 '전면 재검토'를 지시했다. 지나치게 규모가 큰 수행단을 실무 중심으로 대폭 줄이고, 항공권과 호텔도 조정하라는 지시였다. 장관 몫으로 배정된 일등석 항공권과 특급호텔 스위트룸도 모두 물리라고 했다. 다른 공직자들과 같은 등급의 항공권과 호텔을 이용하겠다는 뜻이었다.

출장 실무를 책임진 담당자는 매우 난감해했다. 일등석 항공권과 특급호텔 스위트룸을 거절할 줄은 몰랐던 것 같다. 내심, 장관께 점수 딸 기회라고 생각하고 보고했을 수도 있었다. 장관 지시는 전혀 예상하지 못한 것이었다.

담당자는 이번 해외 출장이 실무 방문이 아니라 의장국 공식 방문이라는 점을 강조했다. 그래서 세계보건기구 의전 프로토콜에 따라 상대측에서 항공권과 호텔 숙박권을 보내온 것이라고 설명했다. 우리가 발권한 것이 아니어서 취소가 쉽지 않다고 보고했다. 이미 발권한 항공권과 호텔 예약을 취소하면 세계보건기구 의전 프로토콜에 문제가 생긴다고도 했다. 항공과 숙박 비용 전체를 초청 기관인 세계보건기구가 부담한다고 힘주어 강조했다.

장관은 번거롭겠지만 어려움이 따르더라도 재조정해달라고 다시 얘기했다. 우리 비용이 드는 것이 아니라고 해도, 항공료와 숙박비로 그렇게 큰 비용을 들이는 건 본인이 더 불편하다는 취지였다.

장관실에서 나온 그 담당자는 입이 한껏 나왔다. 우리 비용을 쓰는 것도 아니고, 국제적인 의전 관례가 있는데 굳이 이렇게까지 하는 이유를 모르겠다고 투덜거렸다. 항공권과 호텔 스위트룸을 환불하면 다시 남은 돈을 세계보건기구에 돌려줘야 하는데, 그런 전례가 없어 업무가 아주 복잡하다고도 했다.

그 담당자에게 김근태 장관은 평소에도 일등석과 스위트룸을 이용하지 않는다고 알려줬다. 국내 출장이건 해외 출장이건 언제나 일반석에 일반 객실을 이용하는데, 의전 프로토콜 때문에 내가 중간에서 조정하지 못해 그런 것이니 양해해달라고 했다.

설명을 한다고 했지만 그 담당자가 충분히 이해한 것 같지는 않았다. 이런 기회에 소속 기관 및 산하 단체 단체장들과 해외여행을 하면서 유대도 쌓는 것인데, 그런 점을 너무 고려하지 않는 것 아닌가 생각하는 듯했다. 곧 대선을 치를 분인데 산하 단체장들과 잘 사귀어두면 큰 도움이 될 텐데 왜 그러시냐고 했다. '유난 떠는 것 아니냐'고 대놓고 말하지 않았지만, 속마음은 그런 듯했다.

기자는 "장관이 고급 시설을 이용하는 것은 단순한 관행이라기보다는 장관직에 대한 예우와 국가 체면 등을 모두 고려한 것"이라면서 "너무 비용과 탈격식만을 고집한 것 아니냐"고 지적했다. 기자의 주장대로 그런 '까탈' 때문에 나라 체면이 손상됐는지는 잘 모르겠다. 김근태가 생각하는 국격과 기자가 생각하는 국격의 개념이 다른 건 분명했다. 기자실 출입기자들도 대부분 '괜한 까탈을 부린다'고 반응했다.

정치인이 저렇게 융통성이 없어서 어떻게 하느냐고 수군거렸다. 이 얘기를 기자에게 흘린 공직자가 괘씸했다. 알아들을 만큼 설명했는데, 끝까지 자기 안경을 벗지 않는 것 같아 안타까웠다.

출장 다녀온 공직자들에게 푸념을 배 터지게 들었다. 이번 해외 출장은 예정에 없던 고행이었다. 복잡하고 더운 호텔 방에서 복작대느라 실무자들 원망이 많았다고 했다. 갑자기 바꾼 호텔이 불편해 장관도, 직원들도 고생을 많이 했단다. 다른 장관들은 호텔을 업그레이드하지 않는다고 불평인데, 김 장관이 유난스러운 것 아니냐는 투였다. 정치인 장관이라는 점을 의식해 너무 보여주기 식으로 하는 것 아니냐는 비아냥이 깔려 있었다.

그와 출장을 가면 항상 그랬다. 그는 원래 그런 사람이라고 설득하고 싶었지만 참았다. 여의도의 수많은 정치인과 다른 그의 생활 원칙을 시시콜콜 설명한들 쉽게 받아들이지 않을 것 같았다.

노인요양보험 도입 결정

김근태가 보건복지부 장관에 취임하기 위해 준비하면서 가장 비중을 두고 고민한 문제가 두 가지 있다. 첫째는 '노인요양보험(당시는 노인수발보험)' 도입 여부에 대한 결정이었고, 둘째는 '국민연금 개혁 방안'이었다.

그를 돕던 많은 사람은 이 두 가지 사안에 대해 '의사결정을 하지 않는 것도 한 방법'이라고 주장하기도 했다. '노인요양보험'은 도입 필요성이 절박했다. 치매, 중풍 환자가 급증하고 있었고, 가정에서 감당할 수 있는 수준을 넘어서고 있었다. 그러나 국민에게 추가로 보험료를 내라고 해야 하는 일이었다. 그렇지 않아도 국민연금과 건강보험 같은 공보험에 대한 불신이 큰 상황이었다. 추가 보험료 부담을 요청하는 것은 말처럼 쉽지 않았다.

더 큰 문제는 엄청난 요양보험 수요를 감당할 준비가 갖춰지지 않았다는 점이었다. 요양시설이나 요양보호사가 턱없이 부족했다. 요양보험 도입을 결정해 놓고, 수요를 감당하지 못하는 사태가 생길 수 있는 상황이었다. 그때 터져 나올 국민 불신은 상상하기 어려운 것이었다. 국민연금 역시 '더 내고 덜 받는 방식'을 국민에게 설득해야 하는데, 국민연금에 대한 국민 불신이 하늘을 찌르는 상황에서 합의를 이루기 쉽지 않았다.

김근태는 '국민연금 개혁'에 대해서는 처음부터 단호했다. 미래를 위해 당장 어렵더라도 국민을 설득하는 것 말고는 방법이 없었기 때문이다. 다만, '노인요양보험 도입'은 준비가 충분히 갖춰져 있는지 검토해야 한다는 신중한 입장이었다. 노인요양보험은 치매나 중풍, 노인성 질환을 앓고 있는 어르신들을 부양하기 위해 온 가족이 고통받고, 급기야 가족 해체까지 치닫는 상황을 더는 방치할 수 없다는 절박한 문제의식에서 시작됐다. 이 문제를 개인에게 맡길 것이 아니라 국가가 나서서 해결해야 한다는 것이다.

보건복지부 안에서 이 문제를 둘러싸고 여러 차례 회의가 열렸다. 김근태는 보험 시행 준비 정도를 하나하나 점검했고, 우려했던 것처럼 아직 준비가 되지 않은 점이 너무 많다는 사실을 확인했다. 그는 장관 취임 이후 1년 가까이 이 문제를 검토하고 또 검토했다. 분야별 준비 상황을 점검하고, 미진한 부분을 채울 방안에 대한 대책 수립을 지시했다.

그리고 마침내 2005년 5월 말, '노인요양보험' 제도 도입을 결정했

다. 제도 도입을 결정하면서 김근태는 "나중에 문제가 생기면 김근태
가 책임을 지겠다"고 다짐하기도 했다.

우리 사회에는 이미 '사회적 연대 방식'이 아니면 풀 수 없는 복잡
하고 중층적인 문제가 많습니다. 고령화나 사회적 양극화와 같은 현상
이 대표적입니다. 그러나 '사회적 연대'에 대한 우리 사회의 합의 수준
은 아직 충분하지 않은 것 같습니다. '내 문제는 내가 알아서 할 테니
간섭하지 말라'고 주장하는 목소리도 높습니다.

피해갈 수 없는 문제라면 정면으로 해결하는 수밖에 없습니다. 힘
들고 시간이 걸리더라도 '사회적 연대'의 중요성을 설명하고 설득해야
합니다. '총론 찬성'을 확실한 흐름으로 만들고, '각론 반대'에 대해서
는 열린 마음을 갖고 토론하고 설명해야 합니다. 정책 결정 과정을 투
명하게 밝히는 노력도 중요합니다.

2005년 5월 30일, 〈일요일에 쓰는 편지〉 중에서

골프 대신 축구

김근태는 대부분의 국회의원이 즐기는 골프를 아예 하지 않았다. 국회의원 월급 받아 자기 돈으로 골프 치기 쉽지 않다는 걸 그는 잘 알고 있었다. 자연스레 그와 함께하는 참모들도 골프를 멀리했다. 나도 몇 차례 골프를 배울 기회가 있었지만 쉽게 재미를 붙일 수 없었다. 자꾸 그 사람 생각이 떠올라 골프 치는 게 큰 사치처럼 여겨졌다.

그는 골프 대신 축구와 등산을 좋아했다. 특히 축구는 거의 마니아 수준이었다. 비서들이 주말 일정을 보고하면 "이번 주에는 꼭 축구를 해야 해. 그래야 다음 주를 잘 버틸 수 있어" 하며 간절한 눈빛으로 말하곤 했다.

김근태에게 가장 신날 때가 언제냐고 물으면 아마도 축구할 때라고 대답하지 않았을까? 그가 축구를 하고 온 다음 날은 표정부터 달랐다. 생동감 넘치고 컨디션이 좋았다. 회의를 하면서도 "어제 한 골 넣었어" 하고 아이처럼 자랑했다. 그의 비서로 일하면서 축구 할 시간을 마음껏 빼주지 못해 늘 미안했다.

신자유주의와의 전투

　　보건복지부 장관으로 일하던 2005년, 김근태는 본격적으로 '사회대
타협'을 고민한다. 그의 마지막 꿈은 '따뜻한 시장경제' '더 따뜻한 세
상'을 만드는 것이었다. 그리고 이런 꿈을 이루기 위해 시장에 모든 것
을 맡기는 시장만능주의가 아니라 정부의 역할을 획기적으로 높이는
'공공성 강화'를 이루어야 한다는 전략까지 구상이 끝난 상황이었다.

　　정부의 역할, 공공의 역할을 높이는 방법에는 여러 가지가 있다. 과거
박정희 정부처럼 규제의 칼을 빼 들고 일일이 정책을 집행하는 방법도 그
가운데 하나다. 그러나 김근태는 그런 방식의 '공공성 강화'는 바람직하지
도 않고 가능하지도 않다는 사실을 잘 알고 있었다.

오늘은 여러분께 책 한 권 소개하려고 합니다. 바쁜 나날을 보내고 계시겠지만 '새로운 경제발전'을 위한 고민과 모색에서 누구도 자유롭지 않을 것이라고 믿기에 말씀드리고자 합니다.

『쾌도난마 한국경제』라는 책이 있습니다. 제목이 자못 도발적이지요? 실타래처럼 엉켜 '난감하다'고 고민하고 있는 판국인데 '한국 경제를 쾌도난마처럼 단칼에 풀 수 있다'고 주장하는 것이 '참으로 어지간한 배짱이다'는 생각이 들었습니다.

가벼운 마음으로 읽기 시작했습니다. 그러나 몇 페이지 넘기기 전에 의자를 끌어당겨 앉지 않을 수 없었습니다. '만만찮다'는 느낌이 들었습니다. 그러면서도 마음이 편치 않았습니다. '박정희 체제를 재평가하자' '재벌의 역할에 대해 새로운 접근이 필요하다'는 얘기를 들으면서는 상당히 거북한 느낌이 들었습니다. 본래 의도는 그렇지 않겠지만 결국 '성장을 위해 억압이 불가피했다'는 수구 특권적 주장을 편들어 주는 결과가 될 수도 있다는 점에 대해 각별한 경각심을 갖고 있지 않은 것 같아 선뜻 동의할 수가 없었습니다.

그러나 정부와 국가가 관료적 자의에 기초한 '관치'는 줄여야 하지만 공공영역은 확대하고 강화되어야 한다는 얘기는 설득력이 있었습니다. 세계화는 미국이 정치, 경제, 군사, 언론 등의 이데올로기와 힘으로 강제하는 것으로 '다시 생각해봐야 한다'는 메시지는 유혹적이었습니다.

80년대 후반 IMF 위기 이후, 재벌이 정부의 부당한 지배와 간섭에서 벗어나기 위해 만능시장주의(신자유주의)라는 신제품을 수입하고 주장한 것을 이해하면서도, 그 결과 기업들이 투자를 기피하기 시작했고 그러면서 한국 경제가 성장 동력을 회복하지 못하게 됐다는 얘기는 밑줄 쳐가며 읽지 않을 수 없는 대목이었습니다.

『쾌도난마 한국경제』는 외환위기와 국민의정부 이후 경제 개혁을 강화하고 있는데도 불구하고 오히려 외국자본에 의한 영향력이 강화되고, 설비투자와 고용이 감소하고 있는 이유는 바로 '신자유주의' 그리고 '주주자본주의' 때문이라고 단언합니다. 이 신자유주의와 주주자본주의를 극복할 새로운 대안을 찾지 못하면 '다람쥐 쳇바퀴 도는 것 같은 답답한 상황'을 벗어나기 쉽지 않을 것이라고 겁주고 있습니다.

이 책은 한국의 개혁 세력에게 묻습니다. 구체적인 성장정책이 뭐냐고. 분배는 분배대로 늘리되, 별도의 성장정책을 제시해야 하지 않겠느냐는 것입니다. '한국 경제는 계속 성장해야 한다' '개혁 세력은 성장을 위한 구체적인 방안을 제시해야 한다'는 것입니다.

책의 마지막 장을 덮으며 드는 생각은 "정말로 '국민경쟁력'을 제고하지 않으면 안 된다"는 것이었습니다. 그리고 '새로 한 짐 짊어졌다'는 기분도 들었습니다.

그건 아마도 이 책이 민주정부가 더욱 '적극적인 역할'을 하는 것만이 유일한 해결책이라고 주문하고 있기 때문이 아닌가 싶습니다. 민주정부가 사회정책과 산업정책의 양 측면에서 더욱 강력한 역할을 해야 한다는 주장을 의미 있게 경청할 생각입니다. 책임감을 느낍니다.

2005년 9월 6일, 〈일요일에 쓰는 편지〉

김근태가 선택한 방법은 '사회대타협'이었다. 정부와 기업, 노동계, 가계가 공동의 목표를 설정하고 이를 이루기 위해 대타협을 해야 한다는 구상이었다. 스웨덴을 비롯한 유럽의 경험이 큰 힘이 되었다.

지난 4월 스웨덴 OECD 장관회의에서 느낀 게 많습니다. 복지 문제를 잘 해결한 나라가 경제성장도 함께 이룬 걸 확인했습니다. 스웨덴, 네덜란드, 영국이 대표적인 국가로 수년간에 걸쳐 토론하고 협의해 사회적 합의를 도출했습니다. 그러나 프랑스와 이탈리아는 실패해 현재 경제도 썩 좋은 편이 아닙니다. 합의는 사회안정을 가져옵니다. 결국 사회안정을 토대로 경제가 좋아지는 구조입니다.

2005년 6월 23일,《매일경제》

김근태는 사회대타협을 위해 우리 경제의 핵심을 이루고 있는 '재벌체제'에 대해서도 파격적인 인식을 공개해 세상을 놀라게 했다. 재벌을 개인의 것이 아니라 '국민의 기업'으로 간주하고, 재벌과 국민이 손을 잡고 서로 도움을 주고받는 대타협을 이루자는 주장이었다.

"재벌은 나라의 운명을 건 작품으로 한국 경제의 소중한 자산이지 악의 축이 아니다. 하지만 한국 경제가 안고 있는 각종 모순의 총화로 국민적 신뢰 획득에는 실패했다." 김근태 보건복지부 장관이 20일 한국경제연구원 주최로 서울 여의도 전국경제인연합회 회관에서 열린 '한경연 포럼'에서 미리 배포한 '사회 양극화와 참여정부의 보건복지

정책 방향'이란 기조 발제문을 통해 재벌의 공과功過에 대한 자신의 소신을 밝혔다.

그는 "재벌은 한국이 투자자금을 확보하기 위해 만들어 낸 것으로 국가와 국민의 전략적 선택의 결과"라며 "재벌의 막연한 부정과 해체는 한국 경제발전사의 단절을 의미한다"고 말했다. 이어 "이제 막 세계적 기업으로 성장하고 있는 재벌을 해체하고는 한국이 국제경쟁에서 경쟁력을 가질 수 없다"고 분석했다. 그러나 김 장관은 "재벌들이 전경련이라는 성곽을 짓고 중산층 및 서민의 고통과 무관한 주장을 계속한다면 큰 화禍를 당할 것"이라며 "분노한 국민이 재벌의 약한 고리를 산산이 박살내버릴 것"이라고 주장했다. 또 "국민은 기업을 사랑하고 자랑스러워하는 만큼 기업가를 존경하지 않는다"고 말했다.   2005년 10월 21일,《동아일보》

김근태는 이 문제를 둘러싸고 정부 부처 안에서 공개적인 논쟁을 벌이는 것도 불사했다. 특히 '신자유주의 정책에 대한 전면적인 방향 전환'을 촉구하는 그의 주장에서는 결기가 느껴졌다. 하이라이트는 2005년 6월 4일, 당과 정부, 청와대가 함께 참석한 워크숍이었다. 이 자리에서 김근태는 직접 사회·경제적 양극화의 심각성을 경고하며 현 정부가 신자유주의 정책 기조를 전면적으로 수정해야 한다고 주장했다.

이해찬 국무총리와 김근태 보건복지부 장관이 3일 오후 당·정·청 워크숍에서 신자유주의 논쟁을 벌였다. 김 장관은 사회경제적 양극화의 심각성을 경고하며 현 정부의 신자유주의 정책 기조에 대한 재고 필요성을 제기한 반면, 이 총리는 "무역의존도가 70%나 되는 우리 실정상 그런 논쟁은 비현실적"이라고 일축했다. 김 장관은 이날 워크숍 토론에서 "중산층과 서민의 삶의 고통이 말할 수 없는 처지에 이르렀는데, 그 출발점은 국제통화기금IMF 관리체제 사태 이후 신자유주의 경제철학이 관철되면서부터"라며 신자유주의 정책 기조의 재고 필요성을 제기했다. 그는 "경제가 회복되면 중산층과 서민의 고통이 해결될 수 있느냐"고 반문한 뒤 "한 번 쓰러진 사람이 다시 일어날 수 있는 패자부활전이 가능해지도록 사회복지체계를 갖춰야 한다"고 말했다.

2005년 6월 4일, 《문화일보》

참여정부의 경제정책 기조를 전면 전환해야 한다는 그의 주장은 파장을 일으키지 못했다. 대통령과 총리는 물론 열린우리당 대다수 의원까지 '신자유주의 질서를 수용할 수밖에 없다'고 생각하는 상황이었다. 이미 경제 부처 공무원들이 청와대와 총리실을 장악했다는 분석이 줄을 이었다. 참여정부 초기 정책 기획에 관여하던 개혁적 경제학자들은 어느새 청와대에서 설 자리를 잃었다. 이정우 정책실장이 청와대를 떠나는 날, 그는 긴 한숨을 내쉬었다.

국무위원으로서 그는 홀로 경제정책 기조 전환을 주장하고, 경제관료 중심 정책 운용에 반대했다. 양극화 해소를 위한 과감한 정책이 필요하고, 북유럽 모델과 사회대타협에 대한 과감한 접근이 필요하다고 강조했다.

그러나 대부분의 국무위원과 청와대, 총리실은 요지부동이었다. 미국 중심 신자유주의에 의탁하는 것 말고는 현실적인 수단이 없다는 것이 그들의 생각이었다. 무역의존도가 70%에 이른다며 그의 주장을 비현실적이라 몰아붙인 이해찬 총리의 주장이 대표적이다.

하지만 그로부터 불과 3년 만에 세계 금융위기가 발생했고, 신자유주의의 성채가 허물어졌다. 민주개혁 세력은 그때 뱃머리를 돌리지 못한 값비싼 대가를 치렀다. '이명박근혜' 정부 9년을 보내야 했고, 정권을 되찾은 뒤에도 되돌리기 어려울 정도로 구조화된 신자유주의 때문에 고통받는 처지가 됐다.

따뜻한 시장경제론

2001년 8월, 민주당 소득격차완화 특별위원장을 맡은 김근태는 《매일경제》와 한 인터뷰에서 "불법적인 부의 편중과 상속을 차단하는 방안을 마련하겠다. 소득의 불평등과 사회적 차별은 사회갈등으로 이어지는 언제 터질지 모르는 시한폭탄이다. 탈세와 불법 증여를 막아 소득 격차를 완화해야 한다. 책임 있는 정부라면 소득 차이는 존중하고 장려해야 하지만 그 차별의 영구화를 방치해서는 안 된다"고 주장했다.

그즈음 김근태는 깊은 고뇌에 빠져 있었다. 정권 교체가 이루어지고 민주화만 되면 모든 일이 다 해결될 줄 알았는데, 너무 순진했던 셈이다. 김대중 정부가 끝나가는 그 시기, 그는 무엇을 할 것인가 고민하지 않을 수 없었다.

그는 김대중 정부에 대해 외환위기를 성공적으로 극복하고, 6·15 남북 공동선언을 이끌어내 한반도에 평화의 희망을 심은 것을 가장 큰 업적으로 손꼽았다. 그러나 외환위기를 극복하는 과정에서 중산층과 서민의 고통이 극대화되고, 글로벌 스탠더드라는 이름 아래 대책 없이 밀려드는 미국식 경제 질서를 제대로 관리하지 못한 점을 아쉬워했다. 외환위기 극복이라는 과제가 워낙 엄중했기에 다소 불가피한 점이 없던 것은 아니지만 경제 질서가 중산층과 서민에게 고통을 전가하는 방향으로 전개되는 것에 심각한 위기의식을 느낀 것이다.

김근태 보건복지부 장관은 28일 자본시장 개방이 위험성에 대한 경고 없이 미국에 의해 주도돼 왔다며 한국 경제가 그 후유증을 심각하게 앓고 있다고 말했다. 김 장관은 이날 서울 소공동 롯데호텔에서 열린 주한 유럽연합상의 주최 오찬간담회에서 이 같이 밝히고 "그 누구도 자본시장 개방의 좋은 점만을 부각시켰지 그 위험성을 경고하지 않았고 한국의 경우 아직도 IMF 외환위기의 충격을 다 극복하지 못했다"고 말했다. (중략) 김 장관은 "IMF 위기를 겪은 이후 한국은 중산층과 서민이 몰락했고 부의 양극화 현상은 더욱 심화돼 사회적 대결 구도가 격화되는 부작용을 초래했다"면서 "양극화를 극복할 수 있는 근본적인 해결책을 고민해야 할 시점"이라고 강조했다.

2004년 10월 28일, 《머니투데이》

이런 이유로 2002년, 김근태는 대선 출마를 결심한다. IMF의 일방적인 처방에 경제를 맡길 것이 아니라 중산층과 서민의 '따뜻한 삶'이 보장되는 새로운 경제체제를 만들어야 한다는 문제의식이 컸다. '따뜻한 시장경제'라는 말을 쓰기 시작한 것도 이 무렵이었다.

이즈음 김근태는 한반도재단 사무실에 각계의 전문가를 불러 매주 비공개 정책토론회를 열었다. '따뜻한 시장경제'라는 큰 방향에서 구체적으로 어떤 정책을 펴나갈지 모색하는 자리였다. 이때 진행한 대표적인 토론 가운데 하나가 우리 경제 체질을 어떤 방향으로 고쳐 나가야 하는가에 대한 것이었다.

당시 시민사회에서는 경제민주화와 기업의 투명성 강화를 강조하면서 '주주자본주의'를 강조하는 그룹과 추가적인 경제 성장과 사회 양극화를 해소하는 데 중점을 두고 '공공성 강화'를 강조하는 그룹 사이에 토론이 한창이었다.

한반도재단의 정책 토론은 매우 밀도 있게 진행됐다. 김근태는 전문가는 물론 주요 보좌진 한 사람 한 사람의 의견을 경청하며 스스로 생각을 정리해 나갔다. 본격적인 토론이 진행되기 전까지 김근태의 경제정책은 '경제민주화론'에 가까웠다. 특히 재벌의 횡포를 견제하고 기업 투명성을 높이는 것이 가장 중요한 과제라고 생각했다. 그러나 토론이 진행될수록 '경제민주화'와 '주주자본주의'만으로는 점점 심해지는 양극화를 해소하고 어렵고 가난한 사람들의 삶의 문제를 해결하기 어렵다는 쪽으로 결론이 모였다. 토론에 참석한 사람들이 대부분 추가 성장과 양극화 해소, 날로 팍팍해지는 서민의 삶을 개선하기 위해 정부의 역할을 강화하는 '공공성 강화'가 옳은 방향이라는 쪽으로 의견을 모았다. 이때부터 김근태는 '따뜻한 시장경제'라는 꿈을 실현하는 방법으로 정부의 역할을 강화하는 '공공성 강화'를 본격 검토했다.

2004년 5월, 참여정부 경제 수장이던 이헌재 경제부총리를 만나 나눈 대화에서도 이런 점이 잘 드러난다. '시장에 맡겨야 한다'는 이헌재 부총리와 '시장의 실패를 예방하고 해결하기 위해 정부가 적극 개입해야 한다'는 김근태의 생각은 불꽃을 튀기며 충돌했다. 김근태 스스로 공개적인 논쟁을 자제한 덕분에 더 깊은 토론으로 발전하지는 않았지만 두 사람의 간극은 한두 차례 토론으로 정리할 수 있을 만큼 가까운 것이 아니었다.

훗날 보건복지부 장관에 취임한 김근태는 경제 수장이던 이헌재 부총리와 수차례 충돌한다. 김근태가 보건복지부 장관으로 일하는 1년 반 동안 두 사람은 드러내 놓고 요란하게 벌어진 충돌 외에 드러나지 않은 토론과 충돌까지 셀 수 없을 만큼 많은 갈등을 겪었다. 그것은 참여정부 경제 관료와 김근태가 주장하는 '따뜻한 시장경제'의 충돌이었다. 논쟁의 바탕에는 언제나 '시장'과 '정부의 역할'을 둘러싼 뿌리 깊은 시각 차이가 있었다.

김근태가 '따뜻한 시장경제론'을 처음 공개적으로 제기한 것은 보건복지부 장관으로 일하던 2005년 6월 무렵이다. 6월 3일, 김근태는 열린우리당 의원 워크숍에서 "신자유주의 정책의 전면 재검토"를 주장했고, 동티모르의 사나나 구스마오 대통령을 접견하고 남긴 〈일요일에 쓰는 편지〉에서는 "따뜻한 시장경제, 인간의 모습을 한 시장경제를 이뤄내고 국민이 자부심을 가질 수 있는 사회를 만들어야 한다"고 강조했다.

　　요즘 제가 붙잡혀 있는 화두는 '새로운 민주주의'입니다. 이제 다시 시작해야 합니다. '따뜻한 시장경제' '인간의 모습을 한 시장경제'를 이뤄내고 국민이 자부심을 가질 수 있는 그런 사회를 만들어야 합니다.

2005년 6월 14일, 〈일요일에 쓰는 편지〉 중에서

　　'패자부활전이 보장되지 않는 사회'는 필연적으로 수많은 패자를 만들 수밖에 없습니다. 그리고 그 많은 '패자들'에 대한 부담은 우리 사회가 감당할 수밖에 없습니다. 결국, 패자부활전이 없는 무한 경쟁 사회는 반짝 효과는 있을지 모르지만 결국 우리 뒷덜미를 붙잡고, 우리의 발길을 천근만근 무겁게 만드는 역할을 하고 마는 것입니다. (중략) 아울러 우리 사회 전반에 걸쳐 이른바 '신자유주의'라고 하는 '시장만능주의' 또는 '시장경배사상'에 대해 분명한 재검토와 보완을 해야 할 시점이 아닌가 하는 생각이 듭니다. '신자유주의'는 이미 우리 사회가 건강한 발전의 길로 나아가는 데 엄청난 장애를 조성하고 있습니다. 우리 사회의 활력을 떨어트리는 역할을 하고 있습니다.

2005년 9월 27일, 〈일요일에 쓰는 편지〉 중에서

사랑합니다

보건복지부 장관이 된 김근태는 해외 입양 문제만은 꼭 해결하고
싶어 했다. 우리 아이들을 외국으로 보내는 일은 이제 중단해야 한다
고 생각했다. 보좌관들에게 당장 "해외 입양 중단을 선언하는 방안을
검토하라"고 지시했다.

담당 공무원을 불러 장관의 뜻을 전했다. 그 공무원은 "신임 장관
이 올 때마다 그런 말씀을 하시는데, 현실은 많이 다르다"고 답답하다
는 듯이 말했다. 해마다 6000명이 넘는 아이들이 국내 입양을 받지 못
하고 버려지거나 시설에 맡겨지는 현실이라고 했다. 당장 해외 입양을
중단하면 2000명에 이르는 아이들에게 가정에서 자랄 기회를 빼앗는
일이므로 신중한 검토가 필요하다고 했다.

예전에는 '고아원'이라는 이름으로 불리던 시설을 운영했지만, 아

이들을 시설에 수용하는 것은 최악의 선택이었다. 국제기구에서도 어린이를 시설에 수용하는 것을 최소화하고, 입양을 먼저 추진해야 한다고 권고하고 있었다. 우리 정부도 어린이 수용 시설을 줄이거나 없애는 정책 원칙을 세우고 있었다.

현실은 달랐다. '핏줄'에 대한 강한 집착 때문에 입양을 꺼리고 있었다. 해외 입양을 중단하면 아이들을 고아원으로 보내는 수밖에 없었다. 이율배반이었다. 결국, 먼저 국내 입양 활성화 방안을 대대적으로 추진하고, 5년 뒤에 해외 입양을 전면 중단하는 정책을 발표했다.

2005년, 서울에서 처음으로 해외입양인대회가 열렸다. 세계 여러 나라로 입양간 입양인들이 부모의 나라를 찾아 모였다. 김근태는 정부를 대표해 입양인들 앞에 섰다.

"사랑한다고 말하고 싶었습니다. 하지만 망설였습니다. 과연 그렇게 말할 자격이 있는지 고민하지 않을 수 없었습니다. 여러분이 감당했던 고뇌와 상처를 짐작하기에 쉽게 사랑한다고 말할 수 없었습니다. 그래도 말해야겠습니다. 여러분 사랑합니다."

여기까지 말한 그는 목이 메어 더는 연설할 수 없었다. 준비한 서너 장 연설문을 접고 연단을 내려왔다. 부모 나라 장관의 연설을 듣고 행사장은 이미 눈물바다로 변했다. 행사장 화면에 나오는 통역 자막을 읽으며 "괜찮아요" 하고 외치는 입양인들이 많았다. 그는 미안한 마음이 컸다. 당장 입양 중단을 선언하지 못하는 처지를 생각하면 입이 열 개라도 할 말이 없었다.

장관 시절, 그는 해외에 갈 때마다 입양인들을 만났다. "먹고살기
힘들 때 우리를 해외로 보낸 건 이해하지만, 선진국 대열에 들어선 지
금까지 아이들을 해외로 보내는 건 부끄러운 일이다." 입양인들이 한
결같이 하는 말이었다. 그런 말을 들을 때마다 부끄러워 얼굴을 들 수
없다고 했다.

그들이 한글을 배울 수 있도록 지원하고, 취업 기회를 알선하기 위
해 노력하기도 했다. 해외 출장을 다녀온 뒤에는 일요일마다 쓰는 〈일
요일에 쓰는 편지〉에 이런 글을 남기기도 했다.

> 마음 같아서는 즉시 정책적으로 해외 입양을 금지하고 싶습니다.
> 그러나 아이들에게 가정을 찾아주지 못하고 결국 고아원에서 자라게
> 하면서 비록 해외지만 가정을 가질 수 있는 기회를 막는 결정을 하는
> 것은 위선이 아닌가 하는 문제제기와 비판이 있습니다. 뚜렷한 해법도
> 없고 해오던 일이니까 당분간 그대로 가자는 것도 말이 안 됩니다. 견
> 디기 어려운 일입니다. 지혜를 짜내고 결단을 해야겠습니다. 여러분의
> 생각은 어떻습니까? 　　　　2005년 5월 23일,〈일요일에 쓰는 편지〉

장관직을 마친 뒤, 그는 눈 딱 감고 해외 입양 중단을 선언했어야
하는 것 아닌가 후회가 든다고 했다. 먼저 해외 입양 중단을 발표하고,
후속 대책을 세우는 게 옳았던 것 같다는 후회였다. 2005년, "5년 안
에 해외 입양을 중단한다"고 발표한 김근태의 약속은 아직도 지켜지

지 않고 있다. 국내 입양은 여전히 제자리걸음이고, 해외 입양은 지금
도 계속되고 있다.

타협의 경험은 누적된다

김근태는 보건복지부 장관으로 일하는 동안, 보건복지 행정 시스템을 개혁하는 데 주력했다. '따뜻한 세상'을 만들기 위해서는 사회정책을 주관하는 보건복지부부터 국민과 소통하고, 국민을 위해 일하는 부서로 거듭나야 한다는 것이 지론이었다. 이를 위해 보건복지부가 정책에 관한 의사결정을 할 때, 민간 참여를 실질적으로 보장해야 한다고 강조했다. 방법은 '위원회 쇄신'이었다.

정부가 일방적으로 구성하고 형식적으로 민간을 참여시키는 방식으로 운영하던 각종 위원회에 "해당 분야에서 가장 반대 의견이 많은 민간 전문가를 절반 이상 참여시키라"는 엄명을 내렸다. 이전까지 정부나 정부와 가까운 산하단체 대표 중심으로 운영되던 각종 위원회의 위원 구성을 참여연대, 경실련 등 강력한 정부 견제 역할을 하는 시민단체 대표들로 바꿔 나갔다. 각종 위원회 구성 방안이 보고되면 방침대로 진행했는지 장관이 직접 하나하나 챙겼다.

얼마 전에 결재를 하면서 화를 낸 적이 있습니다. 사실, 어지간한 일에는 화를 잘 내지 않는 편입니다. 좀 모자라는 점이 있어도 믿고 맡기거나 격려하는 편이 훨씬 좋은 결과를 가져온다고 생각하기 때문입니다. 그런데 그날은 좀 화가 났습니다. (중략)

복지부 일을 한 지난 1년 반 동안 '실질적인 토론을 벌일 수 있는 위원회를 구성해야 한다'고 수도 없이 강조했는데 또 옛날 방식대로 위원회를 구성해서 결재해달라고 했기 때문입니다.

그렇게 위원회를 구성해 심의한 정책은 반드시 뒤탈이 납니다. 당장은 효율적인 의사결정이 이뤄진 것처럼 보이지만 나중에 꼭 사고가 터집니다. 정책 결정 과정에서 소외된 분들이 문제제기를 하고, 사회적인 논쟁으로 번지는 경우도 많습니다. 결국, 쉽게 일하려다가 시간도 더 걸리고 값비싼 대가를 치르는 경우도 많습니다.

반면에 찬반이 팽팽한 위원회를 구성하면 당장은 삐걱거리고 힘겨워 보일지 모르지만 일단 정책이 결정되고 나면 훨씬 쉽게 일을 추진할 수 있습니다. 팽팽한 토론 과정에서 모난 부분은 깎이고 부족한 부분은 채워지게 마련입니다. 정책에 대한 집행력도 비교할 수 없을 만큼 강력해집니다. 보건복지부의 특성상 위원회 구성만 잘해도 일을 반으로 줄일 수 있습니다.

2005년 12월 13일, 〈일요일에 쓰는 편지〉 중에서

김근태가 장관으로 재임하는 동안 두 위원회는 한 번도 파행을
겪지 않고 끝장토론 끝에 '타협안'에 합의하는 전통을 만들었다.
김근태는 사회대타협을 염두에 두고 이 합의를 '소타협'이라 불렀다.

사회적 논란이 큰 사안에 대해 정부가 일방적으로 결정하던 관행도 없앴다. 대표적인 것이 '건강정책심의위원회'와 '중앙생활보장심의위원회'였다. 건강정책심의위원회는 보건의료정책의 핵심을 결정하는 중요한 회의였다. 보건복지부와 건강보험공단, 의료계, 약계, 병원 등이 위원회를 구성해 중요한 의료정책을 심의, 의결했다. 가장 핵심적인 쟁점은 '건강보험 수가 책정' 문제였다. 이 위원회의 결정에 따라 각종 병의원의 수입이 결정되는 만큼 의료계가 초미의 관심을 갖고 지켜보는 것은 당연한 일이었다. 그러나 이 위원회는 전통적으로 '합의'를 이룬 적이 없었다. 정부는 일방적으로 정부안을 주장하고, 의료계는 의료계의 입장을 주장하다 결국 합의가 결렬되면 정부가 결정하는 것이 관례였다. 2004년, 보건복지부 장관에 취임한 그가 첫 회의에 참석했다. 그는 회의 시작과 함께 "정부가 일방적으로 결정하는 일은 없다. 반드시 합의를 이룰 때까지 토론하고 또 토론하라"고 주문했다.

  중앙생활보장심의위원회 역시 중요한 회의였다. 이 회의에서 해마다 '최저생계비'를 산출하고 결정하는데, 이때 책정된 최저생계비가 기초생활비 지급과 최저임금의 기준이 되기 때문이다. 중앙생활보장심의위원회의 운영 역시 건강정책심의위원회와 다를 바 없었다. 해마다 시민단체가 정부를 비난하는 성명을 내고 퇴장하면, 정부가 정부안을 통과시키는 것이 관례였다.

  김근태는 두 위원회에 끝장 토론을 요구했다. 어렵더라도 타협을 이루어야 우리 사회의 통합력이 높아지고, 보건복지정책에 대한 국민의 신뢰도 높아질 것이라고 믿었기 때문이다.

결국, 김근태가 장관으로 재임하는 동안 두 위원회는 한 번도 파행을 겪지 않고 끝장토론 끝에 '타협안'에 합의하는 전통을 만들었다. 김근태는 사회대타협을 염두에 두고 이 합의를 '소타협'이라 불렀다.

'사회적 합의'를 이끌어내는 일은 어렵기는 하지만 불가능한 일은 아닙니다. 인내를 갖고 추진하면 해낼 수 있는 일입니다. 번거롭고 둔해 보이지만 가장 빠르고 효과적인 방식입니다. 이런 합의의 기풍이 우리 사회 전반에 널리 퍼져나갔으면 좋겠습니다. 우리 사회의 발전을 위해 '이 길밖에 없다'는 사실에 동의하는 분들이 더 많아졌으면 좋겠습니다. '합의'는 '통합'과 '발전'으로 향하는 가장 확실한 지름길이기 때문입니다.   2005년 12월 13일, 〈일요일에 쓰는 편지〉 중에서

보건복지부 공무원들의 청렴도 향상도 큰 과제였다. 김근태는 일차로 공무원들이 관행처럼 운영해온 크고 작은 '부조리' 사례가 있으면 스스로 국민에게 고백하는 고해성사를 하자고 제안했다. 고백하는 사례에 대해서는 지난 잘못을 면책하되, 고백하지 않은 부조리가 적발되면 가중처벌하겠다는 방침을 천명했다.

그는 이런 방식의 과거 청산 방식을 원내대표로 일할 때 구상하기도 했다. 일정 시점을 정해 당사자가 과거 잘못을 먼저 고백하고, 고백한 사례에 대해서는 면책하는 방식이다. 고백하지 않은 사안에 대해서는 엄격한 처벌이 뒤따른다. 남아프리카공화국 넬슨 만델라가 주장해

화제가 된 '만델라 모델'이다. 그 스스로 '양심 고백'을 하면서 겪은 쓰라림과 배신감을 염두에 둔 김근태식 과거 청산 방법이었다.

이제, 공직사회는 국민의 신뢰를 회복하기 위한 특단의 대책을 세워야 합니다. 그래야 정책에 대한 최소한의 추진력을 확보할 수 있습니다. 물고기는 물을 떠나서 살 수 없습니다. 국민의 신뢰를 얻지 못한 공직사회는 생존 자체가 불가능합니다. 살아 있더라도 살아 있는 것이 아닙니다. 　　　2005년 6월 20일, 〈일요일에 쓰는 편지〉 중에서

이어 시민단체와 연계해 '투명사회협약' 체결을 서둘렀다. 그동안 리베이트와 각종 부조리의 온상으로 지목되던 보건의료계를 설득해 '투명성 기준'을 다시 세우고, 스스로 투명성을 높이는 원칙을 실천할 것을 협약하도록 요구했다. 재임 기간이 1년 6개월에 불과해 후속 조치까지 이어지지는 않았지만, 김근태는 공무원들의 고해성사와 마찬가지로 보건의료계가 스스로 리베이트 관행 등을 신고하고 근절하지 않으면 강도 높은 조치를 할 것이라는 점을 분명히 밝히기도 했다.

또 하나 김근태가 장관으로 일하며 역점을 둔 일은 보건복지 분야의 과거 청산과 화해였다. 김근태는 재임 기간 동안 이전 장관들이 한 번도 방문하지 않았던 기관, 단체를 수시로 방문했다. 대부분 정부의 보건복지 정책 잘못 때문에 피해를 입은 분들을 만나는 일이었다.

먼저, 한센병 환자들과 화해를 시도했다. 2005년 1월 28일, 김근태는 우리나라 보건복지부 장관 가운데 처음으로 소록도를 방문해 한센

병 환자들을 만났다. 그리고 정부의 잘못된 격리 정책 때문에 한센병 환자들의 인생에 씻을 수 없는 상처를 입힌 점을 머리 숙여 사죄했다.

당시만 해도 한센병 환자가 정부를 상대로 손해배상을 청구한 상황이었다. 정책 담당자들은 재판에 영향을 미칠 수 있다며 우려하는 의견을 냈다. 그렇지만 김근태는 법률적 배상보다 더 중요한 것은 정부 책임자가 피해자에게 머리를 숙이고, 사과하며 손을 맞잡는 것이라는 생각을 꺾지 않았다.

다음으로는 '원폭 피해자'에 대한 화해였다. 김근태는 정부 사상 최초로 일제 강점기 원폭 피해자 78명이 모여 사는 합천 원폭 피해자 복지회관을 방문했다. 그동안 원폭 피해자들은 일본 정부가 제대로 된 배상을 하지 않고, 정부 역시 가해 당사자인 일본 정부의 책임만 거론하는 바람에 제대로 된 지원을 받지 못하고 있었다. 김근태는 원폭 피해자들을 만나 2세 지원 등을 약속했다.

담뱃값이라는 뜨거운 감자

담뱃값 인상도 난제였다. 국제보건기구가 공식적으로 '가격 인상'
을 주문하고 있었고, 금연 정책 가운데 담뱃값 인상이 가장 효과적이
라는 연구 결과는 세계 대부분의 나라가 인정하고 있었다. 그러나 담
뱃값 인상은 '금연 효과'만 가지고 결정할 사안이 아니었다. 역대 정
권들이 담뱃값 인상을 추진했지만, 국민적 저항을 우려해 대부분 중
간에서 포기했다. 담뱃값 인상은 그만큼 정치적 파급효과가 큰 사안
이었다.

정부와 열린우리당도 마찬가지였다. 금연 확산을 위해 담뱃값을 올
려야 한다는 사실은 모두 인정했지만 '선거를 포기할 생각이 아니면
담뱃값 인상은 꿈도 꾸지 마라'는 지지자들의 압박이 컸다. 정당들은
자기가 집권했을 때는 인상을 주저하고, 상대방이 집권할 때는 '왜 인

상하느냐'고 몰아붙였다. 2004년 인상 추진 때는 한나라당이 반대했고, 2014년 인상 추진 때는 민주당이 반대했다. 2014년 담뱃값 인상을 추진한 한나라당 박근혜 대표는 2004년, "국민이 절망하고 있다"고 맹공을 퍼부은 당사자였다.

참여정부와 열린우리당은 격론 끝에 고양이 목에 방울을 걸기로 했다. 총대는 담당 부처 장관인 그가 메야 했다. 지지자 그룹 안에서 격렬한 반대가 시작됐다. "장관 퇴임 후 대통령 선거에 나갈 생각은 꿈에도 하지 마라!"는 항의가 쏟아졌다. 장관 임기가 길지 않으니 퇴임할 때까지 결정을 미뤄야 한다는 조언이 이어졌다.

그는 주저 없이 총대를 멨다. 담뱃값을 1000원 올리되, 두 번에 나눠서 시행하기로 했다. 우선 500원을 올리고, 담뱃값 인상 효과를 지켜본 다음에 추가로 500원을 올리기로 했다. 경제 부처가 반대했지만, 그는 뚝심 있게 밀어붙였다. 한국은행도 담배 생산이 경제 생산에 기여한다며 물가 상승 우려를 제기했다. 그는 물가 관리 지표인 생활물가지표에서 담배를 제외하자고 거꾸로 제안했다.

그가 보건복지부 장관으로 일하는 동안 모두 1000원을 인상하겠다던 계획은 불발에 그쳤다. 담뱃값 인상에 대한 역풍이 극심했다. 열린우리당이 선거에서 연전연패한 원인이 담뱃값 인상 때문이라 분석하는 정치 평론가들도 많았다. 이후로도 지속적인 가격 인상 정책을 추진하겠다던 보건 당국의 공언은 지켜지지 않았다. 그가 담뱃값 인상의 총대를 멘 뒤로 누구도 쉽게 담뱃값 인상에 나서지 않았다. 담뱃값은 그로부터 11년이 지난 2015년에야 다시 올랐다. 그가 장관을 마치고 당에 복귀한 이후에도 길거리에서 그를 발견하고 "담뱃값" 하며 손가락질하는 사람이 많았다. 정치인 김근태에게 담뱃값 인상은 치명상이었다.

국민연금 총대 메기

　김근태가 보건복지부 장관으로 부임할 때 가장 큰 숙제는 '국민연금 개혁'이었다. 국민연금 기금 안정성에 대한 국민 불신은 상상을 초월했다. 민간 보험회사를 중심으로 국민연금이 곧 고갈돼 연금을 돌려받지 못하게 된다며 불신을 조장하는 세력이 있었다. 민간 보험회사들은 국민연금에 의존해서는 안 된다며 '국민연금의 비밀' 같은 가짜 뉴스를 광범위하게 유포하고 있었다.

　입각을 준비하며 가장 정성 들여 학습한 대목도 국민연금에 대한 것이었다. 그는 몇 차례에 걸쳐 국민연금 전문가들을 불러 설명을 요청하고, 내부 토론을 벌였다. 토론 결과, 우리나라 국민연금 제도는 의외로 매우 진보적인 제도라는 데 의견이 모였다.

　국민 각자는 낸 돈보다 많은 연금을 받을 수 있었고, 소득이 낮은 사람에게 더 유리한 제도라는 점도 확인했다. 이익 내는 것을 목표로 삼고 경쟁적으로 영업비를 지출하는 민간 보험과 달리, 공적 체계로 운영하는 국민연금이 높은 수익성을 내고 있는 점도 당연했다. 민간 보험을 드는 것보다 국민연금을 납부하는 것이 국민에게 훨씬 유리했다. 우려와 달리 기금 운영도 매우 견실하게 이뤄지고 있었다.

낸 돈보다 많은 연금을 지급하는 제도로 설계했기 때문에 언젠가 기금이 소진되는 것은 당연한 일이었다. 그러나 소진 시점이 되면 적립한 기금 대신 국가 재정으로 연금을 지급한다는 점에서 민간 보험에 비해 안정성도 훨씬 높았다. 기금 고갈은 우리나라뿐 아니라 세계 모든 나라 연금이 겪는 일이며, 국가가 지급을 책임지기 때문에 과도한 불안을 조성해서는 안 되는 일이었다. 중요한 것은 국민연금 기금 운영에 대한 국민 신뢰를 회복하는 것이었다. 적어도 내가 낸 연금을 정부가 마음대로 쓸 수도 있다는 불신은 막아야 했다. 기금 운영의 독립성 확보가 필수적이었다. 재정과 기금을 섞어서는 안 된다는 것도 중요한 지점이었다.

우려할 사항은 기금 규모가 급격히 커져 기금 운영이 국민 경제에 미치는 영향이 매우 크고, 이런 이유 때문에 경제 부처들이 기금 운영에 관여하려는 시도도 매우 커지고 있다는 것이었다.

기금 소진 시점을 늦추는 것도 핵심 과제였다. 문제는 인구 구조였다. 심각한 저출산·고령화 현상 때문에 우리 연금 기금은 누적액이 점진적으로 상승하다가 일정한 시점이 되면 급격하게 지출이 늘어나는 구조였다. 인구 점유율이 높은 베이비붐 세대가 마침 본격적으로 기금을 수령하기 시작하는 세대와 겹친다는 점도 기금 안정성을 불안하게 하는 요소였다. 문제는 기금 감소 속도가 너무 빨라 국민 경제에 미치는 충격파가 너무 클 것이라는 점이었다.

'더 내고 덜 받는' 방식으로 국민연금 제도를 개혁하는 것은 국민 경제에 줄 충격을 줄이기 위해 늦출 수 없는 일이었다. 급격한 기금 소진 커브를 완만하게 바꾸고, 기금 소진 시점을 최대한 늦춰야 했다. 국민연금은 민간보험과 달리 '파산'이라는 개념이 없다. 기금이 소진되면 재정으로 충당한다. 결국 지금 세대의 노후 안정을 다음 세대가 부담할 수밖에 없는 구조다. 후세대의 부담을 줄이기 위해서라도 더 내고 덜 받는 제도 개혁은 필수적이었다.

국민연금 개혁은 담뱃값 인상과 마찬가지로 '고양이 목에 방울 달기'였다. 모두 해야 한다고 주장하지만 총대는 네가 메라는 식이었다. 그 부담이 이제 그에게 돌아왔다. 입각이 임박해지자 수많은 지지자가 '연금개혁'에 발을 담그지 말라고 호소했다. 정부가 추계를 잘못해 국민을 협박하고 있는 것이며, 연금개혁의 필요성 자체가 없다고 주장하는 지지자도 있었다. 국민연금에 대한 광범위한 불신을 감안할 때 '더 내고 덜 받자'는 호소가 먹힐 수 없다는 것이 지지자들의 판단이었다.

그는 담뱃값 인상처럼 연금제도개혁에서도 총대를 메기로 작정했다. 정부 여당에 부담이 되는 것도 사실이고, 지지자들이 걱정하는 것처럼 '정치인 김근태'의 정치 생명을 위협하는 일인 것도 맞지만 그보다 더 중요한 것은 '공인의 도리'였다. 이익이 되는지 손해가 나는지만 따져서 할지 말지를 정하는 것은 장사지, 정치가 아니었다. 그는 평소

'정치는 바른 일을 하는 것'이라는 말을 즐겨 하기도 했다.

역시 쉽지 않았다. 정부가 '연금개혁안'을 국회에 보낸 지 3년이 넘었지만 국회에서는 아직 심의조차 시작하지 않고 있었다. 2005년 6월, 그는 여야 원대대표를 차례로 찾아가 '범국민토론기구'를 만들자고 요청했다. 과거 정치개혁 입법 때 그랬던 것처럼 이번에도 국민협의기구를 만들어 상황을 돌파할 생각이었다.

그마저도 쉽지 않았다. 국회 논의는 지지부진했고, 그가 각 당의 지도부를 일대일로 만나 설득한 것도 당장 효과를 발휘하지 못했다. '국민토론기구'를 만들고, 국회 '연금개혁특별위원회'가 생긴 건 그로부터 여섯 달 뒤였다. 그리고 그때는 그가 1년 반에 불과했던 보건복지부 장관 임기를 끝내는 시점이었다. 결국, 연금개혁의 방아쇠를 당기는 것은 그의 몫이 아니었다. 후임 장관에게 과제를 맡기고 보건복지부를 떠날 수밖에 없었다.

경제 관료의 대반격

2004년 11월 19일, 김근태는 보건복지부 홈페이지에 '국민에게 드리는 글'을 게시했다. 경제 부처가 더는 경기 부양을 위해 국민연금을 동원하겠다는 식의 발언을 해서는 안 된다는 내용이 주요 골자였다.

국민 여러분께 드리는 글

국민연금 운용을 둘러싸고 이런저런 말들이 있어 그 책임을 맡고 있는 보건복지부 장관으로서 국민 여러분께 몇 말씀 드립니다.

연기금 활용 문제를 둘러싸고 말이 많습니다. 말은 연기금으로 되고 있지만 국민 여러분께서 다 아시다시피 연기금의 거의 대부분은 국민연금이 차지하고 있습니다. 어려운 경제 상황을 개선해야 한다는 대

명제에 동의하면서도 국민연금이 어떻게 쌓인 돈인지를 아는지라 주무 부처의 장으로서 고민이 많습니다.

특히 지난 시절 우리 정부가 국민들의 마음을 제대로 헤아리지 못하고 운영을 잘못한 관계로 국민연금에 대한 불신이 아직 채 가시지도 않은 상태에서 연금 운용에 대해 이런저런 얘기가 흘러나와 국민 여러분들의 마음을 더욱 불편하게 해드린 것 같아 정말 송구스럽기 그지없습니다. "칼에 맞은 상처보다 말에 맞은 상처가 더 크다"는 격언이 있습니다. 이런저런 검토 차원에서 연금 운용에 대해 언급한 것은 있지만 최종적인 것은 아직 없다는 점을 국민 여러분께 분명히 보고 드립니다. 어려운 경제상황에 염려가 크실 텐데 이 문제 때문에 또 다른 마음의 상처를 입지 않았으면 하는 간곡한 마음이 있습니다.

분명히 말씀드립니다. 경기는 반드시 개선되어야 합니다. 그래서 한국판 뉴딜 정책, 경기종합투자계획 같은 방책이 필요하다고 생각합니다. 국민의 실생활을 책임지고 있는 정부로서는 당연히 경기상황을 개선하기 위해 최선의 노력을 다해야 합니다. 이미 100조가 넘어섰고 머지않은 미래에 수백조로 불어날 돈을 어떻게 운용할 것인가에 대해 경제 부처가 고민하는 것은 당연합니다.

경기를 개선해야 한다는 절박한 심정에서 각종 아이디어를 생산하는 경제 부처의 고민은 이해할 만합니다. 하지만 국민연금은 좀 특수합니다. 국민연금은 5천만 국민의 땀의 결정체입니다. 국민 여러분께서 땀 흘려서 알토란처럼 적금을 넣은 국민연금을 어떻게 사용할 것인가에 대해서는 좀 더 면밀한 검토와 토론이 필요하다고 생각합니다.

더구나 어려운 경제 상황에서도 후일을 대비하여 곳간에 곡식을 차곡차곡 쌓아 올린 국민 여러분의 심정을 이해한다면 그 용처에 대해서 아무리 신중해도 지나치지 않다고 생각합니다.

그동안 국민연금의 운용에 대해 언급하는 것이 부처간 다툼으로 비추어질 여지가 있어 참고 참았지만 경제 부처가 너무 앞서가는 것 같아 한마디 하지 않을 수 없습니다. 적대적 M&A, 막아야 합니다. 새로운 투자처, 개발해야 합니다. 국민경제에 도움을 주어야 합니다. 당연합니다. 국민연금을 매월 꼬박꼬박 납부해왔던 우리 국민들에게 그만한 애국심은 당연히 있습니다.

하지만 경제 부처는 국민연금의 운용에 대해 조용히 조언하는 것에서 그쳐야 합니다. 경제 부처가 그 용처에 대해 앞서서 주장하면 "내가 낸 돈을 정부 마음대로 하는 것 아냐, 그래서 결국 원금도 못 받는 것 아냐"하는 의구심과 불신이 증폭됩니다. 신뢰가 훼손됩니다. 결국 이러한 의구심과 불신은 국민연금 제도 자체에 대한 부정으로 비화될 수 있습니다. 이제라도 경제 부처는 보건복지부가 제대로 일할 수 있도록 뒤에서 조언하는 그림자 역할로 돌아가야 할 것입니다.

국민의 위임을 받아 국민연금을 책임지고 있는 우리 보건복지부는 연금 운용의 기본 원칙, 즉 안정성, 수익성, 공공성의 3대 원칙을 확고히 견지하겠습니다. 이 3대 기본 원칙의 순서를 정한다면 당연히 안정성이 최우선입니다. 안정성의 토대 위에 공공성과 수익성을 논할 수 있다고 생각합니다.

우리 복지부 역시 국채에 집중되어 있는 연금의 투자처를 다변화하기 위해 무척 노력하고 있습니다. 하지만 대형 SOC 투자 등 사회적 논란이 많은 투자일수록 3대 기본 원칙을 충실히 견지하겠습니다. 또한 기금운용위원회가 국민 여러분의 염려와 고민을 충분히 고려하여 결정할 수 있도록 독립적인 권한과 책임을 확실하게 행사할 수 있도록 뒷받침하겠습니다.

개별사업에 대해서도 기금운용위원회가 사업성과 수익성에 대해 큰 틀을 정하고 그 원칙에 따라 국민연금관리공단과 기금운용본부가 연금기금을 수익성 있게 운영할 수 있도록 하겠습니다. 어떤 경우에도 국민 여러분의 심정적 동의를 거친 다음에 집행하겠다는 약속을 드립니다. 혹시라도 국민 여러분께서 애써서 모아 주신 국민연금이 어떻게 잘못되는 것은 아닌가 하는 우려는 정말로 기우에 지나지 않았다고 말씀하시도록 해낼 생각입니다. 정말로 하겠습니다. 과격한 말이어서 주저됩니다만 하늘이 두 쪽이 나도 해내겠습니다. "콩 볶아 먹다가 가마솥 깨뜨린다"는 말이 있습니다. 애초의 취지에 맞지 않게 잘못 사용하면 제도의 근간이 흔들릴 수 있다는 뜻이겠지요. 국민연금이라는 가마솥이 국민 여러분의 노후를, 21세기 대한민국의 미래를 안정되게 만드는 기둥이 될 수 있도록 장관으로서 최선을 다하겠습니다. 다시 한번 다짐을 드립니다. 감사합니다.

2004년 11월 19일, 보건복지부 홈페이지

그즈음 김근태는 정부 안에서 논의되고 있는 '국민연금을 동원한 경기부양' 이른바 '한국형 BTL 뉴딜사업'에 대해 경제 부처 장차관에게 직간접적으로 '언급 자제'를 요청하고 있었다. 국민의 종잣돈인 국민연금을 정부가 쌈짓돈처럼 꺼내 쓰겠다고 하면 국민연금에 대한 신뢰를 회복하기 어렵다는 취지였다. 그러나 범정부 차원에서 추진하는 '한국판 뉴딜' 기획과 추진 과정에서 보건복지부는 발언권이 없었다. 심지어 이 사업에 국민연금을 동원하겠다는 방침조차 정책 발표 전날 밤 10시에 담당자에게 전달됐을 정도였다.

보건복지부 장관은 국민들에게 '더 내고 덜 받는' 방향으로 국민연금 제도를 개혁해야 한다고 호소하고, 국민의 연금 불신을 해소하기 위해 동분서주하고 있는데, 재정경제부 장관과 차관이 연일 언론 인터뷰를 통해 "국민연금을 동원해 대대적인 SOC 확충 사업을 하겠다"고 말하고 있었다. 김근태 장관 역시 범정부적으로 추진하고 있는 '한국판 BTL 뉴딜'을 '무조건 반대'하는 것은 아니었다. 경기 부양을 위해 필요하다면 불가피하게 그런 선택을 할 수도 있다고 여기고 있었다. 다만, 국민연금은 경제 부처가 말하는 것처럼 정부가 집행처를 마음대로 정해서 쓸 수 있는 자금이 아니었다. 국민 대표가 참여하는 '기금운용위원회'의 결정을 거쳐 용처를 정하는 것이 원칙이었다. 그래야 그렇지 않아도 심각한 국민연금에 대한 국민의 불신을 다소라도 해소할 수 있었다.

그런데도 사업 내용이 채 정해지지도 않은 상태에서 재정경제부의 장관과 차관이 연일 언론 인터뷰를 했다. '국민연금 동원'을 기정 사실화하는 발언이 계속 이어졌다. 김근태 장관이 국민연금에 대한 국민 불신 심화를 우려해 이런 보도가 나가지 않도록 자제해달라고 요청하는 상황이 반복됐다. 몇 차례에 걸친 당부에도 전날 재정경제부 차관이 또다시 언론 인터뷰를 통해 "연기금을 통한 SOC 투자 규모는 7조 ~8조 원을 기대한다"고 발언했다.

결국 김근태 장관은 국민에게 '국민연금 동원은 아직 결정된 것이 아니며, 국민의 동의를 구해 추진할 것'이라는 메시지를 직접 전하기 위해 홈페이지에 글을 올린 것이다. 세상이 떠들썩해졌다. 경제 부처는 "아직 연금 동원이 결정된 것은 아니다"라면서도 불쾌한 기색을 드러냈다. 문제가 더욱 심각해진 것은 해외 순방 중이던 노무현 대통령이 '격노했다'는 보도가 나오면서부터였다.

재정경제부와 보건복지부 장관 사이에 일 추진 방법을 놓고 벌어진 논란에 대통령이 직접 개입하면서 문제는 걷잡을 수 없는 방향으로 치달았다. 사실, 국민연금을 둘러싼 보건복지부와 재정경제부의 대립은 하루 이틀 된 일이 아니다. 경제 부처는 엄청난 규모로 불어나는 연금을 효과적으로 활용하기 위해 국민연금 운용에 직접 개입할 방법을 끊임없이 찾고 있었다. 말 그대로 호시탐탐이었다. 보건복지부는 '기금운용위원회' 같은 국민 대표기구를 통해 연금 운용을 결정하지 않으면 국민연금 안정성에 대해 국민의 신뢰를 회복하기 어렵다는 주장을 되풀이했다. 실제로 이 일이 벌어지기 몇 년 전에 재정경제부가 '수익 보장'을 약속하고 국민연금에서 활용한 자금에 대한 이자조차 아직 돌려주지 않고 있었다.

이 논쟁의 배경에는 국민연금 운용을 둘러싼 재정경제부와 보건복지부의 뿌리 깊은 시각 차이가 있었다. 보건복지부는 기금 운용의 안정성을 확보하고, 이를 통해 국민의 신뢰를 회복하는 것이 정책 우선순위였다. 경제 부처는 긴급한 경기 회복을 위해 복잡한 국회 동의가 없어도 당장 동원 가능한 국민연금이 필요했다. 중장기적으로 기금 운용에 경제 부처가 영향력을 행사할 수 있는 길을 여는 것도 숨겨둔 노림수였다.

경제 부처와 사회 부처 사이의 정책 논쟁으로 끝날 줄 알았던 이 논쟁은 곧 '정치 논쟁'으로 비화했다. 김근태 장관이 노무현 대통령의 외유를 틈타 반기를 들었다는 언론 보도가 잇따랐다. 터무니없는 얘기였다. 성명 어디에도 대통령에 대한 언급은 없었다. 경제 부처에 대한 얘기뿐이었다.

이렇게 큰소리 날 일도 아니었다. 연금에 대한 국민의 오해와 불신을 생각하면, 보건복지부 장관이 해야 할 당연한 일이었다. 청와대를 장악한 경제 관료들이 활발히 움직인 것으로 보였다. 경제 관료들의 대반격이었다. 결국, 김근태 장관은 노무현 대통령을 만나 "결과적으로 심려를 끼쳐 죄송하다"고 사과했다. 논란이 더 확산되는 것을 피하겠다는 그의 판단이었다. 그러나 경제 부처와 사회 부처 사이의 '정책 논쟁'이 '정치 논쟁'으로 비화한 과정은 두고두고 입맛이 썼다.

사직서

국민연금 파동을 겪은 김근태는 오래 침묵했다. 경제 부처의 일방적인 언론 플레이를 바로잡기 위해 발표한 '성명'이 난데없는 '정치 논쟁'으로 비화한 데는 당시 청와대에서 근무하던 경제 부처 파견 공무원들의 '장난'이 작용했다 생각하고 있었다. 정치 논쟁으로 비화할 사안이 아니었고, 대통령이 격노할 사안은 더욱 아니었다.

사태 마지막에 그가 대통령을 만나러 길을 나섰다. 나는 '사직서'를 출력해 그에게 내밀었다. 사표를 던지고 오라는 뜻이었다. 그는 나를 보고 빙긋 웃었다. 그리고 이렇게 말했다. "최 비서관 뜻은 잘 알겠지만, 그렇게 하면 우리 세력이 분열돼" 사표 제출은 곧바로 권력투쟁으로 해석될 것이라는 뜻이었다.

그즈음 그는 동료 의원들과 지지자들로부터 많은 의견을 들었다.

사표를 내고 국회로 복귀해야 한다는 의견이 많았다. 원하지 않은 일이었지만, 사안의 성격이 이미 '정치 투쟁'으로 비화한 마당이니 끝을 봐야 한다는 논리였다. 그도 내심 그런 생각을 하지 않은 건 아니었다. 긴 침묵이 그의 심중을 대변하고 있었다. 그러나 그는 '사과'를 택했다. 1년이 지나 보건복지부 장관 임기가 끝날 무렵, 그는 이런 글을 남겼다.

국민연금 제도에 대한 불신이 극단으로 치닫는 상황에서 '국민연금 기금을 동원해 대규모 투자사업을 하겠다'는 경제 부처의 언급이 있었습니다. 또 적대적 M&A를 국민연금 기금을 동원해 막겠다고 하는 경제 부처 장관의 주장도 있었습니다. 경기 활성화를 위해, 그리고 경영권 보장을 위해 경제 부처 입장에서는 지금까지는 할 수 있는 얘기로 이해됩니다. 그러나 사정이 크게 달라진 것을 외면하는 발언이었습니다.

국민의 눈에는 결국 정부가 일방적으로 국민연금 기금을 갖다 쓰는 것으로 비치는 것이 되어 안 된다. 더 큰 후유증이 남는다고 강조하는 과정에서 국민연금을 지켜야 하는 보건복지부로서는 받아들일 수 없었습니다. 그렇지 않아도 정부가 편하게 돈을 끌어다 쓰기 위해 연금 제도를 도입한 것이 아니냐는 국민적 불신이 심각한 상황에서 내부 토론 및 합의 없이 국민 설득 과정 없이 마치 각본대로 기금 동원이 경제 부처의 생각대로 결정되는 것처럼 되어서는 안 된다고 제가 단호하게 나섰습니다. 경제 부처에 대한 정책적 문제 제기였습니다. 그런데 이러한 정책적 문제 제기에 정치적인 해석이 보태지면서 한바탕 혼선이 벌어지고 말았습니다. 참으로 유감스러웠습니다.

2005년 12월 6일, 〈일요일에 쓰는 편지〉 중에서

그때, '사표'를 던지는 것이 정치인 김근태 개인에게는 더 나은 선택이었을지도 모른다. 그러나 그날로 당은 위기에 처할 게 뻔했다. 그렇지 않아도 위축된 당세는 더욱 쪼그라들 것이고, 다음 대통령 선거는 해보나 마나일 터였다. 그가 걱정하는 것은 개혁 세력의 분열과 대선 패배, 역 정권 교체였다. 장관실을 나서며 그는 한마디 덧붙였다. "이런 얘기는 잊지 말고 기억했다가 기록으로 남겨야 해."

농장에서 식탁까지

'여름 보사, 겨울 문교'라는 언론계 속설이 있다. 예전 보건사회부, 즉 보건복지부 출입 기자들은 식품 안전사고나 전염병이 많이 생기는 여름철에 바쁘고, 입시가 국가적 관심사로 떠오르는 겨울철에는 교육부 출입기자가 대목이라는 뜻이다.

과연 그랬다. 김근태에게 여름철은 가혹했다. 그가 보건복지부 장관을 하는 동안 크고 작은 식품 안전사고가 꼬리를 물었다. 부임하기 전에 이미 '만두 파동'으로 세상이 떠들썩했다. 부임한 뒤에는 중국산 김치에서 납이 검출되고, 국내산 양식 어류에서 발암물질이 검출되었다. 중국산 김치에서 기생충 알이 발견되는 소동도 있었다. 혈액 안전사고도 있었다. 하루가 멀다 하고 식품 안전사고로 세상이 시끄러웠고, 국민들은 불안해했다. 비서관으로 일하는 나도 정신이 없을 지경이었다. 언제 무슨 사고가 터질지 전혀 예측할 수 없었다. 비서관 책상 옆에 실시간 뉴스 속보 모니터를 설치하고 조마조마한 마음으로 지켜보았다.

해마다 이런 파동이 반복되는 것은 우리 식품 안전 관리 체계에 치명적인 허점이 있기 때문이다. 식품 관리를 담당하는 정부 부처만 일고여덟 개에 이르렀다. 보건복지부와 식약청이 식품 안전 주무 부서였지만 단독으로 대책을 세울 수 없는 구조였다. 농장의 안전 관리는 농림부, 어장의 안전 관리는 해양수산부 소관이었다. 이런 식품이 유통 단계로 접어들어야 식약청과 보건복지부가 개입할 수 있었다.

더 큰 문제는 식품 안전을 바라보는 패러다임이었다. 어떤 부서는 산업 생산의 관점, 즉 증산의 관점에서 식품을 다루고, 어떤 부서는 안전의 관점에서 식품을 취급했다. 서로 다른 관점 때문에 근본적인 대책을 세우기 어려웠고, 부처간 협력도 말처럼 쉽지 않았다. 정부 부처 사이에 세워진 장벽은 밖에서 보는 것보다 훨씬 견고했다. 다른 부처 업무에 관여한다는 것은 치열한 논쟁과 갈등을 각오해야 하는 엄청난 일이었다.

그는 식품 안전 문제를 근본적으로 해결하기 위해 안전관리체계를 혁신해야 한다고 주장했다. 배고프던 시절, 증산을 먼저 생각하던 패러다임을 안전한 먹을거리 쪽으로 바꿀 때가 됐다는 것이었다. '농장에서 식탁까지' 일관된 관리 체계를 구축하는 일이 시급했다. 식품이 생산되는 농장에서부터 유통 단계를 거쳐 가정의 식탁에 오를 때까지 안전 관점에서 관리 감독하는 체계를 갖추자는 것이다. 말은 쉽지만 정부 부처간 업무를 조정해야 하는 난제였다.

우선 식품 안전 관리와 처벌을 강화하는 법령 정비가 시급했다. 2005년 7월 28일, 새로운 식품위생법과 시행령이 발효됐다. '위해 식품'을 근절하기 위한 정부의 초강경 대책이 본격 시행되는 셈이었다. 농장에서 식탁까지 일관된 안전관리 체계를 갖추기 위한 식약청의 역할 강화가 뒤따랐다.

그가 보건복지부 장관으로 일하는 동안 이 문제를 말끔하게 해결하지 못했다. 보건복지부 공무원들은 내심 식품 안전 관리 업무 전반을 보건복지부가 맡을 수 있게 되기를 기대했다. 그러나 그건 장관의 권한을 넘어서는 일이었다. 총리가 전체적인 책임을 지고 관련 부처를 총괄하는 업무 조정이 이뤄졌다. 그는 〈일요일에 쓰는 편지〉에서 이때의 고충을 털어놓았다.

'먹거리 안전'에 대한 확실한 대책을 세우기 위해서는 무엇보다 정부와 우리 사회 전체의 패러다임을 바꿔야 합니다. 몸에 맞지 않는 옷을 벗어 던지고 새 옷으로 갈아입어야 합니다. '안전'을 최우선으로 '식품관리정책'을 펴야 합니다. 마찰과 부담을 감수할 각오를 해야 합니다. 사회적 파장과 부담을 두려워하면 문제가 생기고 난 뒤에 대응책을 세울 수밖에 없습니다. 반대로 문제가 생기기 전에 강력한 조치를 취하고자 한다면 다소간의 마찰과 부담을 각오해야 합니다. 이를테면 해양수산부나 농림부 등에서 수산물이나 농산물의 안전 관리를 위해 규제를 강화하는 것과 농어민의 입장이 배치되는 경우도 생길 것입니다.

그러나 이제, 이런 모든 불편함과 부작용을 감당하더라도 '안전'을 최우선 과제로 고려해야 할 때가 됐습니다. 어떤 현실적인 어려움도 국민의 건강보다 중요한 것은 없습니다. 근원적인 패러다임의 전환이 필요한 시점입니다. 2005년 10월 9일, 〈일요일에 쓰는 편지〉 중에서

진실이 국익, 황우석 쇼크

2006년, 나라가 발칵 뒤집힌 일이 있었다. 국민의 기대를 한 몸에 받던 황우석 교수가 생명 윤리를 위반하고, 연구 결과를 조작했다는 사실이 밝혀진 것이다. 사실, 한 방송에서 이런 보도를 하기 오래전부터 보건복지부 안에서는 두 갈래 주장이 있었다. 하나는 "황우석 교수팀이 생명 윤리와 관련해 연구 과정을 투명하게 공개하지 않고 있다. 정부 차원에서 전폭적으로 지원하는 것은 위험하다"는 주장이었고, 다른 하나는 "엄청난 국익이 걸린 사안인 만큼 과학기술부 등 다른 부서가 전면에 나서고 있는 지금 상황은 바람직하지 않다. 국익을 위해 보건복지부가 앞장서서 지원해야 한다"는 주장이었다.

황우석 교수팀은 그동안 보건복지부에 지속적으로 지원을 요청했다. 생명윤리를 다루는 부서도 보건복지부고, 줄기세포를 활용해 의료 산업을 일으키는 것도 보건복지부 소관 업무였다. 황우석 교수 입장에서는 보건복지부의 지지를 받는 일이 무엇보다 중요했다. 줄기세포 사업화의 열쇠는 보건복지부가 쥐고 있었다. 그런데, 김근태 장관 시절에는 보건복지부가 호락호락하지 않았다. 황 교수는 여러 경로를 통해 보건복지부를 압박했다.

이미 황우석 교수는 국민 영웅이었다. 청와대는 물론이고, 정부 각 부처, 유력 정치인, 기업 등이 앞다퉈 황우석 교수 지원에 나서고 있었다. 누가 황 교수와 더 친한가를 두고 서로 경쟁이라도 하는 듯한 모양새였다. 황 교수와 청와대 보좌관, 과학기술부 장관 등이 이른바 '황금박쥐'라는 모임을 만들어 활동하고 있다는 보도도 줄을 이었다. 이제 생명윤리 주무 부서인 보건복지부의 지원만 받으면 사업화의 길이 열리는 상황이었다.

장관 취임 초기 황우석 교수팀은 김근태 장관에게 무균 돼지 연구 시설에 방문해달라고 요청했다. 이미 각계 유명 인사들이 경쟁이라도 하듯이 그 시설을 방문해 미니 돼지를 안고 사진을 찍기도 했다. 복지부에도 그 시설을 다녀온 공무원이 여럿이라고 했다.

김근태 장관은 먼저 연구 과정을 투명하게 밝혀야 한다고 요구했다. 장관이 연구 시설을 방문하는 것은 보건복지부가 황 교수를 적극 지원한다고 널리 알리는 일인 셈인데, 그건 곤란했다. 아무리 국민의 지지를 한 몸에 받는 황우석 박사라도 생명윤리에 관한 법률 규정에 따라 연구 과정을 투명하게 밝히는 일부터 해야 했다. 그런 투명성이 확인돼야 적극 지원할지 말지 결정할 수 있다고 했다.

황 교수팀의 시설 방문 요청은 받아들여지지 않았다. 한참 뒤에 황 교수팀에게 연구 경과를 직접 보고해달라고 요청했다. 2005년, 황 교수팀이 장관실을 방문해 연구 과정을 브리핑했다. 이때쯤, 한 과학자가 황우석 교수팀의 연구 결과가 조작되었다고 제보하면서 온 나라가 소용돌이 속으로 빠져들었다. 황 교수팀이 생명윤리를 정면으로 위반했다는 방송도 있었다.

국민의 기대를 한 몸에 받았던 만큼 후폭풍은 엄청났다. 기대가 컸던 만큼 충격도 컸다. 방송을 보도한 방송국은 '매국노'라는 비난과 함께 광고 불매 운동의 공격을 받았다. 엄청난 광기였다. 생명윤리 위반에 대한 최종적인 행정지도 권한은 보건복지부의 몫이었다. 많은 사람이 주무 부서인 보건복지부 장관의 얼굴을 바라보고 있었다. 여차하면 '매국노'라는 화살이 그를 향해 날아들 상황이었다.

김근태는 해당 간부들과 생명윤리팀장을 불러 "흔들리지 말고 원칙적으로 대응하라"고 지시했다. 외부 압력에 흔들려 임무를 방기해서는 안 된다는 지시였다. 모든 책임은 장관이 진다고 언명했다. 기자들은 장관에게 질문 공세를 퍼부었다. 엄청난 국익이 걸린 사안인데, 사소한 문제로 국익을 훼손할 생각이냐고 공격하는 기자도 여럿이었다. 김근태는 기자들을 만나 이렇게 말했다. "진실이 국익입니다. 진실보다 더 큰 국익은 없습니다."

국익을 앞세운 외부 압력은 생각보다 거셌다. 권력 차원의 내부 압력도 컸다. 서울대학교 수의과대학 생명윤리심의위원회가 황 교수팀의 생명윤리 위반 의혹에 대한 내부 조사 결과를 발표하는 날이 다가왔다. 자체 조사 결과 발표는 사태의 향방을 가를 중요한 순간이었다. 뜻밖의 일이 벌어졌다. 발표 현장에 보건복지부 담당 국장이 참석해 발언한 것이다. 발표 내용 역시 장관에게 사전 보고된 내용과 달랐다.

외부 일정을 소화하던 김근태 장관은 깜짝 놀랐다. 도대체 누가 장관 지시도 없이 그런 엉뚱한 발표를 했느냐는 추궁이었다. 해당 국장은 "청와대 과학기술보좌관이 발표 주체와 발표 내용을 하나하나 전화로 지시했다"고 보고했다. 장관은 격노했다. 장관이 방패막이가 되어줄 테니 외부의 압력에 흔들리지 말고 원칙대로 일을 처리하라고 지시했는데, 지시를 어겼으니 책임을 추궁하겠다고 했다.

> 이미 벌어진 일에 대해서는 사실을 명확히 밝히는 일이 무엇보다 중요합니다. 문제가 있으면 밝히고, 고쳐야 합니다. 문제가 생긴 원인을 찾아내 감당할 일이 있으면 가혹하더라도 감당해야 합니다. 그래야 과거에 발목 잡히지 않고 미래로 전진할 수 있습니다. 그래야 진실이 바로 국익이 될 수 있습니다. 그래야 세계 속의 당당한 대한민국이 될 수 있습니다. 2005년 12월 20일, 〈일요일에 쓰는 편지〉 중에서

이후 서울대학교 생명윤리심의위원회와 국가생명윤리심의위원회가 최종적으로 황 교수팀의 생명윤리 위반 문제에 대한 조사 결과를 발표했다. 장관의 엄명에 따라 보건복지부 공직자들은 사실을 있는 그대로

발표하는 데 집중했다. 당시 유력 정치인 가운데 국익론을 앞세운 광풍에 맞서 '진실'의 엄중함을 강조한 사람은 김근태가 거의 유일했다. 김근태가 제시한 잣대는 '진실이 국익'이라는 것이었다.

용서와 눈물

어느 날, 김근태가 유난히 긴장하는 모습을 보였다. 평소와 많이 달랐다. 표정이 경직되고, 잔뜩 움츠린 모습이었다. 나중에야 그날이 이근안을 만나기로 한 날이었다는 사실을 알았다.

그가 어떤 마음으로 이근안을 만날 결심을 했는지 자초지종을 듣지는 못했다. 그는 '고문'과 '이근안'이라는 단어가 나오면 몹시 불편해했다. 옆에서 보기에도 움찔하고, 위축되는 게 느껴졌다. 캠프에서 '고문'이라는 단어는 금기어였다. 아픈 상처를 들추는 것 같아 자세히 여쭤보지 못했다.

짐작만 할 뿐이다. 그는 이근안 앞에 서서 당당한 모습을 보여주고 싶었던 것 같다. 그자에게 '네가 짐승처럼 고문하던 김근태가 장관이 되어 네 앞에 나타났다'는 사실을 보여주고 싶었던 것은 아닐까? 트라우마. 야수 같던 가해자에게 진심 어린 사과를 받고, 그보다 우위에 있음을 확인받는 절차.

이런 과정을 거쳐 아직도 그를 괴롭히는 그 트라우마를 떨쳐내고 싶었던 것 아닐까? 이제, 훌훌 털어버리고 장관 일과 정치인 본분에 더 집중하고 싶었던 것은 아닐까? 남들처럼 대중 정치인으로서 마음껏 매력을 뽐내는 사람으로 변신하고 싶었던 것은 아닐까?

한참 지나 그가 그때 일을 떠올릴 때가 있었다. 만나는 내내 이근안의 눈만 보고 있었다고 했다. 저자가 진심으로 사죄를 한다면 눈물을 흘릴 것이다, 눈물을 흘려라! 흘려라!

그러나 그자는 끝내 눈물을 보이지 않았다. 비굴한 변명과 하소연을 늘어놓았을 뿐이다. 그자에게 진심으로 사죄 받음으로써 트라우마를 벗어버리고자 했던 그의 기획은 크게 성공한 것 같진 않다. 이후 이근안이라는 자가 출소해 보여준 행적이 그걸 증명한다.

그는 이근안을 만나고 돌아와 많이 힘들어했다. 그리고 〈일요일에 쓰는 편지〉를 썼다. 트라우마를 이겨내는 그 나름의 의식이겠다, 짐작했다.

〈일요일에 쓰는 편지〉는 대부분 내가 썼다. 그의 구술을 받아 내가 정리한 글도 있었지만, 내가 초안을 잡아 올리면 그가 고쳐 내놓는 경우가 대부분이었다. 이근안을 만나고 돌아와 쓴 이 글은 거꾸로였다. 그가 초안을 쓰고, 내가 다듬었다. 그의 이름으로 수많은 글을 썼지만, 이 글은 그렇게 쓸 수 있는 글이 아니었다.

혼란스러웠다.

여주교도소에서 이근안 씨를 만나고 돌아와서 밤잠을 설쳤다. 그때 입술이 부르텄는데 아직도 완전히 낫지 않았다.

사태를 악화시킨 건 장영달 의원이었다. 내가 다녀온 다음 날쯤인가 여주교도소로 이상락 전 의원을 면회하러 갔다가 그곳에서 내가 이근안 씨를 면회한 얘기를 우연히 들은 모양이었다. 그리고 며칠 후 언론에 귀띔한 것이었다.

설 다음날, 방송 카메라 기자들이 집으로 밀고 들어왔다. 처음 온 기자들은 성공적으로 방어해 돌려보냈지만, 그다음에 들이닥친 기자들이 막무가내로 집으로 밀고 들어오는 데는 속수무책이었다.

언론에 알려지지 않기를 바랐던 것은 물론 이근안 씨를 만난 것이 정치적으로 해석되는 것을 원치 않았기 때문이다. 그러나 그것만은 아니었다. 무엇보다 내 마음이 잘 정리되지 않고 혼란스러웠기 때문이었다.

처음엔 이근안 씨를 만날 생각이 없었다. 아니, 비서실에서 주의하지 않고 일정을 짜는 바람에 일이 어긋나서 이근안 씨를 만나게 된 셈이었다. 이상락 전 의원을 설 전에 면회하자는 게 비서진의 생각이었다. 내 의견을 말할 사이도 없이 이 의원을 비롯해 면회를 같이 할 사람들에게 이미 통지를 하고 약속을 해버리는 바람에 면회를 가지 않을 수 없는 상황이 되어 버렸다.

물론, 이상락 전 의원에 대해서는 상당한 연민이 있었고, 면회를 가야 할 합당한 이유도 있었다. 학벌사회인 이 나라에서 가난해서 진학 못한 것도 억울한데 선거에서 좀 과장했다는 이유로 의원직도 뺏고 징역까지 선고한 가혹한 법원의 판결에 동의할 수 없다는 뜻을 밝히는 의미에서도 면회를 해야 한다고 생각했다.

이근안 씨가 이 전의원이 있는 여주교도소에 함께 있다는 얘기가 뒤늦게 떠올랐다. 부담스러웠다. 비서관에게 안 갈 수 없느냐고 묻고, 내키지 않는다고 했다. 여주교도소까지 갔다가 그냥 돌아오면 옹졸한 사람, 국민 대통합을 주장하면서도 막상 솔선수범하지 않는 사람이 되는 셈이라는 생각도 들었다. 그런데도 내키지 않았다. 내키지도 않았고, 무엇보다 고통스러웠다. 끔찍한 고문을 받던 그때가 떠오를 것이 분명해서 망설였다. 면회를 가야 하는 날 오전까지 망설였다. 그러다가 교도소 당국을 통해 이근안 씨의 의견을 물어 달라고 했다. 본인이 동의하면 면회를 하겠다고 했다.

면회실로 들어서는 이근안 씨를 보면서 당혹스러웠고 혼란스러웠다. 여전히 건장했지만 키가 나와 어슷비슷했다. 고문당하고 욕먹고 그리고 소리 지르던 그때 그곳에서와는 엄청나게 달리….

이게 분명히 현실인데, 안심해도 되는지 약간 불안해지기도 했고….

악수를 했다. 두 손을 잡았고, 용서하는 마음을 갖고 왔다고도 말했다. 그러면서도 내 눈과 마음은 다른 것을 보고 싶어 했다. 눈감을 때까지 사죄한다고 하고, 한참 있다가 무릎 꿇고 사죄한다고 하는 것을 보면서 고맙다고 말했지만 마음속까지 흔쾌해지지는 않았다. 지난날 받은 고문의 상처가 너무 컸기 때문에 그랬을 것이다. 그러나 내가 개운해하지 않았던 것은 내 머리와 가슴속에서 끊임없이 일어나고 있는 어떤 질문이 있었기 때문이었다.

"저 사죄가 사실일까? 남영동의 책임자였던 박처원 씨의 치사한 배신에 분노하고, 권력에 의해 토사구팽당했다고 말하고 있는 저 말속에 짐승처럼 능욕하고 고문했던 과거에 대한 진실한 참회가 과연 있는 것일까? 중형을 받을까 봐 충분히 계산해서 나에 대한 고문 범죄의 공소시효가 지난 시점에서야 비로소 자수했던 저 사람의 저 말을 과연 믿을 수 있는 것인가?"

끊임없이 의구심이 떠올랐다. 눈물을 흘리면서 얘기하는지, 또 어느 정도 흘리고 있는지 나는 보고 있었던 것 같다.

"아, 그러나 그것은 신의 영역이구나. 감옥살이를 하고 있고, 기대에는 못 미치더라도 사죄를 하고 있는 저것이 분명 현실이다. 저런 저 사람에게 더욱 진실해야 한다고 요구하는 것은 내 권리를 넘어서는 게 아닌가?"

어제 어느 목사님을 만나 말씀을 들으면서 그렇게 마음을 정리했다.

솔직히 조금 아쉽다. 그러나 이제 지나가고자 한다. 정말로 넘어가고자 마음을 추스르고 있다. 용서하고 화해할 수 있는 마음을 가질 수 있도록 해달라고 진정으로 하늘에 간절히 기도하고 있다. 지금 나는….

2005년 2월 21일, 〈일요일에 쓰는 편지〉

장관 김근태의 성적표

    보건복지부 장관 임기를 마쳤다. 우여곡절이 많았다. 파주 집에서 과천까지 오가던 길고 긴 나의 고행길도 끝났다. 나로서는 얻은 게 많은 1년 반이었다. 여전히 부족하지만, 열정을 갖고 일하는 공직자들이 생각보다 많다는 사실을 알게 된 게 무엇보다 큰 소득이었다. 큰 사고 없이 공직 생활을 마칠 수 있어 안도의 한숨을 내쉬었다.

    잃은 것도 많았다. 보잘것없는 직책이었지만 유혹이 많았고, 대가도 치렀다. 무엇보다 나 때문에 가족들이 상처를 입어 마음 아팠다. 내가 집안 매형의 집요한 청탁을 거절하는 바람에 누이의 가정이 파탄났다. 친형의 지인을 동원해 집요한 청탁을 하던 사람들도 있었다. 부모님에게 인사 청탁을 해온 고향 어른도 있었다.

    모두 거절했다. 청탁을 들어주고 싶어도 그럴 힘이 없으며, 설령 힘이 있다 하더라도 장관에게 누를 끼치게 되니 할 수 없다고 통사정했다. 목에 힘이 들어갔다는 손가락질도 많이 받았다. 견디기 힘들었다. 그때 이 일이 적성에 맞지 않는다는 걸 절감했다.

처음 장관실에 갈 때 몇 가지 숙제가 있었다. 우선 째깍째깍 초침이 돌아가고 있는 시한폭탄 네 개의 뇌관을 제거해야 했다. 담뱃값 인상, 국민연금 개혁, 노인요양보험 도입 여부 결정, 의료민영화 저지. 모두 김근태가 짊어진 숙제였다. 그는 네 가지 큰 숙제 가운데 세 가지를 잘 해냈다. 국민연금 개혁만 미완이었다.

예상치 못한 지뢰도 여럿 밟았다. 식품 안전사고, 혈액 안전사고, 복지 전달 체계 관련 사고가 잇따랐다. 당장 벌어진 상황을 신속하게 수습하고, 문제의 원인을 찾아 근본 대책을 세우는 데 주력했다. 상처를 입었지만 치명상은 피했다.

의외의 성과도 많았다. 무엇보다 보건복지부를 더 젊고 역동적인 조직으로 바꿔냈다. 아직 완전하진 않았지만 사회정책 주무 부처로서 경제 부처와 맞설 수 있다는 자신감이 생기기 시작했다.

이즈음 김근태가 우리 사회의 여러 문제를 해결할 대안으로 검토하고 있던 '사회대타협'의 가능성을 미리 확인한 것도 큰 성과였다. 건강보험 수가 결정과 기초생활비를 책정하는 중앙심의회의에서 익숙한 '결렬' 대신 '타협'을 이끌어냈다. 이 가운데 그가 가장 역점을 둔 일은 보건복지부를 실질적인 사회정책 책임 부서로 바꾸고, 직원들이 자신감을 갖고 경제 부처와 경쟁할 수 있도록 만드는 것이었다. 그게 장관 김근태의 꿈이었다. 그는 완벽하진 않지만 큰 틀이 잡혔다고 자부

김근태 장관은 보건복지부를 더 젊고 역동적인 조직으로 바꿔냈다.
사회정책 주무 부처로서 경제 부처와 맞설 수 있다는 자신감이
생기기 시작했다.

했다. 이런 뿌듯함은 「이임사」에 잘 표현되어 있었다.

장관 자리에서 물러나고 얼마 뒤, 그가 넌지시 나에게 물었다. 후임으로 유시민 장관이 간다는데, 직원들 반응이 어때? 평소 정치권에서 보여준 유시민 장관의 직선적인 모습에 미뤄 직원들이 상처를 입지 않을까 걱정스러워하는 눈치였다.

나는 걱정하지 않아도 좋을 것 같다고 말씀드렸다. 오히려 빠르고 정확하게 일을 잘 처리할 것이며, 직원들이 아주 좋아할 것이라고 덧붙였다. 정치는 곡선이 중요하지만 행정은 직선이 훨씬 중요했다. 내심 대통령의 신임이 두터우니, 보건복지부의 밀린 숙제도 많이 해결할 거라고 생각했지만, 마음 상할까 싶어 그 말은 꺼내지 않았다.

4부

맹독

열린우리당 당의장
김근태

복귀 인사

2006년 1월. 김근태는 보건복지부 장관직을 마치고 여의도 복귀를 준비하고 있었다. 기자회견장에 김근태가 등장했다. 수많은 카메라와 기자들이 김근태의 복귀 일성을 기다리고 있었다. 김근태는 얼굴에 미소를 머금고 손가락 하나를 들어 거수경례를 했다. 국민과 언론에 여의도 정치인으로 복귀한다고 신고하는 뜻이었다. 순간, 카메라 플래시 세례가 쏟아졌다. 여느 때와 다른 격렬한 셔터 소리였다. 그날 언론 대부분에 그 사진이 크게 실렸다. 환한 미소와 산뜻한 포즈, 김근태라고 보기 어려운 사진이었다.

그즈음 김근태는 당의장 출마를 결심하고, 한판 승부를 벼르고 있었다. 장관직을 수행하는 동안 부러 여의도로 향하는 발걸음을 줄였고, 말도 조심해가며 언론에 노출되는 걸 피했다. 장관직에 집중하겠

장관직을 마치고 여의도 정치인으로 복귀하며 그는 어떤 모습을 선보여야
할지 고심했다. 미소를 연습하고, 손짓을 연구했다.

처음에는 복귀한다는 의미 그대로 제대로 거수경례를 할 생각이었다. 그런데,
그렇게 해서 나올 사진 이미지가 아무래도 마음에 걸렸다. 너무 딱딱해
보였고, 군사문화의 잔재처럼 여겨지기도 했다. 그래서 생각해낸 게
한 손가락 인사였다. 거기에 미소를 보태면 괜찮은 그림이 나올 거라
생각했다. 그는 이 표정과 손짓을 수없이 연습했다. 장관실에서, 집에서,
거울 앞에 서서 수십 번도 더 반복했다. 그에게는 그럴 만한 이유가 있었다.

다는 의지였다. 보건복지부 장관으로 일할 때 그가 한 말은 파부침주 破釜沈舟. 돌아갈 배를 가라앉히고 밥 지을 가마솥을 부순다는 고사에서 따온 말이었다.

장관직을 마치고 여의도 정치인으로 복귀하며 그는 어떤 모습을 선보여야 할지 고심했다. 미소를 연습하고, 손짓을 연구했다. 처음에는 복귀한다는 의미 그대로 제대로 거수경례를 할 생각이었다. 그런데, 그렇게 해서 나올 사진 이미지가 아무래도 마음에 걸렸다. 너무 딱딱해 보였고, 군사문화의 잔재처럼 여겨지기도 했다. 그래서 생각해낸 게 한 손가락 인사였다. 거기에 미소를 보태면 괜찮은 그림이 나올 거라 생각했다. 그는 이 표정과 손짓을 수없이 연습했다. 장관실에서, 집에서, 거울 앞에 서서 수십 번도 더 반복했다. 그에게는 그럴 만한 이유가 있었다.

어느 날, 고창수라는 사진작가가 사진을 찍어주겠다고 나섰다. 김진지. 알고 보면 참 따뜻한 사람인데, 언제나 근엄하고 진지한 표정 때문에 손해 보는 그의 이미지를 바꿔보겠다는 제안이었다.

고창수 작가는 역시 프로였다. 사진 속의 김근태는 딴 사람이었다. 고 작가는 조명과 약간의 연출로 그의 얼굴에 드리운 그늘을 지워내고, 숨어 있는 표정을 찾아냈다. 살이 오른 얼굴과 주름을 지우고, 캐주얼한 패션을 덧입히니 고문당하기 전 30대, 풋풋한 김근태의 형상이 살아났다. 모두 그날 찍은 사진이 마음에 들었다. 그 사진은 김근태의 대표 사진이 되었고, 지금도 그를 추억하는 사진으로 쓰이고 있다.

연설 트라우마

    김근태가 장관직을 마쳤다. 그리고 쉴 틈 없이 모드를 바꿨다. 그는 큰 전투를 준비했다. 전당대회, 진검 승부였다. 상대는 명 앵커 출신 정동영 전 의장이었다. 나는 과천정부청사 짐을 정리해 전당대회 캠프로 옮겼다. 공직자에서 전당대회 운동원으로 신분이 바뀌었다. 숨 돌릴 틈 없는 모드 전환. 연설문 담당으로 지정됐다. 정치 생명을 건 건곤일척의 승부가 기다리고 있었다.

    그는 비장했다. 이대로 가면 역 정권 교체가 뻔했다. 한나라당에게 정권을 넘겨주지 않으려면 대전환이 필요했다. 그러자면 참여정부가 국민의 박수를 받으며 임기를 끝내는 게 중요했다. 그는 '참여정부의 성공'이라는 말을 입에 달고 살았다. 반드시 당의장이 되어 참여정부가 성공하는 길로 나아갈 수 있도록 이끌고 싶었다. 당정청 모두의 일대 전환이 필요했다. 남은 시간이 얼마 없었다.

출발은 당의 대전환부터였다. 당이 국민의 지지를 회복하는 것이 첫 단추였다. 그래야 당에 힘이 생긴다. 대통령에게 민심을 가감 없이 전하고, 국민 눈높이에 맞춰 정책 방향을 바꾸도록 안내해야 했다. 정부가 국민의 눈높이에서 벗어나지 않도록 감독하는 것도 여당의 역할이었다. 여당은 그런 방법으로 대통령을 호위하고, 대통령이 선택할 수 있는 경우의 수를 넓혀야 했다. 우선, 국민의 지지를 받는 당을 만들지 못하면 아무것도 할 수 없었다. 큰 방향 전환이 필요했다.

상황도 나쁘지 않았다. 2년 전, 전당대회 출마 압박을 물리칠 때와 달랐다. 이번에는 겨뤄볼 만했다. 원내대표와 보건복지부 장관을 거치며 그의 입지가 몰라보게 달라졌다. 총선을 거치며 스스로 '김근태계'라 말하는 국회의원의 수도 전과 비교할 수 없을 만큼 많아졌다. 민주화운동을 함께하던 많은 동지가 새로 국회에 입성한 덕이었다.

정동영 의장에 대한 친노 세력의 지지도 예전 같지 않았다. 2년 전에는 8 대 2 정도의 어림없는 경쟁이었지만, 이번엔 6 대 4 정도의 열세였다. 열심히 하면 전당대회를 통해 극복할 수 있는 거리였다.

전당대회 참여를 마음먹은 그에게 남모를 고민이 있었다. 바로 연설 공포증이었다. 그는 수차례 대중 연설에서 '공포'를 느낄 만한 좌절을 맛봤다. 시작은 2000년 8월. 최고위원을 뽑는 전당대회 경선에 그가 출마했다. 많은 기대를 모은 도전이었다. 재야 민주화운동 세력이 여당 전당대회에 출마하는 첫 시도였다. 그에게 스포트라이트가

많은 사람이 민주화운동의 지도자로 상징되는 그의 포효를 기대했다.
개혁 세력이 주류 정치 세력이 될 역사적인 분기점이었다. 결과는 참혹했다.

쏟아졌다. 많은 사람이 민주화운동의 지도자로 상징되는 그의 포효를 기대했다. 개혁 세력이 정치 세력의 주류가 될 수도 있는 역사적인 분기점이었다. 결과는 참혹했다. 토론형 연사 김근태는 선거 유세로 잔뼈 굵은 정통 정치인의 적수가 못됐다. 처절한 좌절이었다. 당 안팎의 실망이 컸다. 개혁 세력의 대표라는 그의 당내 입지도 옹색해졌다.

2002년 대통령 선거 당내 경선 연설도 크게 다르지 않았다. 순회 경선이 시작되고, 캠프는 그가 연설을 시작하면 판세가 움직일 거라 확신했다. 특히 텔레비전 토론에 대한 기대가 컸다. 토론에 능한 그가 상대를 압도할 수 있을 거라 여겼다. 텔레비전 토론은 지지자들이 마지막으로 기대한 '결정적 한 방'이었다. 그러나 그의 연설 솜씨는 여전했으며, 텔레비전 토론의 마법은 일어나지 않았다.

이번에는 달라야 했다. 많은 눈이 걱정 반, 기대 반으로 그를 바라보고 있었다. 지난 총선을 거치며 그의 연설 실력이 일취월장했다. 총선 막판, 명동 유세에서는 좌중을 압도하는 놀라운 연설 실력을 보여줬다. '김근태가 이제야 작두를 탔다'는 기대가 캠프에 흘러 넘쳤다. '탄핵'을 막아야 한다는 절박함이 빚어낸 진전이었다. 예비 경선 연설이 중요했다. 기세를 만들어야 했다. 기선 제압이 필요했다. 그는 이번에야말로 연설 징크스를 날려버리겠다며 의욕을 보였다. 비장했다.

그는 직접 연설문을 작성하겠다고 했다. 연설 연습도 혼자 해보겠다고 했다. 보통 참모 서너 명이 그의 연설 준비를 도왔다. '콘텐츠는 좋은데 전달이 안 된다'고 믿던 이런저런 사람들이 연설 트레이닝을 하기도 했다. 그런 노력은 번번이 실패했다.

혼자 해보겠다는 건 그에게 새로운 도전이었다. 지난 총선에서 얻은 연설 실력이 밑천이었다. 의원회관 방에 그 혼자 남았다. 방 밖에서도 알아들을 수 있을 만큼 큰 소리로 연설 연습을 했다. 연설하고, 수정하고, 다시 연설하는 과정을 반복했다. 원고를 보지 않고 외워서 할 수 있을 만큼 맹렬히 연습했다.

예비 경선 당일, 캠프 사무실에서 조마조마한 마음으로 생중계를 지켜봤다. 가슴이 뛰었다. 김근태의 정치 인생에서 중요한 순간이었다. 이 고비를 잘 넘기면 많은 가능성이 다가올 것이었다. 그러나 결과는 예상치 못한 대실패였다. 최악이었다. 연습할 때 힘이 넘쳤던 그의 연설은 방향을 잃고 이어지다 끊어지기를 반복했다. 얼굴에 곤혹스러움이 뚝뚝 묻어났다.

나중에 그는 바로 앞 순서에 임종석 의원이 등장해 화려한 연설을 하는 바람에 스텝이 꼬였다고 털어놓았다. 임 의원이 무대를 휘젓는 걸 보고 머릿속이 하얗게 되더라고 했다. 평소 좋아하던 임종석 의원이 그땐 정말 얄미웠다. 전당대회 전국 순회 경선이 진행되는 내내 그는 여관방에서 '연설 연습'을 했다. 더 이상 혼자 해보겠다고 하지 않았다. 자책하고 있었다.

팬클럽 '김친'을 비롯해 수많은 동지가 전국에서 눈물겹게 버텨내고 있는데, 자기 때문에 선거를 망친 것 같다며 어쩔 줄 몰라 했다. 출발할 때는 기세가 좋았는데, 예비 경선 연설 때문에 기세가 꺾였다고 한숨을 쉬었다. 지방 순회 경선을 준비하는 여관방에서 러닝셔츠 바람으로 연설 연습을 반복했다. 한 줄 한 줄 참모들이 시범을 보이고, 그가 연설 톤을 조정했다. 애처로웠다.

울림 있는 말

　김근태는 말을 참 못하는 정치인에 속했다. 정치하는 내내 그는 '말하는 능력' 때문에 공격당했고, 조롱당했고, 손해를 감수했다. 말하는 능력은 현실 정치인 김근태의 트라우마 같은 것이었다.

　그가 세상 떠난 뒤 있었던 일이다. 어떤 자리에서 그와 민청련 활동을 함께했던 분을 만났다. 이런저런 얘기 끝에 내가 한때 김근태의 스피치 라이터였다고 소개했다. 순간 그의 표정이 굳었다. 한참 뒤, 그는 나를 보고 "자네가 잘못해서 김근태가 뜻을 이루지 못한 거야" 하고 일갈했다. 그는 김근태가, 그리고 김근태의 참모들이 말 잘하려는 노력을 더 기울였다면 많은 것이 달라졌을 것이라고 생각했다. 그리고 김근태의 말을 함께 만들었던 나에게 책임을 묻는 것이었다.

　부정할 생각이 없었다. 김근태가 화끈한 말, 귀에 쏙쏙 박히는 말 대신 길고 지루한 공자님 말씀을 하는 사람으로 낙인찍힌 책임이 내게도 있다. 그렇지만 좀 억울한 것도 사실이다. 나는 수도 없이 자극적인 말, 화끈한 말, 귀에 쏙쏙 박히는 말을 만들어 그에게 건넸다. 그는 그런 말을 족집게처럼 쏙쏙 뽑아내 죽 줄을 그었다. 간혹 수정 신공에서 살아남은 말들은 종이에만 존재할 뿐 마이크를 타지 못했다. 아주 드물게 그가 그런 말을 살려서 하면 나는 함께 말글 만드는 동료들과 한 건 했다는 심정으로 하이파이브를 했다.

　김근태는 정확한 말을 추구했다. 과장이나 상대를 혐오하는 지나친 비유를 좋아하지 않았다. 일방적으로 공격하는 언어를 혐오했다. 한나라당에 대한 공격도 사실 중심의 언어에 집중했다. 품위 있는 말도 중요한 고려 사항이었다. 저속한 표현이나 시장 언어에는 가차 없이 줄을 그었다. 일관성을 지키는 것도 중요했다. 10년 전 자신이 한 말을 기억해 생각이 바뀐 게 있으면 이러저러한 이유로 생각을 바꿨다고 말했다. 김근태가 가장 좋아하는 말은 '울림이 큰 말'이었다. 그는 생각할수록 깊은 공명을 일으키는 말을 찾기 위해 노력했다.

쏘지 못한 두 발의 화살

김근태는 전당대회를 변곡점으로 삼고자 했다. 이미 심화된 참여정부의 고립이 구조화되고 있었다. 지지 세력 이탈이 회복되기는커녕 고착화되고 있었다. 대북 송금 특검, 분당, 이라크 파병 등 몇 차례 파도를 겪으며 노무현 대통령에게 투표했던 지지 세력의 마음이 참여정부를 떠났다.

당을 떠나 장관으로 일한 1년 반 동안, 상황은 훨씬 더 나빠졌다. 부동산 가격이 치솟았다. 대학 등록금도 치솟았다. 민심 이반이 심각했다. 청와대와 당의 고립은 이제 일상이었다. 1년 반 동안 당은 모든 선거에서 졌다. 선거가 다가오는 게 공포였다.

당과 청와대의 관계도 전 같지 않았다. 서로 탓하는 일이 많았다. 당의 단결도 흔들리고 있었다. 그가 원내대표를 하던 시절의 용광로 같던 토론문화는 흔적조차 찾아볼 수 없었다. 이미 호랑이 담배 피우던 시절 얘기였다. 선거 패배가 이어지며 책임 추궁이 잦아졌다. 함께 가기보다 각자 가고 있었다. 중증 위기였다.

일신해야 했다. 특별한 대책이 필요했다. 당이 시급히 안정을 되찾아, 정부와 국민을 연결하는 여당 본업에 집중해야 했다. 당이 굳건한 중심을 잡는 게 첫 단추였다. 단결을 이루고, 국민의 신뢰를 회복해야 했다. 그 힘으로 대통령을 도와 참여정부를 성공으로 이끌어야 한다는 것이 그의 생각이었다.

정면승부. 전당대회 세력 대결에서 힘으로 이기는 수밖에 없었다. 그래야 그가 뜻을 펼칠 힘을 얻을 수 있었다. 그는 '방향 전환을 하자'고 대통령을 설득할 힘이 절실히 필요했다. 경제 관료들에게 맡겨 둔 경제□사회정책 핸들부터 시급히 거둬들여야 했다. 정권 차원에서 '사회대타협'을 기획하고 일사불란하게 밀어붙여야 했다. 남북 정상회담을 시급히 추진하는 것도 중요했다. 그의 머릿속에 로드맵이 섰다. 얼마 남지 않은 지방선거까지 전력 질주를 해야 했다. 전당대회가 출발선이었다.

무기 두 개를 준비했다. 하나는 새로운 정책 패키지. 지론인 '따뜻한 시장경제론'에 기반을 둔 '사회대타협 추진'이었다. 민생경제 회복을 위해 그가 오래 구상한 해결책이었다. 그는 당이 앞장서서 국민 경제를 되살릴 '정책 패키지'를 설계하고, 이를 '사회대타협' 방식으로 성사시킬 구상을 세웠다. 정책 패키지를 주제로 사회 각계가 참여하는 토론을 벌여 서로의 이해를 교환하고 절충하는 '사회대타협'을 시도하자는 구상이었다. 그래야 상황을 반전시킬 수 있었다.

보건복지부 장관으로 일하며 두어 차례 '소타협'을 성공시킨 경험도 있었다. 바닥에 떨어진 당 지지도를 끌어올리고, 참여정부의 성공을 뒷받침하기 위해 당이 해야 할 가장 중요한 일이었다. 그는 긴 학습과 오랜 토론 끝에 마음속 결론을 내렸다. 우리 사회의 틀을 바꾸는 '사회대타협' 말고는 여러 사회 문제를 해결할 방법이 없다는 것이었다. 장관 입각 전에 관련 분야 전문가들과 토론하며 내린 잠정 결론이었다. 국무위원으로 현장 경험을 쌓는 동안 잠정 결론은 확신으로 굳어졌다. 그는 '사회대타협'에 모든 것을 걸기로 마음먹었다. 2002년부터 고심을 시작해 2005년쯤 내린 결론이었다.

그의 논리 구조는 명확했다. 우리 경제는 구조적 저성장 국면에 돌입했다. 경제 규모가 커지고 성숙한 데 따른 자연스러운 현상이었다. 그렇다고 국민에게 '당연한 일이니 감수하자'고 할 수는 없었다. 그런 어려움을 해결하는 것이 정치의 역할이다. 성장을 멈추면 모든 것이 어려워진다. 사회가 각박해지고, 잠재해 있던 갈등이 불거진다.

경제계, 노동계, 시민사회를 비롯한 각계의 이해관계는 서로 충돌하는 경우가 대부분이다. 그래서 개별 정책으로 합의와 타협을 이끌어내는 건 낙타가 바늘귀를 빠져나가는 것보다 더 어렵다. 개별 정책에 의미 있는 변화를 주려고 하면 극심한 국론 분열을 피할 수 없다. 이해관계 충돌을 조정하는 것은 거의 불가능했다.

그래서 생각한 것이 패키지 딜이었다. 국민경제에 득이 되는 큰 방향을 설정하고, 단일 정책이 아니라 여러 정책의 조합을 묶어 주고받는 타협을 하는 것이다. 정책 조합 안에는 여러 이해관계자 집단에게 득이 되는 일도 있고, 실이 되는 일도 있어야 했다. 공동의 이익을 목표로 삼고, 서로 손해 볼 것은 손해 보고, 득 볼 것은 득 보는 방식의 타협이 필요했다.

둘째 무기는 당의 외연 확장이었다. 범여권이 스스로 쌓아 올린 고립의 장벽을 허물어야 했다. 결자해지. 스스로 쌓아 올린 벽인 만큼 스스로 허물어야 했다. 그래야 다시 국민의 마음을 얻을 수 있었다. 해법은 그의 또다른 지론인 '민주대연합'이었다. 외부 세력과 연합하되 국민이 깜짝 놀랄 만큼 과감해야 했다. 몇 차례 반복된 고립의 사슬을 끊어내야 했다.

탄핵 당시 대통령 직무대행을 지낸 고건 전 총리를 비롯해 중도적인 유력 인사 다수를 영입할 구상을 세웠다. 한나라당과 결이 다르고 참여정부로부터 환영받지 못하는 세력을 당이 끌어안아야 한다는 생각이었다. 그는 한나라당 집권을 반대하는 모든 세력을 하나로 끌어모으는 일을 추진할 생각이었다. 타이밍은 좋지 않았다. 노무현 대통령이 꺼낸 대연정 구상을 박근혜 대표가 거부한 지 그리 오래 지나지 않은 시점이었다.

경선이 본격화됐다. 고건 전 총리를 만나고, 지역 순회 연설마다 '사회대타협' 메시지를 발신했다. 메아리가 크지 않았다. 준비한 두 개의 무기 모두 그즈음 노무현 대통령의 기조와 궤가 달랐다. 이런 무기를 들고 당의장에 당선된다고 해도, 국정 운영을 책임지는 대통령이 받아들일지 미지수였다. 당과 청와대 사이에 긴장이 생길 거라는 게 일반적인 관측이었다.

그의 주장이 힘을 받기는 어려웠다. 선거에 불리하게 작용할 게 뻔했다. 경쟁자인 정동영 당의장은 '자강론'을 내세웠다. 상황이 어렵다고 밖으로 눈을 돌리는 건 나태한 태도라고 공격했다. 훨씬 간결했고, 현장에서 잘 먹혔다. 무기가 예리하지 않다, 지역 순회 연설 행사장에 온 사람들이 낯설어한다는 보고가 줄을 이었다. 사회대타협을 강조하는 연설 내용이 너무 설명적이라는 말도 들렸다. 그래도 우직하게 밀고 나갔다. 그 길밖에 없다고 믿었기 때문이다.

대통령의 개혁 의지는 의심할 여지가 없었다. 다만, 취임 초보다 시장의 역할과 정부의 역할에 대해 혼란스러운 메시지가 나오고 있는 게 사실이며, 무엇보다 국민에게 민생경제가 나아질 수 있다는 확신을 심어주는 게 시급했다. 그는 경제 관료들이 문제라고 콕 짚어 말했다. 그즈음 경제 관료들이 대통령 주변에 있던 진보적 정책 참모 그룹을 밀어내고 청와대 핵심 요직을 차지했다.

경제 상황을 바라보는 그들의 방법에 문제가 있었다. 국민 여론은 경제가 어렵다고 하소연하는데, 그들은 여러 지표를 들어 국민을 가르치고 있었다. 오직 그들만 볼 수 있는 지표였고, 그들이 만들어낸 지표였다. 경제는 하루아침에 나아지지 않는다. 중요한 것은 방향과 태도다. 정책을 이끄는 사람들이 국민이 동의할 수 없는 주장을 반복하면 국민은 등을 돌린다. 경제 상황의 어려움보다 이런 정책 당국자들의 태도가 문제를 더욱 어렵게 만들고 있었다. 그들 때문에 참여정부와 국민의 괴리가 점점 심해지고 있었다.

이런 상황을 되돌리기 위해 경제 관료들의 손에 쥐어진 정책 칼자루를 시급히 거둬들여야 했다. 그게 그가 생각하는 '사회대타협'이었다. 사회대타협을 추진하는 당이 칼자루를 쥐고, 경제 관료를 부리자는 구상이었다. 결정은 당이 할 테니, 정부는 따라 오라고 할 참이었다.

전당대회 중반을 넘기며, 세 불리가 여실했다. 선거 초반 구도가 중반을 넘도록 요지부동이었다. 초반 캠페인이 성공적이지 않았던 것이다. 메시지를 바꿨다. 경쟁자인 정동영 전 의장을 '당권파'로 규정했다. '판 흔들기'였다. 당 상황이 어렵다면 지금껏 당을 운영해온 사람들이 책임을 져야 하지 않느냐는 주장이었다. '대반전'을 내세웠다. 전당대회가 누구나 예상하는 뻔한 결과를 내서는 감동을 주기 어렵다는 논리였다.

이전 메시지보다 반응이 좋았다. 역전할 수 있겠다는 현장 보고도 올라오기 시작했다. 그의 표정도 달라졌다. 장충체육관에서 열리는 마지막 연설 준비에 집중했다.

한 달 정도 열린 전국 순회 경선은 빡빡하게 진행됐다. 일주일에 두 지역에서 연설회를 하고, 지역 방송국 텔레비전 토론을 했다. 준비가 만만치 않았다. 연설 현장의 분위기를 파악하고, 판세 흐름을 읽어가며 메시지를 조정해 나가야 했다. 짐을 싸 들고 그와 전국을 유람했다. 서너 명이 함께 움직였다. 미리 현장을 확인하고, 메시지를 썼다. 그와 함께 연습하고, 현장 연설이 끝나면 급히 다음 지역으로 이동했다. 그는 현장에 남아 지역 대의원들을 만났다. 우리가 한발 앞서가고, 그가 뒤를 따랐다.

전당대회가 열렸다. 당일 연설도 나쁘지 않았기에 내심 기대했다.

당선 수락 연설문과 당선자 인터뷰 워딩도 미리 준비했다. 정책과 조직 두 측면에서 당이 새로운 출발을 할 것임을 알리는 야심 찬 워딩이었다.

당선자를 발표하는 순간, 주머니 안쪽에 넣어둔 당선 수락 연설문이 잘 있는지 다시 한번 확인했다. 발표와 동시에 그에게 달려가 연설문을 전달해야 했다. 결과는 패배였다. 선거 초반보다 많이 접근했지만 조금 못 미쳤다. 실망이 컸다. '당원의 명령에 따르겠다'는 성명을 발표했다. 준비한 두 개의 화살은 쏘지 못한 채 화살통으로 들어갔다. 많은 것을 바꿀 소중한 기회가 덧없이 사라졌다. 당은 대연합 대신 자강의 길로 접어들었고, 고립은 계속됐다. 운명을 가를 지방선거가 눈앞에 다가오고 있었다.

"우린 참 복 받은 사람들이야"

　'정치인은 매일 교도소 담장 위를 걷는다'는 말이 있다. 그만큼 부정이나 비리에 얽혀 구속되는 정치인이 많다. 국회의원은 물론 보좌관이나 참모들도 수많은 검은 유혹을 경험한다. 한 번만 눈 감거나, 전화 몇 통만 해주면 거금을 주겠다는 유혹이 비일비재하다. 요즘은 김영란법 때문에 상황이 달라졌겠지만 2000년대 초반만 해도 정치인이나 보좌진에게 향응이나 접대는 일상이었다. 권한이 많으니 유혹도 많은 것이다.

　"우린 참 복 받은 사람들이야" 김근태의 참모들이 가끔 하던 농담이다. 영향력 있는 정치인 주변에는 돈이 모이게 마련인데, 유독 집권 여당 유력 대통령 후보였던 김근태는 예외였다. 민주화운동을 했거나 시민운동을 하던 동지들이 억울함을 호소하며 민원을 들고 오는 일은 많았지만, 이권을 좇아 청탁을 하는 사람들은 김근태를 기피했다. 민원은 풍년이고, 돈은 늘 극심한 가뭄이었다. "김근태에게 청탁하면 양심 고백한다더라"는 말이 떠돌았다.

김근태는 경제계에 발이 넓다. 서울대학교 경제학과를 졸업했고, 국회의원으로 활동하면서 오랫동안 재경위원회에서 활동했기 때문이다. 그러나 김근태의 대학 동문들이나 경제계 인사들에게 김근태는 청탁 기피 대상 1호였다. 심지어 서울대학교 동문들이 김근태와 얽히는 것 자체를 기피해 동문회 참석 전에 김근태도 참석하는지 물어보고 그가 참석하면 오지 않겠다고 하는 사람도 있다는 얘기까지 돌았다.

모두 2002년 대통령 선거 과정에서 터진 양심 고백의 여파였다. 김근태의 양심 고백은 이후 '돈 안 드는 선거' '깨끗한 정치'를 위한 정치 개혁 입법으로 열매를 맺었다. 2004년, 김근태가 열린우리당 원내 대표로 활약하며 입법에 성공한 정치 개혁 덕분에 선거 공영제가 도입되고 '돈 먹는 하마'라 불리던 지구당이 폐지됐다.

그러나 정치 개혁 입법 이후 선거 비용 지출이 많이 줄었다고 해도 당의장 선거 같은 당내 선거나 각종 당내 경선은 예외였다. 그는 당내 선거에도 선거공영제를 도입해야 한다고 주장했지만 뜻을 이루지 못했다. 전당대회에 여러 번 출마하고, 대통령 선거를 준비하던 김근태는 항상 자금 부족에 시달렸다.

"저쪽은 돌렸다는데, 우린 뭐냐?" 전당대회 무렵, 김근태를 돕는 지역 활동가들은 자주 김근태의 참모들에게 이렇게 투덜거렸다. 그들은 심각했다. 눈앞에 표가 움직이는 게 보이고, 경쟁자는 돈으로 그 표를 굳히는 게 보이는데, 자기는 그렇게 못하니 눈에 핏발이 섰다. 상대는 대포를 뻥뻥 쏘는데, 우리는 칼을 빼들고 싸우는 격이었다. 김근태 주변 참모들을 만난 지역 활동가들의 항의는 격렬했다.

그렇지만 그들도 참모들도 모두 어쩔 수 없는 상황이란 걸 잘 알고 있었다. 그래서 누구도 김근태에게 "지역에 돈을 내려 보내달라"고 얘기하지 않았다. 김근태가 합법적인 정치 후원금 외에 어떤 정치자금도 준비하지 않는다는 사실을 잘 알았기 때문이다. 그런 사람이라서 김근태를 좋아하고, 그래서 김근태에게 몸을 던졌는데, 김근태에게 '돈을 받으라'고 말할 수는 없었다.

결국 전국 각지에서 활동하던 김근태의 동지들은 우금치의 동학군처럼 맨몸으로 싸우거나 십시일반, 그도 아니면 사재를 터는 수밖에 없었다. 그들은 모두 김근태의 분신이었다. 그들은 음지에서 빛났고 그래서 대부분 가난했다.

"김근태 의원이 양심 고백을 했지만 웃음거리가 되지 않았느냐?" 2003년, 노무현 대통령이 한 이 발언을 듣고 김근태는 분노했다. 정치 개혁을 위해 정치 생명을 걸고 결행한 양심 고백을 대통령이 '웃음거리'로 치부했으니 그럴 만했다.

실제로 당시 김근태 주변과 다른 유력 정치인 주변의 분위기는 사뭇 달랐다. 모든 의원이 '깨끗한 정치'를 주장했지만, 현실적으로는 불법적으로 돈을 쓸 수밖에 없다고 생각하고 있었다. 필요악이라는 말이 유행하고, '깨끗한 물에는 물고기가 살지 않는 법'이라며 짐짓 점잖게 충고하는 사람들도 있었다. 비꼬는 게 아니라 모두 김근태가 잘됐으면 좋겠다는 진심을 가지고 하는 충고였다.

'구시대의 막내'니 하는 말로 이런 상황을 은유하기도 했다. 대부분의 정치인이 눈치껏 정치자금을 모았고, 이런 모금 능력도 정치 능력이라고 자랑하곤 했다.

모든 대선 후보 캠프에서 불법적으로 대선 자금을 모았다는 사실은 모두가 아는 비밀이었다. 2002년 민주당 대통령 후보 당내 경선도 마찬가지였다. 그게 정치 현실이었다. '웃음거리'라던 노무현 대통령의 발언도 이런 현실을 반영한 것이었다.

노무현 대통령의 언급에 김근태는 며칠이 지나도록 분을 삭이지 못했다. 그리고 한 언론을 만나 "김근태가 웃음거리라는 대통령의 말씀이야말로 웃음거리"라고 정면으로 치받았다. 여당 의원이 현직 대통령에게 하기 힘든 거친 언사였다.

발끈한 까닭은 단순했다. 김근태는 합법적인 정치자금만으로 전당대회도 나가고, 국회의원 선거도 나가고, 대통령 선거도 나갔는데, 당내 경선 경쟁자였던 대통령이 그렇게 말할 수 있느냐는 분함이었다. 비싼 점심 안 먹고, 골프 안 치고, 비싼 술집 안 가면 합법적인 정치자금으로도 어렵지만 정치할 수 있다고 항변하는 말이었다. 노무현 대통령이 대수롭지 않게 양심 고백을 폄하하는 모습에 그의 분노는 쉬이 식지 않았다.

'김근태를 대장으로 모시지 않았다면 어떻게 됐을까?' 요즘 들어 이런 생각을 자주 한다. 아마도 함께 일하던 참모진 가운데 여럿이 구속됐을 것이다. 그게 나였을지도 모른다. 실제로 당시 함께 활동하던 여러 정치인이나 참모 가운데 구속되거나 사법적 판단을 받은 사람이 많다. 노무현 대통령의 핵심 참모였던 안희정, 이광재 전 지사가 대표적이다.

그들 가운데는 자기 이익을 위해서가 아니라 모시는 주군의 선거 활동을 위해 검은돈을 받은 사람도 많다. 그러나 김근태 주변 사람들 가운데 사법 처리를 받은 사람은 한 사람도 없다. 김근태는 검은돈의 메커니즘에서 접근이 차단된 거의 유일한 대선 후보였기 때문이다.

여의도 정치판에는 철칙이 있다. 선거에 출마하면 무조건 이기고 봐야 한다는 것이다. 개똥밭을 굴러서라도, 물구나무를 서서라도 선거에서 이겨야 한다는 얘기다. 고상한 가치도, 멋진 과정도 선거에서 지고 나면 빛을 잃는다. 나약한 변명으로 취급된다.

지금 생각해보면 나 역시 검은돈의 유혹이 있었다면 단호히 거절했을 것이라고 자신 있게 말하기 어렵다. 하루하루 피 말리는 치열한 정치 경쟁에서 이기기 위해, 아니 살아남기 위해 두 눈 질끈 감고 '돈'이라는 조금 더 수월한 길을 택했을 것 같다.

전당대회가 한창일 때, 지역의 선배들이 핏발 선 눈으로 항의할 때, 나는 할 수만 있다면 내 몸을 던져서라도 돈을 만들어 그들 손에 쥐여주고 싶었다. 나만 그런 게 아니라 모든 김근태 참모들이 그랬을 것이다.

김근태가 '검은돈'의 메커니즘에서 완전히 배제된 덕분에 나는 교도소 담장을 걸을 기회조차 얻지 못하고 여의도 생활을 마칠 수 있었다. 내가 다시 여의도 월드로 돌아가지 못하는 큰 이유 가운데 하나도 이것이다. 나는 김근태만큼 검은돈에서 자유로울 자신이 없다. 그런 점에서 나는 김근태가 참 고맙다. 그 덕분에 그런 걱정 없이 여의도 생활을 할 수 있었다.

독배를 들다

2006년 6월 1일, 김근태 캠프에는 '광야로 가자'는 주장이 가득했다. 5월 31일 열린 지방선거에서 열린우리당은 대한민국 선거 역사에 유례없는 대참패를 기록했다. 시도지사 선거에서 전북 한 곳만 열린우리당이 차지했고, 한나라당이 열두 석을 가져갔다. 국민이 내린 심판이요, 사망 선고였다. 선거 직후, 정동영 당의장이 사퇴했다. 취임 104일 만이었다. 자신만만하게 자강론을 앞세웠지만 역부족이었다. 열린우리당은 창당 2년 7개월 만에 여덟 번째 당의장이 사퇴하는 진기록을 세웠다.

당은 이미 수습할 수 없는 난파선이었다. 거대한 민심의 절벽에 부딪쳤다. '심판'이라 할 만했다. 당은 산산이 부서지기 일보 직전이었다. 그 난파선 열린우리당의 당의장 승계 1순위가 김근태였다. 사퇴 전날,

정동영 의장과 김근태가 만났다는 보도가 나왔다. 정 의장이 '질서 있
는 수습'을 부탁했다는 보도였다.

캠프 사무실에 여러 동지가 모여 격론을 벌였다. '광야로 가자'는
주장이 대세였다. 당의장직을 승계하지 말고, 선거 패배 공동 책임을
들어 최고위원직까지 사퇴해야 한다는 주장이었다. 당의장직 승계는
'독배'라는 말도 이때 등장했다. 지방선거에서 열린우리당을 심판한
그곳, 삭 바람 부는 민심의 광야로 가자, 100일 이상 묵묵히 민심을 듣
자, 무언가 하려고 하지 말고 오직 듣기만 하자, 광야론을 설파하는 동
지들의 목소리는 절박했다.

광야론의 근거는 심각한 당 상황이었다. 전당대회가 열린 2월과 6
월의 당은 전혀 다른 당이었다. 이미 참여정부에서 마음이 떠난 소속
의원들이 많았다. 당과 청와대의 관계가 심각했다. 당청 간에 험한 말
이 오가는 지경에 이르렀다. 대화는 단절됐고, 서로 손가락질하고 있
었다.

소속 의원들도 사분오열되어 있었다. 게다가 지방선거 패배가 워낙
치명적이었다. 이대로라면 내년 대선은 해보나 마나였다. 정치판의 눈
빠른 몇몇 책사들은 이미 새로운 정치판을 기획하고 있었다. 당을 깨
고 대통령과 갈라서는 기획이었다.

많은 동지가 그를 막아섰다. 그가 당의장을 승계하더라도 무언가
할 수 있는 것이 없었다. 몸 가벼운 의원들은 이미 제 갈 길 찾아나서
고 있었다. 당을 통솔하는 건 이미 불가능했다. 동지들이 걱정하는 건
김근태의 성정이었다. 그는 당이 그런 상황이니 오히려 외면할 수 없다

고 할 게 뻔했다. 동지들이 아는 김근태는 대의를 위해서라면 '독배'인 줄 알면서도 마실 사람이었다.

여럿이 도봉구 사무실에 찾아갔다. '광야로 가자'는 설득이 이어졌다. 그는 묵묵히 들었다. 긴 침묵이 이어졌다. 그가 참석자 한 사람 한 사람의 의견을 물었다. 내 차례가 왔다. 나는 독배인 줄 알면서도 기꺼이 마시는 것이 김근태답다고 말했다. 미처 쏘지 못한 화살, '사회대타협'을 다시 추진해야 한다고도 했다. 이미 동력이 소진되긴 했지만, 그 길밖에 없다면 그 길을 내야 하지 않겠는가 하는 말이었다. 동지들의 매서운 눈총이 쏟아졌다. 따가웠다.

그는 광야로 가는 대신 당의장직을 승계하겠다고 말했다. 긴 설명을 하지는 않았다. 개인 김근태를 위해서라면 광야로 가야 하지만, 당 지도부의 일원으로서는 당의 요구를 따르는 게 도리라는 취지의 짧은 설명이었다. 많은 동지의 뜻을 잘 알고 있고, 고맙다고도 했다.

거미줄에 갇힌 비대위원장

어렵사리 당의장직을 승계하기로 했지만 이 구상마저 불발됐다. 김근태를 비토하는 세력이 많았다. '질서 있는 수습'을 언급한 정동영 전 의장 측의 언론 플레이가 있었지만, 정동영 전 의장과 가까운 의원들은 일제히 비토 카드를 흔들었다. 어이없는 일이었다.

먼저, 지난 전당대회에서 함께 당선한 김혁규, 조배숙 최고위원이 사퇴를 선언했다. 사퇴 이유는 김근태의 당의장직 승계를 반대한다는 것이었다. 한편에선 '김근태는 좌파 이미지라서 안 된다'는 얘기까지 나왔다. 정치 금도를 넘어선 발언이었다.

격론 끝에 당 중진들로 구성된 '인선위원회'가 비대위원장을 선임하는 것으로 결론이 났다. 어렵사리 비대위가 구성됐다. 일주일이 넘게 걸렸다. 초상집에 상주조차 없는 상황이었다. '좌파 김근태로는 안 된다'는 주장과 '대안이 없지 않느냐'는 주장이 팽팽했다. 결국 김근태 체제로 결론이 났지만, 비토 세력이 절반에 가까웠다.

김근태 비대위를 반대하던 사람들 다수가 비대위원으로 임명됐다. 대권 후보로 부상한 김근태를 견제하기 위한 이중삼중의 그물이 쳐졌다. 외형상으로는 중앙위원회 권한까지 위임받은 막강한 비대위였지만 실상은 견제에 충실한, 아무것도 할 수 없는 '거미줄 비대위'였다.

비대위 구성 과정을 지켜보며 착잡했다. '조직인의 도리'라며 독배라도 마셔야 한다던 말이 떠올랐다. 우린 너무 순진했다. 당장이라도 비대위원장 안 하겠다 선언하라 무릎 꿇고 요청하고 싶었다. 광야로 가자던 선배들에게 용서를 구하고 싶었다.

6월 10일, 우여곡절 끝에 비대위원장에 임명됐다. 그는 사무총장을 맡고 있던 염동연 의원에게 유임을 요청했다. 그리고 정동영 전 의장과 가까운 인사들을 찾아 당직을 맡아달라 간곡히 청했다. 특히 대변인에 정동영 의장계 인사를 임명하기 위해 노력했다. 탕평 인사를 시도한 것이다.

요청은 거절됐다. 수차례에 걸친 간곡한 요청도 소용없었다. 사무총장에 임명된 염동연 의원은 당사에 모습을 드러내지 않았다. 노골적인 태업이었다. 당무는 마비 상태였다. 일손 놓은 당직자들이 수두룩했다. 당의장과 호흡을 맞춰 일하는 당직자는 기획실과 공보실, 비서실의 실무 당직자 열 명 안쪽이었다. 원래부터 그와 가까이 지내던 당직자들만 일했다. 참담했다. 이런 상태가 한 달 가까이 이어졌다. 7월 10일, 원혜영 의원이 사무총장, 우원식 의원이 사무부총장에 임명됐다. 비로소 당무가 정상화됐다. 당의장 임기 초반, 천금처럼 중한 한 달이 그렇게 흘러갔다.

감각이 달라

'존중합니다' '경청하겠습니다'가 외부인에게 하는 어법이라면 '감각이 달라'는 내부에서 회의할 때 김근태가 쓰는 말이었다. 둘 다 '나는 당신과 생각이 다르다'는 뜻이다.

그는 후배들이 격렬하게 문제를 제기할 때 오래 망설이다 '나는 감각이 달라'하고 말했다. 그의 입에서 '감각이 달라' 하는 말이 나오면 힘이 쭉 빠졌다. 이 말은 이미 판단이 끝났다는 뜻이었다. 더이상 토론해도 논의가 진전되기 어려웠다. 이 정도로 토론을 마치자는 의사 표시이기도 했다.

'감각이 달라'보다 완곡한 표현은 '고려해볼게'였다. 생각이 다르지만 아직 토론의 여지가 있다는 뜻이었다. '심정적 동의가 발생하지 않는다'는 표현도 가끔 썼다. '반대한다'는 쉬운 말을 두고 굳이 이런 문어체 표현을 택했다. 듣는 사람이 난처할까 걱정해 택한 말이었다.

그는 내부 토론을 할 때 많은 말을 하지 않았다. 묵묵히, 오래 듣는 편이었다. 말을 자르거나 네 생각은 이게 틀렸다고 지적하는 법은 없었다. 후배가 길게 주장해도 끝까지 들었다.

사회대타협

당의장 취임 기자간담회에서 김근태는 "첫째도 서민경제, 둘째도 서민경제, 셋째도 서민경제"라고 선언했다. "백성에게는 밥이 하늘"이라는 말도 했다. 서민경제 회복에 모든 걸 걸고 상황을 돌파할 작정이었다.

당의장 직속으로 '서민경제회복추진위원회'를 만들고, 엘지에서 일하던 오해진 고문을 공동위원장으로 영입했다. 당의장실에는 '제민지산制民之産'이란 글씨를 걸었다. '백성의 생업을 편안하게 하는 것이 정치의 근본'이라는 뜻이다. 맹자의 글에서 따왔다.

서민경제회복추진위원회는 순항하지 못했다. 각계 의견을 듣는 데 집중했다. 대안 만드는 일은 지지부진했다. 당 정책에 대한 권한은 원내대표와 정책위의장에게 있었다. 당의장이 무슨 권한으로 정책을 결정하느냐는 말이 터져 나왔다. 현상 파악만 무성했고, 대안 마련에는 한 발도 진입하지 못했다.

당의장으로 일한 지 두 달, 성과 없는 시간이 지나고 있었다. 그에게 몇 차례 '사회대타협' 추진을 건의했다. 묵묵부답. 당에, 그에게 '사회대타협'을 추진할 힘은 없었다. 당은 김근태가 대권 행보를 하는지 아닌지 감시하는 데 관심이 더 많았다. 당내 다수 의원은 노무현 대통령 이름으로는 어떤 선거에서도 이길 수 없다고 확신했다. 그리고 구 민주당과 합당하는 정계 개편을 요구했다. 그들은 김근태가 노무현 대통령과 결별하는 정계 개편에 총대를 메라고 요구했다. 김근태가 희생해야 한다고 공공연히 주장하는 비대위원도 있었다.

그에게 주어진 시간은 딱 넉 달. 10월 재보궐선거까지였다. 김근태가 그때까지 당 지지율을 끌어올리지 못하면 모종의 '행동'에 돌입한다고 이미 통보한 상태였다. 사실상 노무현 대통령과 선을 긋고, 민주당 분당 이전으로 돌아가자는 주장이었다. 그들이 바로 '김근태 비대위원장 체제'를 극력 반대한 사람들이었다. '좌파'라는 이유를 댔으나 그보다 김근태가 당의 중심을 잡는 게 두려웠다. 김근태가 원내대표 때 보여준 리더십을 재현할까 걱정했다.

그들은 이미 다른 시나리오를 염두에 두고 있었다. 당을 해체해 구 민주당과 합당하는 시나리오였다. 그렇게 하기 위해 연말까지 시간이 필요했고, 그때까지 임시로 당을 맡아줄 사람을 원했을 뿐이다. 비대위 구성원 가운데도 그런 주장을 펴는 인사가 다수였다. 일주일에 두 번 열리는 비대위 회의는 덜컹덜컹했다. 이들은 나중에 당을 선도 탈당했고, 이후에 민평당과 바른미래당으로 적을 옮겼다.

사방이 절벽이었다. 돌파가 절실했다. 7월 30일, 마침내 그가 승부수를 던졌다. '사회대타협을 위한 뉴딜'을 선언했다. 일요일에 기자간담회를 열었다. 전격적이었다. 그즈음 유행하던 드라마 〈주몽〉을 빗대 서민경제 회복을 위해 '소금산을 찾아나서겠다'고 했다. 더는 안 된다는 위기의식이 컸다. 일요일 오후, 긴급 기자간담회 소식을 듣고 당의장실로 몰려온 기자들이 술렁였다. 도발적인 행보였다. 언론이 예상하지 못한 일이었다.

'사회대타협' 추진을 요청했던 나도, 전격적으로 추진을 결단한 그도 '사회대타협'을 실제 이룰 수 있을 거라 생각하지 않았다. 그렇지만 시도조차 하지 않을 수는 없었다. 민주개혁 세력이 선택할 수 있는 방안 가운데 '사회대타협'이라는 유력한 카드가 있다는 사실을 생생히 보여줄 필요가 있었다. 실제 성사 여부보다 '역사에 흔적 남기기'에 가까웠다.

이계안 비서실장과 이목희 기획위원장이 투톱을 맡았다. 경제계, 노동계와 교감할 수 있는 맞춤형 인선이었다. '서민경제회복추진위원회'가 한 발도 나아가지 못하고 있는 상황을 감안해 판을 키웠다. 기존 틀을 뛰어넘어야 했다. 당 정책위의장과 원내대표의 집중적인 견제를 타고 넘어갈 방안이기도 했다.

당장 경제계와 만나기 시작했다. 경제 5단체를 차례로 방문했다. 8월 9일, 전경련을 방문해 '먼 길을 돌아 여기까지 왔다'고 했다. 경제계의 요구 가운데 수용할 것은 수용할테니, 대신 국민 경제를 위해 경제계가 기여할 것은 과감히 수용해달라고 요구했다. 경제계가 술렁였다. 처음 있는 일이었다. 집권 여당이 경제 5단체를 개별 방문하는 것도 파격이었고, 개별 정책 차원이 아니라 경제정책 전반을 일괄 조정하자는 구상도 파격이었다. 충격이 상당했다. 시민사회를 중심으로 '김근태가 변절했다'는 손가락질도 있었다. 각오했던 일이었다. 진영을 넘어서는 일이었다.

사회대타협 추진 기자간담회 소식을 듣고, 정책위의장이 해외 출장길에 발걸음을 돌려 그를 찾아왔다. 훗날 《조선일보》와 인터뷰하면서 그를 "좌파가 맞는데 좌파라고 할 수도 없고…"라고 했던 사람이다. 김근태가 사회대타협을 추진한다는 소식, 경제 5단체를 방문한다는 소식을 듣고 한걸음에 달려온 것이다.

한 선배가 당의장실로 나를 찾아왔다. "지금 호랑이 등에 올라타고 있는 걸 알고 있느냐?"고 물었다. 한 손만 놓치면 바로 절벽 아래로 굴러떨어질 상황이라는 경고였다. "끝까지 달리는 것 말고는 방법이 없습니다" 하고 대답했다. 김근태가 '광야로 가자'는 동지들의 간곡한 요청을 물리치고 독배를 마시기로 작정했을 때 이미 예정한 일이었다. 지금 호랑이 등에 올라탄 것이 아니라 그때 올라탄 것이었다. '사회대타협'이라는 유일한 길을 오솔길로, 도로로, 대로로 만들어가는 일이었다.

5대 재벌 그룹을 중심으로 '사회대타협을 환영하며, 추진할 내부 준비를 갖췄다'는 사인이 왔다. 삼성이 먼저 움직였고, 다른 대기업들이 뒤를 따랐다. 사내 준비 조직이 만들어졌다는 소문도 돌았다. 초창기 뜨악하던 노동계 분위기도 조금씩 달라지고 있었다. 이목희 의원을 중심으로 열심히 접촉했고, 취지를 설명했다. 현재 경제 상황을 돌파해 국민경제에 도움되는 해법을 만들고, 서로 윈윈하는 해법을 찾을 수 있다는 설득이었다.

심지에 곧 불이 붙을 것처럼 가는 연기가 피어오르고 있었다. 그러나 상황은 곧 돌변했다. 청와대에서 삼성에 '움직이면 발포한다'는 사인을 보냈다는 얘기가 들려왔다. 비서실장을 하던 이계안 의원에게도 직접 청와대발 경고가 날아들었다는 소식이 들렸다. 분위기가 싸늘하게 얼어붙었다. 연기가 피어오르던 심지에 찬물을 끼얹은 셈이었다. 사회대타협 추진의 한 축이던 비서실장이 손을 놓았다. 이목희 의원 홀로 동분서주했지만 이미 상황을 되돌리기 어려웠다.

그즈음 관훈토론회가 열렸다. 그가 사회대타협과 뉴딜의 필요성을 역설할 수 있는 사실상 마지막 기회였다. 《말》과 《민중의 소리》라는 진보 언론 한두 곳을 제외하고, 모든 언론사가 그의 얘기에 귀를 닫고 있었다. 돌이킬 수 없을 만큼 대세는 기울었다. 그는 그래도 혼신을 다해 설명할 작정이었다.

현장 분위기는 예상대로였다. 기자들의 관심은 이미 '사회대타협'에 있지 않았다. 그들의 관심사는 당청 갈등과 정계 개편이었다. 기자들은 열린우리당 분당이라는 시한폭탄이 언제 터질지 탐색하고 있었다. 그때 언론이 외면했던 그의 글을 다시 읽어보자. 다소 길지만 그의 생각을 잘 녹인 글이라 전문을 소개한다.

"뉴딜, 번영으로 가는 KTX"

오늘, 뉴딜과 사회대타협을 전도하기 위해 왔습니다.

언론인 여러분을 뉴딜과 사회대타협의 신도로 만들겠다는 생각을 갖고 아주 작정하고 왔습니다. 오늘 여러분과 툭 터놓고 얘기해봅시다.

저는 뉴딜과 사회대타협 말고는 우리 사회가 처한 어려움을 극복할 수 있는 대안이 없다고 생각합니다. 이대로 가자는 것도 대안이 될 수 없고, 한나라당이 주장하는 내용을 쳐다봐도 대안이라는 생각이 들지 않습니다. 시민사회가 대안을 제시하지 않을까 하는 기대를 갖고 있지만 아직 뾰족한 해법이 보이지 않습니다. 시중 여론 역시 '한 치 앞이 안 보인다'는 것입니다.

국민들은 현실과 미래에 대해 희망을 느끼지 못하고 답답해하고 있습니다. 집권 여당의 대표로서 이런 현실에 대해 안타깝고 부끄럽게 생각합니다. 국민이 '할 수 있다' '그래, 한번 해보자' 하고 덤벼들 수 있도록 하는 것이 집권 여당의 역할인데 그렇게 하지 못하고 있습니다.

요즘, 앨빈 토플러가 얼마 전에 발표한 《부의 미래》라는 책을 읽고 있습니다. 생각할 바가 많지만 특히 마음에 와닿는 단어가 있어서 여러분께 소개할까 합니다. 바로 '속도의 충돌'이라는 말입니다. 세상이 변하는 속도와 정부나 공공부문이 변하는 속도가 충돌을 일으키게 될 것이라는 예언입니다.

저는 지금 정부와 국민이 이런 속도의 충돌을 경험하고 있다고 생각합니다. 정부의 경제정책과 국민이 느끼는 경제 현실 사이에 감각의 차이가 큽니다. 참여정부가 '경제 체질'을 바꿔야 한다고 주장하는 것이 틀린 것은 아니지만, 국민들은 당장의 경제 현실에 대해 힘겨워하고 있습니다. 속도의 차이 때문입니다. 국민들은 더 빠른 속도로 경제가 활성화되고, 서민경제가 회복돼야 한다고 요구하고 있습니다.

집권 여당이 뉴딜을 추진하는 이유가 바로 거기에 있습니다. 집권 여당이 나서서 정부와 국민이 느끼는 '감각의 차이'를 좁히는 역할을 하자는 것입니다. 참여정부가 설계한 경제 설계도에 따라서 집을 짓되, 공사 기간을 단축해서 국민이 시급히 입주할 수 있도록 하자는 것입니다. 그럼, 지금부터 뉴딜과 사회대타협을 추진하는 이유를 구체적으로 말씀드리겠습니다.

첫째, 서민들을 '생존의 공포'로부터 구하자는 것입니다.

IMF 외환위기 이후 서민들이 느끼고 있는 심정을 한마디로 말씀드리면 '공포'입니다. IMF 외환위기는 우리 국민들에게 엄청난 공포를 안겼습니다. 기업매각과 구조조정, 정리해고가 단행되면서 모두가 부러워하는 직장에 다니던 사람이 하루아침에 거리로 내몰리는 상황을 목격하면서 큰 충격을 받았습니다.

그러나 발등에 떨어진 불만 끄면, 다시 말해 시급한 외환위기만 넘기면 모든 것이 정상으로 돌아가는 줄 알았습니다. 많은 국민들이 자발적으로 '금 모으기'에 참여했던 것도 그런 믿음이 있었기 때문입니다. 소나기가 끝나면 다시 무지개가 뜨고, 화창한 하늘을 볼 수 있을 줄 알았습니다.

그러나 10년이 지난 지금, 서민들은 IMF 외환위기는 잠깐 왔다가 지나가는 소나기가 아니라 언제 끝날지 모르는 긴 장마라는 사실을 알게 됐습니다. 무지개가 영영 뜨지 않을지 모른다는 사실에 엄청난 공포를 느끼고 있습니다.

실업에 대한 공포, 만성적인 경기 불안에 대한 공포, 노후에 대한 공포를 느끼고 있습니다. 이런 공포감이 우리 사회를 어둡고, 고통스럽게 만들고 있습니다.

우리당은 뉴딜과 사회대타협을 통해 서민들을 이런 공포로부터 구출하는 탈출구를 만들고자 합니다. 충분한 자금이 있고, 인력도 있습니다. 물꼬를 투자 확대와 일자리 창출이라는 방향으로 돌려놓기만 하면 우선 급한 불을 끌 수 있습니다. 소나기를 멈추게 하고, 무지개를 볼 수 있습니다.

국민에게 다시 무지개를 볼 수 있다는 희망을 주는 것이 정치권의 임무입니다. 국민의 먹고사는 문제를 해결하지 못하는 정치는 존재할 필요가 없습니다. 거추장스럽고 소모적인 악세서리에 지나지 않습니다.

망설일 이유가 없습니다. 여당, 야당 구분할 이유도 없는 일이고, 당과 정부를 나눌 일도 아닙니다. 우선 경제계가 동의하고 있고, 아직 완전하진 않지만 한국노총을 중심으로 노동계도 큰 취지에는 공감하고 있습니다. 우선 당장 합의할 수 있는 것부터 합의해 나가면 됩니다.

둘째, 우리 몸에 맞는 새로운 성장방식을 만들자는 것입니다.

우리는 선진국으로부터 고속열차를 들여왔지만 우리 지형과 우리 국민들의 형편에 맞게 설계도를 바꿨습니다. 그게 KTX입니다.

우리 경제는 미국이나 유럽이 경험하지 못한 독특한 성장 과정을 거쳐 오늘에 이르렀습니다. 대표적인 것이 재벌 체제입니다. 재벌체제는 이미 우리 경제의 변수가 아니라 상수가 됐습니다. 이런 현실을 인정하고 우리 몸에 맞는 새로운 성장방식을 창조해야 합니다.

국민의정부와 참여정부는 IMF 외환위기 직후에 예견되던 엄청난 재앙을 성공적으로 막아냈습니다. 이제 당장 IMF 외환위기와 같은 엄청난 정책실패와 재앙은 걱정하지 않아도 되는 정도까지 전진했습니다.

문제는 지금부터입니다. 국민의정부와 참여정부를 포함한 지난 10년은 무능한 과거 정권, 즉 한나라당이 집권했을 때 저지른 'IMF 재앙'을 뒷감당하는 시기였습니다.

이제는 새로운 10년을 준비할 때입니다. 기업하기 좋은 나라, 취직하기 쉬운 나라, 승진기회가 많은 나라를 만들어야 합니다.

시장만능주의로 안 된다는 사실은 이미 분명해졌습니다. 시장의 발전은 매우 중요합니다. 그러나 시장에 맡겨 놓으면 다 해결된다는 주장에는 동의할 수 없습니다. 현재의 상황은 기업의 입장에서도 쉽지 않은 상황입니다. 새로운 시장을 개척하고, 적극적 투자를 통해 상황을 돌파해야 하는데 소극적·안정적 투자, 경영권 방어에 치중할 수밖에 없는 상황입니다. 단기배당을 중시하는 주주자본주의의 득세와 수익성과 건전성만 추구하는 은행들의 행태 때문에 기업들이 위험투자를 결단하기가 어렵습니다.

공공의 역할을 강화해야 합니다. 정부와 정치권을 비롯한 사회가 나서서 기업이 투자를 할 수 없도록 막고 있는 족쇄를 풀어줘야 합니다. 기업이 경영권 방어에 매몰되지 않도록 손을 내밀어야 합니다. 사회가 기업에 대해 '시장 원리'를 넘어서는 지원을 하는 대신에 기업이 투자를 확대하고, 고용을 늘릴 수 있도록 이끌어야 합니다.

상장기업이 고용과 투자 결과를 사회에 공시하도록 하는 방안에 대해 검토해야 합니다. 그 과정에서 언론이 적극적으로 역할하는 방안도 생각할 수 있을 것입니다.

금융의 공공성 역시 중요합니다. IMF 외환위기 직후에는 금융산업 구조 개편이 주요한 금융개혁이었습니다. 그러나 이제는 금융의 공공성 제고가 핵심입니다.

지난 10년 동안 산업에 대한 대출 비중이 72.8%에서 50.5%로 급감했습니다. 그중에서도 정말 돈이 필요한 제조업에 대한 대출 비중은 40.9%에서 20%로 반토막이 났습니다. 이런 상황을 개선할 수 있는 방안을 마련해 중소기업의 활로를 열 수 있어야 합니다.

IMF 외환위기 이전에 우리 경제를 이끌고 온 힘은 기업·은행·정부가 투자위험을 분산해서 감당했던 데 있었습니다. 외환위기를 겪으면서 이런 위험분담체제는 와해됐습니다. 그 빈자리를 메울 수 있는 새로운 방법을 찾아야 합니다. 그게 바로 뉴딜과 사회대타협입니다. 뉴딜과 사회대타협으로 번영으로 가는 KTX를 만듭시다.

셋째, 우리 사회의 작동 패러다임을 바꾸자는 것입니다.

박정희 전 대통령은 강권에 의존한 '고도성장전략'을 추진했습니다. 그러나 제도적 민주주의가 완성단계로 접어들면서 이제 그런 성장방식이 통하던 시대는 영원히 끝났습니다. 박정희식 발전모델은 폐기

처분됐습니다.

남은 방법은 사회대타협을 통한 성장전략밖에 없습니다. 반대와 이견을 용납하지 않는 박정희식 개발독재 체제는 우리 사회에 '만인에 대한 만인의 투쟁'이라는 악성 종양을 남겼습니다. 생각이 다른 상대방을 인정하지 않는 문화를 만들었습니다. 우리 사회를 동서로, 남북으로 갈기갈기 찢어 놓았습니다.

타협과 합의, 협력과 상생은 민주주의의 기본 원리 가운데 하나입니다. 사회대타협을 통해 '투쟁의 문화'를 '협력의 문화'로 전환해야 합니다. 우리 사회의 작동 원리를 '협력을 통한 성장과 발전'으로 바꿔야 합니다.

투자활성화와 일자리 창출을 위한 뉴딜과 사회대타협이 '투쟁의 시대'와 '협력의 시대'를 구분 짓는 결정적인 이정표가 될 수 있습니다.

이제 본격적인 추진단계로 돌입하겠습니다.

제가 당의장에 취임한 지 곧 100일이 됩니다. 그동안 첫째도, 둘째도, 셋째도 서민경제를 살리겠다는 일념으로 일해 왔습니다. 뉴딜과 사회대타협을 추진하는 것도 서민경제의 돌파구를 열겠다는 이유 때문입니다.

첫걸음은 성공적으로 뗀 것 같습니다. 뉴딜과 사회대타협이 필요하다는 '공감'을 만드는 데까지는 성공했다고 생각합니다. 각 경제 주체들 역시 마음을 열고 귀를 기울이기 시작했습니다. 아직 속에 품은 카드를 불쑥 꺼내 드는 단계는 아니지만 '이것 말고는 길이 없다'는 주장에 고개를 끄덕이고 있습니다. 경제계와 한국노총을 비롯한 노동계

일부는 '테이블에 앉을 수 있다'는 의지를 밝히기도 했습니다.

출발할 때는 아득하게만 보이던 고지였는데, 어느새 산 중턱에 이르렀습니다. 이제 본격적인 등반을 할 때가 됐습니다. 다음 단계로 전진하겠습니다. 준비가 된 부분부터 협상테이블을 만들고, 구체적인 협상에 착수하겠습니다. 당내 합의를 이뤄내고, 정부의 지원을 이끌어내는 과정이 순조롭게 진행되고 있습니다. 탐색단계에서 실천단계로 진입하기 위한 준비가 끝나가고 있습니다.

뉴딜과 사회대타협을 이뤄 우리당이 집권할 능력과 비전을 갖춘 세력이라는 것을 국민으로부터 확인받겠습니다.

우리당은 뉴딜과 사회대타협을 통해 국민에게 우리당이 집권할 수 있는 실력을 갖춘 세력이고, 한나라당보다 국민을 행복하게 할 수 있다는 사실을 분명히 알릴 것입니다.

작은 정부를 주장하고, 기업에 모든 것을 맡기면 문제가 해결된다는 한나라당식 신자유주의는 'IMF식 처방'을 충실히 추종하자는 주장에 불과합니다. 우리 사회가 처한 어떤 문제도 해결할 수 없습니다. 성장도 이룰 수 없고, 복지 문제도 해결할 수 없습니다.

한나라당식 신자유주의는 IMF 외환위기를 극복하는 과정에서 드러난 문제를 심화시키고 증식시킬 뿐입니다. 미국에서는 통할 수 있을지 모르지만 한국에서는 통할 수 없는 방식입니다.

투자활성화와 일자리 창출을 위한 뉴딜과 사회대타협은 '사회통합적 시장경제'를 이루겠다는 우리당의 강령을 실천하는 첫 번째 시도입니다. 뉴딜과 사회대타협을 시작으로 우리당은 새로운 성장과 새로운 발전을 위한 우리당의 비전을 지속적으로 실천해 나갈 것입니다. 우리 사회가 처한 성장의 문제, 양극화와 복지문제를 해결할 수 있는 방법은 그것밖에 없다고 확신하기 때문입니다.

현실의 어려움을 극복하는 능력과 미래를 열어 나갈 비전이라는 두 측면에서 '한나라당식 신자유주의'와 경쟁하겠습니다. 새로운 10년을 담당할 수 있는 능력과 비전을 갖춘 세력은 역시 우리당 밖에 없다는 사실을 국민에게 인정받겠습니다. 감사합니다.

2006년 9월 12일, 관훈토론 발제문

평화가 밥이다

2006년 10월, 북한이 1차 핵 실험을 했다. 세계 여론이 규탄에 나서고 온 나라가 들끓었다. 청와대와 총리실에서 핵실험 이전과 이후는 달라야 한다는 방침이 흘러나오기 시작했다. 금강산 관광과 개성공단 사업 중단이 유력한 대응 방안으로 거론됐다.

김근태는 이런 기류를 되돌리기 위해 백방으로 뛰었다. 핵실험을 규탄하는 것은 너무 당연하지만, 금강산 관광과 개성공단 사업을 중단하는 것은 우리가 평화를 위해 쓸 수 있는 마지막 지렛대마저 포기하는 일이라 생각했다. 농부는 종자를 베고 굶어 죽는 법이다. 보릿고개가 극심해도 농사지을 씨는 남겨둬야 했다.

개성공단과 금강산 관광 중단 필요성을 지속적으로 발신하던 정부 관료들을 국회로 불렀다. 비상 조치였다. "열린우리당이 동의하지 않는 조치를 취하지 말라"고 엄중 경고했다. '상의 없이 조치를 취하는 공직자가 있다면 반드시 책임을 묻겠다'고 으름장을 놓았다. 평소 그답지 않은 초강경 발언이었다. 브레이크가 파열된 위급한 상황, 낭떠러지 앞에서 핸드 브레이크를 당기는 심정이었다.

총리실과 청와대에 간곡히 전화를 걸었다. 개성공단과 금강산 관광 중단을 발표해서는 안 된다는 내용이었다. 김대중 전 대통령이 직접 나섰다는 얘기도 들렸다. '김근태와 김대중밖에 안 보인다'는 말이 퍼져나갔다. 며칠 후, 상황이 진정됐다. 개성공단 사업과 금강산 관광 중단 검토가 보류됐다.

김근태는 개성공단 방문길에 나서겠다고 선언했다. 그로서는 어려운 결단이었다. 국회의원이 되고 나서 여러 차례 방북할 기회가 있었지만, 번번이 거절한 터였다. 월북한 가족들 때문이었다. 그는 국회의원이 되고 나서도 북측 인사들과 접촉하는 것을 최대한 피했다. 연좌제의 기억이 선명했고, 국가보안법의 날이 파랬다. 남영동에서도 어떻게 해서든 월북한 가족들과 그를 엮으려 했던 저들이었다.

그가 굳이 개성공단을 가겠다고 선언한 것은 '못 박기'였다. 국제사회를 향해 개성공단의 중요성을 환기하겠다는 의도가 컸다. 개성공단 유지라는 정책이 확정돼 급한 불은 끈 만큼 이제는 북한 정권에게 말할 차례라는 숨은 계산도 있었다. 그의 개성길은 순조롭지 않았다. 당의장이 개성공단을 방문하겠다고 선언하자 당내 반대가 들끓었다. 수많은 의원이 당의장의 개성 방문이 부적절하다고 막고 나섰다. 핵실험을 자행한 북한 정권에게 잘못된 사인을 줄 수 있다는 주장이었다.

총리실과 청와대에 간곡히 전화를 걸었다. 개성공단과 금강산 관광 중단을
발표해서는 안 된다는 내용이었다. 김대중 전 대통령이 직접 나섰다는 얘기도
들렸다. '김근태와 김대중밖에 안 보인다'는 말이 퍼져나갔다.

그는 뜻을 굽히지 않았다. 북한이 핵실험이라는 방아쇠를 당긴 지금이야말로 대화해야 할 때라고 강조했다. 직접 만나 '핵실험을 중지하라'고 말하는 것도 대화였다. 위급한 상황일수록 더 많이 대화해야 했다. 그의 방북길에 몇몇 의원들이 함께하겠다고 나섰다. 그에게 힘을 실어주겠다는 뜻이었다. 그는 휴전선을 넘으며 국민에게 드리는 글을 발표했다.

저는 오늘, 개성공단 사업과 금강산 관광사업은 한 치의 흔들림도 없이 지속돼야 한다는 사실을 국제사회에 명확하게 알리기 위해 개성공단을 방문하려고 합니다. (중략) 개성공단 사업과 금강산 관광사업은 우리가 북한을 돕기 위해 추진하는 사업이 아니라는 점을 국제사회에 분명히 알려야 합니다. 두 사업은 남한이 필요해서 추진하는 사업이기도 합니다. 개성공단과 금강산사업의 경제적 효과는 실로 엄청납니다. 평화가 유지돼야 경제를 운영할 수 있습니다. 분단국가이자, 정전협정 상황에 있는 우리에게는 '평화가 곧 밥'입니다. 평화가 깨지면 경제가 흔들립니다. 밥그릇이 깨지는 것입니다. (후략)

개성을 방문한 김근태는 북한 당국자들 앞에서 연설했다. 상황이 엄중한지라 북측에서도 고위급 인사가 개성으로 왔다. 그는 북한의 고위 당국자들을 향해 작심하고 말했다. 북한 정권의 '핵실험'을 규탄하고, 당장 핵물질을 폐기해야 한다는 것이었다. 핵실험 직후, 북한 당국자와 주민들을 상대로 핵실험 중단과 핵물질 폐기를 요구한 역사적인 장면이었다.

연설 내용은 애초 북측에 전달한 연설문과 달랐다. 남북관계 관례상 있을 수 없는 일이었다. 남측 인사가 북측에서 북측 사람들을 상대로 연설할 경우, 사전에 북측에 연설문을 제출하고 허락을 받아야 했다. 북한 체제의 특수성이었다. 북측은 연설문에서 마음에 들지 않는 부분이 있으면 수정을 요구하거나 연설을 취소하기도 했다.

그는 처음부터 개성에서 핵폐기와 핵실험 중단을 요구하는 연설을 할 계획을 세웠다. 전날 밤, 연설문 준비를 맡은 나와 보좌진은 머리를 싸맸다. 새벽까지 팽팽한 논쟁이 이어졌다. 연설문 초안을 쓴 나는 '핵실험 중단'과 '핵폐기'를 직접 요구하는 것이 이번 방문의 중요한 목적 가운데 하나라고 생각했다. 북측에 우리 정부와 세계 여론을 직접 전달할 필요가 있었다. 그래야 금강산 관광과 개성공단 유지를 주장하는 논리에 설득력이 생겼다.

그런 내용으로 연설문을 썼다. 그런데, 북측과 협의를 한 경험이 많은 후배 한 명이 강력히 문제제기를 했다. 그런 내용으로 연설문을 작성하면 북측이 수령을 거부하고, 방문도 무산될 거라는 얘기였다. 생각지도 않은 불상사가 생겨 원치 않는 방향으로 이슈가 옮겨갈 수도 있다고 주장했다.

처음 듣는 얘기였다. 연설 내용을 미리 북측으로부터 허락을 받아야 한다는 사실을 이해할 수 없었다. 그렇지만 후배의 우려는 틀림없는 사실이었다. 전에 몇 번 그런 사고가 났다고 했다. '넣자' '빼자' 길고 팽팽한 논쟁 끝에 '핵실험 중단'과 '핵폐기'라는 직접적인 단어만 빼는 것으로 조

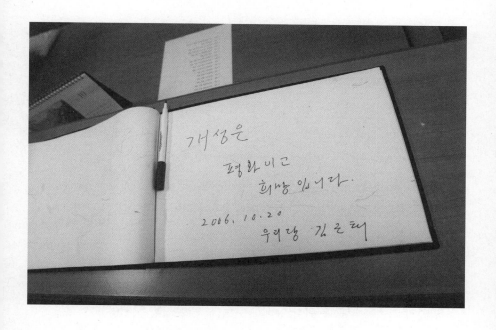

연설 내용은 애초 북측에 전달한 연설문과 달랐다. 남북관계 관례상 있을 수 없는
일이었다. 남측 인사가 북측에서 북측 사람들을 상대로 연설할 경우,
사전에 북측에 연설문을 제출하고 허락을 받아야 했다. 북한 체제의 특수성이었다.
북측은 연설문에서 마음에 들지 않는 부분이 있으면 수정을 요구하거나 연설을
취소하기도 했다.

정해 북측에 전달했다. 보고를 받은 그는 그렇게 수정한 연설문을 들고 휴전선을 넘었다. 그리고 연설문에서 빠진 내용을 잊지 않고 기록했다가 개성 연설 현장에서 직접 발언했다.

전격적인 조치였다. 밤새 토론한 실무진도 고려하지 못한 일이었고, 사전에 전혀 검토도 하지 않은 방법이었다. 그 혼자 결정하고, 저질렀다. 북측 인사들 얼굴이 파랗게 질렸다고 한다. 그들에게는 초대형 사고였을 것이다. 남측 인사가, 북한 땅에서, 북한 인민들을 앞에 두고, 핵실험을 규탄하고 즉각 중단과 핵무기 폐기를 주장했으니 그럴 만했다.

그를 수행해 함께 방북한 후배도 파랗게 질렸다고 했다. 뜻하지 않은 사고가 터져 방북 목적이 훼손되지 않을까 염려했다. 그 후배는 부랴부랴 북측 인사들을 만나 양해를 구했다. 남측 상황을 설명하고, 북측의 이해를 요청했다. 다행히 북측은 이 연설을 문제 삼지 않았다. 남측 상황을 감안할 때 지금 김근태 의장의 처지를 어렵게 만드는 것이 모두에게 도움이 되지 않는다고 판단했던 것 같다.

사고는 엉뚱한 곳에서 터졌다. 행사가 끝나고 이어진 식사 자리에서 이른바 '춤 파동'이 터진 것이다. 그는 몇 차례 거절했으니 딸 같은 여성이 무안해하기에 무대로 나갔다고 해명했다. 우리 보좌진의 실수였다. 그를 수행한 후배 보좌관이 북측 인사들을 만나 연설 내용을 해명하는 데 시간을 쏟느라 점심식사 장소를 제대로 확인하지 못했다. 미리 확인해서 북측 공연팀이 공연을 하지 못하게 했어야 했다. 그가 예정에 없던 연설을 하는 바람에 충분히 현장 관리를 못한 탓이 컸다.

처음 그의 '핵실험 중단'과 '핵무기 폐기' 연설 소식을 전하기 시작하던 언론 보도가 갑자기 방향을 바꿨다. 의원회관 그의 사무실에서 초조하게 언론 동향을 주시하던 나는 깜짝 놀랐다. 한 언론사가 '핵실험을 축하하는 춤'이냐는 식의 보도를 내보내자 모든 언론사 논조가 바뀌었다. 순식간이었다.

현장에서 식사를 마치고 함께 버스를 타고 돌아오던 기자들에게 데스크로부터 갑작스러운 지시가 떨어졌다고 하는 얘기를 전해 들었다. '춤추는 사진을 구해라' '기사 내용을 바꿔라' 버스 안이 정신이 없을 지경이었다고 했다. 개성 연설을 전하던 언론 보도는 일순 자취를 감췄다. 대신 '춤 파동'이 지면을 도배했다.

그렇지 않아도 그의 개성 방문에 쌍심지를 켜던 보수 언론은 십자포화를 퍼붓기 시작했다. 곧 치를 '재보궐선거'에 부정적인 영향을 미치고 있다는 후보들의 하소연이 쏟아졌다. 친정동영계 의원들을 중심으로 당의장 사퇴를 요구하는 목소리도 터져 나왔다.

10월 23일, 재보궐선거를 이틀 앞두고 그는 "부적절하고 부주의한 측면이 있다"고 유감을 표명했다. 선거 유세 현장에서 만난 후보자가 간곡히 호소해 그의 마음을 움직였다. 훗날 그는 그때 유감 표명한 걸 두고두고 후회했다. '평화를 위해 춤을 췄다'고 당당히 반박했어야 하는데 김근태답지 못한 사과였다는 후회였다.

부동산 결자해지

2006년 말, 부동산 문제가 정권 차원의 위기가 되었다. 정부가 여러 차례 부동산 대책을 내놨지만, 불을 끄기는커녕 기름을 부은 꼴이었다. 이런 상황이 반복되면서 정부 대책은 신뢰를 잃었다. 이제는 부동산 대책이 나오면 부동산 가격이 더 오른다는 말이 나올 지경이었다. 찬물을 붓는 대책이 아니라 기름을 붓는 대책이었다.

용두사미 대책 때문이었다. 정부가 처음 대책을 세울 때는 큰 그림을 그리는 것처럼 보였지만, 경기 둔화를 핑계 삼은 경제 관료들이 나서서 차를 떼고, 건설족들이 나서서 포를 떼는 과정이 반복됐다. 대책을 발표할 때마다 매번 똑같은 논리와 과정이 반복됐다.

이른바 '건설족'과 '비호세력'은 맹활약했다. '건설족'은 정부 관료 중에도 있었고, 국회의원 중에도 있었다. 정책에 직접 영향을 미쳤다. 열린우리당 의원들 가운데도 건설족과 다를 바 없는 주장을 펴는 의원들이 적지 않았다. 결국, 해법을 못 찾는 것이 아니라 안 찾는 것이었다. 이들은 부동산 대책을 세울 때마다 '부동산 버블 경착륙은 재앙적 사태를 초래한다'며 김 빼기를 시도했다. 반시장주의라는 전가의 보도도 빠지지 않고 등장했다.

부동산 정책은 그렇게 번번이 난도질당했다. 강남에 집 가진 고위 공무원과 국회의원의 영향력도 없다고 할 수 없었다. 이를 통제하지 못하고 이끌려간 당과 청와대의 조정 능력이 큰 문제였다.

김근태는 당 정책위와 원내대표에게 있던 부동산 정책에 대한 권한을 직접 행사해야겠다고 생각했다. 11월 22일, 당의장 직속으로 '부동산대책특별위원회'를 구성해 이미경 의원을 위원장에 선임했다. 그는 "이제 부동산 문제는 정권 차원을 넘어서서 체제에 대한 위협과 위기가 조성되고 있다고 느낀다"며 문제 해결에 대한 강력한 의지를 밝혔다. "'건설족'과 이를 비호하는 일부 세력이 누구인지 투명하게 국민에게 드러나야 한다"고 경고하기도 했다. "대통령이 국민에게 약속한 분양원가 공개에 대해서도 일부 정부 정책 책임자가 뭔가 뉘앙스가 다른 소리를 하는 이 상황은 방치할 수 없다. 집 없는 서민의 상실감이 어느 정도일지 참으로 두렵다. 이 문제를 해결하지 못하면 대한민국의 미래는 없다"고 단언했다. 일부 공무원과 당내 건설족을 향한 직접적인 경고였다.

그는 이미 약속한 분양원가 공개를 신속하고 전면적으로 시행하고, 환매조건부 분양제도를 전면 시행하는 방안도 검토해달라고 요구했다. 부동산 정책의 근본 틀을 바꾸는 주문이었다. 부동산 정책도 얼마든지 공공적으로 해결할 수 있다는 주장이었다. 시장주의에서 공공성 중심으로 전환하는 첫걸음이기도 했다.

당내 반발이 거셌다. 원내대표단과 건설교통위원회 의원들은 김근태 당의장이 주도해 부동산 대책을 세우는 데 반발했다. 이들은 건설교통 위원을 비롯한 당내 의견을 먼저 수렴한 다음에 정부와 협의해야 한다고 주장했다. 당 홈페이지에 글을 올려 부동산대책특별위원회를 공격하기도 했다.

우여곡절 끝에 2007년 1월 11일, 김근태가 주도한 부동산 정책이 모습을 드러냈다. 이른바 1·11 부동산 대책이다. 부동산대책특별위원회가 초안을 만들고 당정 협의를 거쳐 확정한 부동산 대책이다. 이번 대책은 이전에 나온 부동산 대책과 정반대의 경로를 거쳤다. 건설족의 손아귀에서 정책 결정권을 빼앗은 것이다. 정부를 제치고 당의장이 직접 나서 부동산 대책을 이끈 첫 시도였다.

1·11 부동산 대책은 강력했다. 애초 김근태 의장이 요구했던 분양원가 공개가 시행되는 대신 환매조건부 분양제도는 포함되지 않았다. 대신 강력한 대출 규제 정책과 보유세 부과 정책이 시행됐다. 이제 누구도 의심하지 않았다. 누구나 다 알고 있던 '집값 잡는 방법'이 건설족의 발호를 뚫고 비로소 시행됐기 때문이다. 당의장이던 그가 직접 나서 부동산 가격 폭등을 막겠다는 명확한 사인을 시장에 전달했다. 비로소 치솟던 집값이 잡혔다.

허물어진 제방

2007년 2월, 제방이 허물어졌다. 열린우리당 의원 30명이 탈당했다. 천정배 의원을 중심으로 한 개혁파 의원이 한 그룹이고, 김한길 원내대표와 강봉균 정책위의장을 중심으로 한 보수파 의원이 한 그룹이었다.

처음 김근태에게 주어진 시간은 4개월, 2006년 10월까지였다. 그러나 김근태 체제를 반대하고, 사사건건 견제하던 그룹들도 김근태 체제 이후의 대안을 쉽게 찾지 못했다. 어정쩡한 상태로 2007년 새해가 밝았다. 곧 전당대회가 다가오고 있었다. 그는 '이대로는 안 된다'는 견해에 동의했다. 변화가 필요했다. 방법은 구 민주당을 비롯한 민주개혁 세력과의 대통합과 새 출발이었다.

그는 전당대회를 열어 민주개혁 세력 대통합을 결의하자는 주장

을 폈다. 그러나 뜻을 이루지 못했다. 천정배, 김한길 의원 등이 주도한 선도 탈당이 이어졌다. 2003년, 민주당 분당 때도 앞장을 섰던 이른바 '천신정 그룹'의 재현이었다. 그는 선도 탈당을 감행한 의원들에 분노했다. 민주당 분당이 개혁 세력의 고립을 초래한 실패한 기획이었다면, 이번 선도 탈당은 반대로 친노 세력 고립을 겨냥한 고약한 기획이었다. 그런 방식으로는 정권 재창출을 이룰 수 없었다. '누구는 빠져' 같은 방식이 아니라 한나라당에 반대하는 모든 세력의 단결이 필요했다.

그가 당의장을 하는 동안 당은 분열했다. 그는 끝까지 분열을 막고자 했으나 역부족이었다. 당의장을 시작하는 순간부터 탈당과 분열이 기획되고 있었다. 그들이 그에게 기대한 것은 '탈당'을 준비할 시간이었다.

2월 14일, 김근태는 전당대회를 끝으로 당의장직을 내려놓았다. 우여곡절 끝에 독배라 부르던 잔을 내려놓은 것이다. 홀가분한 표정이었다. 나도 당의장 비서실에서 짐을 정리하며 그런 기분이 들었다.

당의장 비서실에서 일곱 달을 보내며, 거미줄에 갇힌 나비 신세라는 생각이 자주 들었다. 이리저리 용을 써봐도 점점 옥죄어 오는 거미줄의 공포를 느꼈다. 그때 그가 마신 독배는 치명적이었다.

우리 세력

2004년쯤 있었던 일이다. 일요모임이 끝나고 그가 사무실을 떠난 다음 한 선배가 분통을 터트렸다. 그 선배는 "자꾸 우리 세력이라는 말씀을 하시는데, 도대체 누가 우리 세력이야!" 하고 소리쳤다.

당내 모든 세력이 자기 중심으로 정치를 하는데, 왜 김근태는 바보같이 '우리 세력'을 걱정하느냐는 거였다. 고립된 김근태 세력이나 잘 챙기자는 일갈이기도 했다. 그 말에 모두 고개를 푹 숙였다. 일부 친노 논객들은 쉼 없이 그를 조롱하고 있었다. '실용주의'를 주장하던 일부 세력은 그를 '좌파'라고 몰아붙였다. 파벌과 권력정치, 음해와 모략이 난무하는 여의도였다.

　그는 '우리 세력'이라는 말을 자주 썼다. "우리 세력이 분열하잖아" "어떻게 해야 우리 세력에 도움이 될까?" 같은 말이었다. 토론을 끝낼 때, 그는 늘 '우리 세력'을 거론했다.

　그가 말하는 '우리 세력'은 민주개혁 세력이었다. 당내 일부 우파 정치인을 제외한 대부분의 정치 세력과 진보정당, 시민사회, 민중운동 세력이 그가 말하는 '우리 세력'의 범위에 포함됐다. 그가 내리는 결론은 언제나 '우리 세력'에 도움이 되는지가 기준점이었다.

　나는 그가 다른 정치인들과 차원이 다른 정치인이라는 생각을 자주 했다. 그리고 무엇이 그가 그런 정치를 하도록 이끌

고 있는지 궁금했다. 그가 세상을 떠나고 몇 해가 지나고 궁금
증이 풀렸다. '우리 세력'이라는 그의 말에 답이 있었다. 그는
1995년 현실 정치에 발을 들인 뒤부터 세상 떠나는 날까지 '운
동'을 했던 것 같다. 그에게 정치란 민주화운동의 연장이었다.
네루가 그랬던 것처럼.

　그는 민주화운동을 한다는 생각으로 국회의원을 했고, 원
내대표를 했고, 장관 일을 했다. 그래서 김근태의 정치가 아니
라 '우리 세력'에 미치는 영향이 중요했다. 김근태의 유불리보
다 민주개혁 세력의 유불리를 고민했다. 그래서 동교동계 해체
를 요구할 수 있었고, 노무현 대통령이 민주개혁 세력이 걷고자
하는 길과 다른 길을 걷고자 할 때 가차 없이 비판했다. 그게
그와 다른 정치인의 차이점이었다.

목숨을 건 한미 FTA 반대 단식

당의장직을 떠난 김근태는 긴 휴식을 취했다. 한 달 동안 모든 연락을 끊고 쉬겠다고 했다. 당의장실에서 마신 독배의 독을 중화할 시간이 필요했다. 긴 휴식을 요구한 건 다른 이유도 있었다. 한미 FTA라는 블랙홀이었다. 노무현 대통령이 한미 FTA를 야심 차게 기획했지만, 그는 그런 기획에 동의할 수 없었다. 그의 고민이 깊었다.

현재 추진하고 있는 성격의 FTA에 찬성할 수 없다는 생각은 처음부터 분명했다. 문제는 대통령이 국운을 걸고 추진하고 있는 일을 반대하고 나설 때 다가올 후폭풍이었다. 한 달이라는 시간을 갖고 충분히 고민해서 결론을 가지고 오겠다고 했다. 무엇이 민주개혁 세력 전체의 승리에 보탬이 되는 길인지 숙고하는 시간이었다.

한 달이 지났다. 그가 복귀했다. 복귀하는 날, 많은 동지가 기다렸다. 한미 FTA에 대해 어떤 결론을 말할지 귀를 쫑긋 세웠다. 예상대로 '반대'를 선택했다. 두 가지 이유가 있었다. 첫째는 한미 FTA의 성격 때문이었다. 그는 원래 적극적인 FTA 찬성론자였다. 원내대표 시절 국회 본회의장에서 FTA 협정을 통과시키기 위해 고군분투하기도 했다. 중국과 일본의 당국자들에게 한중일 공동 FTA의 필요성을 역설하기도 했다.

한미 FTA는 단순한 통상 FTA가 아니었다. 국운을 걸고 국가 대전략을 바꾸는 일이었다. 노무현 대통령이나 우리 경제 관료, 미국의 의도 모두 그랬다. 한미 FTA는 시장을 넓히는 차원에 그치지 않고, 우리 경제의 체질을 미국식 경제체제로 확정하고 시스템화하는 게 핵심 목표였다. 되돌이킬 수 없는 신자유주의 체제 구축을 위한 기획이었다.

그는 이 점을 크게 우려했다. 우리 사회에 미국식 경제체제를 도입하는 것은 매우 위험하다는 것이 그의 일관된 주장이었다. '작은 미국이 아닌 큰 스웨덴'이 그의 목표였다. 신자유주의, 시장만능주의의 폐해가 이미 우리 사회 곳곳에서 드러나고 있는데, 미국식 자유주의 경제체제를 구조화할 수는 없었다. 지금은 정부를 포함한 공공의 역할을 강화할 시기이지, 시장의 역할을 더 키울 때가 아니었다. 곳곳에서 시장의 실패가 흉물처럼 드러나고 있는데, 시장의 자유를 확대하고 대못을 박겠다는 시도는 동의할 수 없었다.

둘째 이유는 민주개혁 세력의 분열과 역 정권 교체였다. 2007년은 대통령 선거를 치러야 하는 해였다. 청와대는 이미 대선 패배를 당연하게 여기는 분위기였다. '정권을 재창출할 책임이 없다'는 대통령의 언명이 있었고, '한나라당이 집권해도 나라 안 망한다' 같은 철없는 말이 공공연히 떠돌았다. 한나라당에서는 이명박과 박근혜 후보가 떠오르고 있었다. 이대로는 승리할 방법이 없어 보였다.

한미 FTA 추진은 민주개혁 세력을 돌이키기 어려울 정도로 분열시키는 일이었다. 대북 송금 특검, 민주당 분당, 이라크 파병에 이은 마지막 결정타였다. 한미 FTA에 대한 옳고 그름을 판단하는 차원의 문제가 아니었다. 지금은 정권 재창출을 위해 민주개혁 세력의 단결을 위해 노력할 시기이지, 논쟁하고 권력으로 굴복시킬 때가 아니었다.

강물은 바다를 포기하지 않는다고 했던가? 어떤 경우에도 민주주의를 포기할 수 없는 것처럼, 어떤 경우에도 정권 획득을 포기하지 않는 것이 정치 지도자의 본분이다. 그는 정권 넘겨주는 것을 당연시하는 일부 분위기를 이해할 수 없었다. 이런 이유로 그는 한미 FTA 반대를 결심했다.

그는 당의장 시절부터 우리 협상팀이 후퇴해서는 안 된다고 강조했다. 합의가 안 되면 '결렬'도 방법이라고 주장했다. 한미 협상 과정에서 예상치 못한 이슈라도 불거져 협상이 결렬되기를 학수고대했다. 그렇게라도 협상 타결을 막고 싶었다. 그러나 그런 일은 일어나지 않았다. 처음부터 협상 타결 방침을 확정해두고 진행한 협상이었다.

그의 침묵이 길어졌다. 한미 FTA 타결이 초읽기에 들어갔는데, 움직일 생각을 하지 않고 있었다. 한미 FTA 타결을 다음 정부로 넘겨야 한다는 발언이 전부였다. 협상 타결을 되돌리기엔 너무 늦었다고 직감한 것처럼 보였다.

3월 하순, 나는 그에게 긴 편지를 쓰고 캠프에 있던 짐을 쌌다. 적극적인 행동을 촉구하는 내 나름의 파업이었다. 어렵지만 이대로 포기할 수는 없는 일이었다. 찬성을 하건 반대를 하건 분명한 처지를 밝혀야 했다. 그게 김근태다웠다.

그는 사이트에 "펜이 달아나서 글을 쓰기 어렵다"고 썼다. 몇 줄짜리 짧은 글이었다. 지난 3년 반 동안 내가 그의 글을 도맡아 썼다. 갑작스러운 나의 파업 선언에 그가 당황한 듯했다. 파업은 며칠 만에 풀었다. 텔레비전 뉴스에 그가 '한미 FTA 반대'를 내걸고 국회 본청 앞 단식 농성에 돌입했다는 보도가 나왔기 때문이다. 서둘러 그를 찾아가 손을 잡았다.

사실, 그는 단식을 하면 안 되는 건강 상태였다. 이미 그즈음에는 파킨슨 병세가 완연해 몸을 움직이는 것조차 힘겹게 느껴지던 때였다. 그런 몸으로 단식을 하는 것은 목숨을 건 일이었다. 그의 농성장 앞 현수막에는 "나를 밟고 가라"고 쓰여 있었다. 그걸 보고 어떤 인사가 "그래 밟아주마" 했다는 얘기도 들렸다. 고약한 일이었다.

"나를 밟고 가라"

정권 내부에서 한미 FTA가 처음 거론된 것은 김근태가 보건복지부 장관으로 일하던 때였다. 김근태는 처음부터 노무현 대통령이 왜 이런 선택을 했는지 이해할 수 없었다. 무엇보다 '미국식 경제체제를 받아들이는 것이 피할 수 없는 현실'이라고 생각하는 노무현 대통령의 경제관에 동의하지 못했다.

FTA가 시장을 넓히는 효과적인 정책 수단인 것은 분명하지만 세계 유일의 슈퍼 파워 미국과 FTA를 맺는 것은 다른 FTA와는 차원이 다른 문제였다. 미국식 경제체제를 적극적으로 수용하겠다는 생각이 아니라면 떠올리기 힘든 아이디어였다.

김근태는 보건복지부 장관으로 일할 때나 당의장으로 일할 때 내심 한미 FTA 추진을 반대했다. 한미 FTA의 협상 내용 자체도 문제였고, 이 문제로 민주개혁 세력이 돌이키기 어려운 분열을 겪게 되는 것도 심각한 문제였다. 그의 관점에서 한미 FTA는 대북 송금 특검과 이라크 파병에 이어 민주개혁 세력의 분열을 결정짓는 세 번째 결정타였다.

이즈음 김근태는 "내년이면 정권 재창출을 위한 대통령 선거가 열리는데 사분오열된 민주개혁 세력이 과연 집권에 성공할 수 있겠느냐"고 고뇌를 털어놓곤 했다. 그러나 대통령이 국운을 걸고 추진하는 일에 국무위원이나 여당의 대표가 공개적으로 반대 의견을 내기는 어려운 일이었다. 김근태는 끊임없이 '우리 정부 협상단의 협상력 강화'를 주장하거나 '국익을 훼손하는 FTA는 안 된다'는 수준으로 톤을 낮춰 발언할 수밖에 없었다.

"개인적으론 GDP에서 교역 비중이 70%나 되는 만큼 여러 나라와 FTA를 맺는 것에 찬성한다. 그러나 미국은 슈퍼 파워라는 점에서 조심스럽게 접근해야 한다. 미국은 근본적이고 포괄적인 수준의 FTA를 얘기하는데 이건 한국의 제도와 문화까지 모두 바꾸겠다는 것이다. 우리가 감당할 수 있는지 면밀히 검토해야 한다. 한국이 미국식 모델을 도입하면 잘될 수 있다는 환상을 가진 경제 관료들이 협상단에 포함된 건 아닌지 우려스럽다. 애초에 협상의 대등성이 없다. 또 농업과 금융, 서비스업 종사자들이 느끼는 부담과 우려에 답변할 수 있어야 한다. 그렇지 않으면 사회적 긴장과 갈등을 감당할 수 없다."

2006년 6월 19일, 《한국일보》

마침내 한미 FTA 협상이 타결에 이르자 김근태는 즉시 단식 농성에
돌입한다. 단식을 시작한 국회 본회의장 앞 로텐더 홀에는
"나를 밟고 가라"는 현수막이 내걸렸다.

2007년 2월, 당의장직에서 물러난 김근태는 '장고'에 돌입했다. 핵심은 '한미 FTA'였다. 그는 한 달 정도 이 문제에 대해 어떤 태도를 취할지 스스로 성찰하는 시간을 가졌다. 그리고 3월 16일 복귀 일성으로 '한미 FTA 저지'를 천명했다. 노무현 대통령과 정면으로 맞서는 한이 있더라도 이 문제를 전면에 서서 반대하기로 마음을 정한 것이다.

김근태가 이런 판단을 한 것은 아무리 생각해도 민주개혁 세력이 나아갈 방향은 '공공성 강화'인데, 한미 FTA가 이대로 체결되면 민주개혁 세력이 다시 집권하더라도 '공공성 강화'를 깃발로 내세울 수 없게 된다는 인식 때문이었다.

3월 27일, 마침내 한미 FTA 협상이 타결에 이르자 김근태는 즉시 단식 농성에 돌입한다. 단식을 시작한 국회 본회의장 앞 로텐더 홀에는 "나를 밟고 가라"는 현수막이 내걸렸다. 그러나 김근태의 반대 단식에도 불구하고 4월 2일 한미 FTA는 타결됐고, 김근태는 "무엇이 그렇게 급해서 미국의 요구대로 졸속 타결을 선언했는지 도저히 이해할 수 없다. 미국의 시한 연장 놀음에 휘둘려 국가 위신을 땅에 떨어뜨리고 미국에 대한 일방적 퍼주기로 협상이 끝난 데 대해 분노가 치민다"고 밝혔다.

당신 잘못이 아닙니다

당도, 김근태도 만신창이 상태였지만 어김없이 대통령 선거가 다가오고 있었다. 2007년 4월 초, 본격적으로 대통령 선거 출마 준비를 시작했다. 여의도 대산빌딩에 캠프를 꾸리고 팀을 짰다. 내가 홍보 메시지 책임을 맡았다. 광고, 영상, 선거 기획 등 여러 분야의 전문가로 홍보메시지팀을 꾸렸다. 선거 판세는 일방적으로 불리했다. 당 지지율이 땅에 떨어진 상황이라 본선은 말할 것도 없었고, 당내 경선도 쉽지 않았다. 게다가 민주개혁 세력이 세 갈래, 네 갈래 나뉘어 있었다.

방법은 새로운 이슈를 만들어 판을 흔드는 것밖에 없었다. 5월 초부터 한 달 동안 매주 정책 기자간담회를 열어 이슈를 선점할 계획을 세웠다. 정책 기자간담회의 제목은 '김근태의 민생혁명' 시리즈로 정했다.

쉽고 간결한 '말'이 필요했다. 우리가 들고 나갈 화두는 공공성 강화였다. 모든 것을 시장에 맡기자는 시장만능주의에 반대하고, 공공의 역할을 전면적으로 강화하는 세상을 만들자는 얘기였다. 칸막이를 나누는 방안을 제시할 계획이었다. 대부분의 영역에서 시장 중심으로 흘러가는 것을 인정하는 대신, 국민의 기본 생활이 걸린 최소한의 문제만큼은 '공공적 해결 원칙'을 천명할 생각이었다. 사회 전반이 시장 중심주의로 흘러가는 대세를 인정하면서, 최소한의 영역에서는 공공적 해결을 추진한다는 전략이었다.

한 광고 전문가가 '의식주 문제' 대신 '교식주 문제 해결'이라는 워딩을 제안했다. 교육, 부동산, 일자리, 안전 네 가지 '공공 카테고리'를 설정하고, 이 문제만큼은 공공적 해결을 추진한다는 원칙을 천명했다. 먹고, 자고, 아이 가르치는 최소한의 문제만큼은 걱정할 필요 없는 세상을 만들자는 캠페인이었다. 출마 선언을 앞두고 이런 생각을 전달하기 위해 영상 촬영에 나섰다. 대학로 한 소극장을 빌려 종일 촬영했다. 그는 열성적으로 촬영에 참여했다.

김근태의 민생혁명—따뜻한 나라를 만듭시다

얼마 전, 한 40대 가장을 만났습니다. 중소기업을 다니는 김 과장님이었습니다. "세상 살기가 힘겹다" "안 먹고, 안 입고, 안 쓰는데도 자식 공부시키고 내 집 장만하기가 어렵다"고 했습니다. "언제 명예퇴직 당할지 몰라 내일이 두렵다"고 했습니다. 그리고 이렇게 말했습니다. "다 제가 못나서 그렇지요"

여러분! 그런데 그게 김 과장님이 정말 못나서 그런 겁니까? 절약하면서 알뜰살뜰하게 살아도 자식 키우고 집 장만하기가 이처럼 어렵다면 김 과장이 못난 게 아니라 이 사회가 못난 것 아닐까요?

뭔가 잘못 돌아가고 있습니다. 먹고, 자고, 교육받고, 일하는 것은 최소한의 권리입니다. 누구나 열심히 하면 그 정도는 걱정 없이 살 수 있는 그런 세상이 돼야 합니다.

제자리로 돌아가야 합니다. 수많은 김 과장, 이 대리들은 대한민국의 오늘을 이룬 사람들입니다. 민주주의를 이루고 개혁을 이뤄냈습니다. 그런데 그들이 꿈꿨던 것이 오늘의 이런 세상이었을까요?

먹고, 자고, 교육받고, 일하는 문제를 개인의 책임만으로 떠넘겨서는 안 됩니다. 국민에게 유능할 것을 요구하기보다 먼저 국가와 사회 운영 시스템을 유능하게 바꿔야 합니다. 그게 바로 '민생혁명'입니다.

저는 민생혁명으로 따뜻한 나라를 만들 구상을 갖고 있습니다. 시장만으로 해결할 수 없는 교육과 일자리, 주거 문제만큼은 국가의 책임이 우선입니다.

이런 민생혁명이 일어나면 국민통합도 가능합니다. 민생혁명과 국민통합을 바탕으로 평화혁명, 경제혁명을 일으켜야 합니다. 따뜻한 한반도를 만들어 압록강의 기적을 이루는 평화혁명, 따뜻한 국민통합의 힘으로 새로운 경제발전의 시대를 이루는 경제혁명을 이루겠습니다. 구석구석 온기가 돌고 국민 모두가 따뜻함을 느끼는 그런 나라를 만들겠습니다.

대한민국 김 과장님, 이 대리님! 이것만은 약속드리겠습니다. 이제, 집 한 칸 마련하느라 한평생을 저당 잡히는 그런 세상은 끝내겠습니다. 월급의 절반을 사교육비로 쓰는데도 자식들이 마음에 상처를 입을까 봐 가슴 졸이는 일은 없게 하겠습니다.

지난번에 만났던 김 과장님을 다시 만나서 말하겠습니다. 꿈을 버려서는 안 됩니다. 우리 함께 손잡고 따뜻한 사회를 만듭시다. 그리고 꼭 이렇게 덧붙이고 싶습니다. "김 과장님, 당신의 잘못이 아닙니다"

2007년 5월 8일, 대선공약발표 영상

5월 8일 열린 첫 공약 발표 '부동산 정책—집값 걱정 없는 나라'에서 김근태는 '고위 공직자 부동산 소유 실태 전수조사 및 부동산 투기자 강제 퇴출', '토지공개념 개헌 발의', '평당 400만 원대 아파트 100만호 공급', '분양원가 전면 공개' 등을 부동산 관련 주요 공약으로 제시했다.

이제 부동산 문제만큼은 국가가 전면적으로 개입해 모든 국민이 '집값 걱정 없이 살 수 있는 나라'를 만들겠다는 계획을 밝힌 것이다. 김근태는 이 자리에서 "부동산은 일반 상품이 아니라 모든 국민이 함께 사용하는 공공재다. 부동산을 시장에 맡기자는 말은 투기와 불로소득을 방치하겠다는 말과 같다"고 주장하기도 했다.

과외 금지

공약 발표 두 번째 순서를 앞두고 캠프 안에서 격론이 일었다. '사교육 금지 공약'에 대한 논쟁이었다. 정책팀에서 공약 초안으로 '예체능을 제외한 초중고, 대입 과외학습 전면 금지'를 제출했다. 엄청난 사교육비 문제를 해결하지 않고는 민생 문제를 해결할 수 없다는 게 정책팀의 결론이었다. 교육 정상화를 위한 수많은 방안을 검토했지만, 사교육 시장이 존재하는 한 무용지물이라는 결론도 있었다. 사교육과 전면적인 전쟁을 치르는 것 말고는 방법이 없었다.

'과외 금지' 공약을 내면서 정책팀은 조심스러워했다. 엄청난 논란을 불러일으킬 게 뻔했기 때문이었다. 전두환의 과외 금지 조치가 온 국민의 우스갯거리가 된 기억이 선명했다. 게다가 과외 금지 조치는 헌법재판소의 위헌 판결까지 받았다. '과외 금지'를 실현하려면 '개헌'해야 했다. '과외 금지' 개헌은 국민 기본권 침해에 해당해 개헌 사안이 될 수 없다는 헌법학자의 검토 의견도 있었다.

그럼에도 나는 개헌을 전제로 과외 금지 공약을 적극 추진하자는 주장을 펼쳤다. 대통령 중임제에 대한 개헌 수요가 있는 만큼, 묶어서 개헌 공약을 내걸자는 것이었다. 내심 이 공약을 제출하고, 한바탕 소용돌이가 일어났으면 좋겠다는 생각도 하고 있었다. 대통령 선거가 반년 앞으로 다가왔지만, 아무도 대통령 선거에 관심이 없었다. 사분오열한 민주개혁 세력이 어떤 방식으로 대선 후보를 정하고 단일 후보를 내세울지 한 치 앞도 보이지 않는 상황이었다. 민주개혁 세력의 역사에서 유례없는 암흑기였다.

선거 캠페인을 시작하면서 폭발력 있는 이슈 여러 개를 준비해 논란을 만들자는 계획을 세웠다. 과외 금지 공약은 그 첫 카드였다. 캠프 안의 반대는 예상보다 훨씬 격렬했다. 특히 현역 국회의원들의 반대가 심했다. 그런 공약을 내거는 순간, 김근태의 정치는 끝날 것이라고 주장하는 의원들도 많았다. 포퓰리즘 정치라는 것이다.

캠프 내부 의견이 둘로 갈렸다. 공약 발표 시간은 다가오는데, 의견 조정이 이뤄지지 않았다. 내가 고집을 부린 탓이 컸다. 결국, 그가 도봉 사무실로 나를 불렀다. "뜻은 알겠지만, 개헌이라는 꼬리표까지 붙여 공약하는 건 무책임한 것 같아. 이번에는 발표하기 어렵겠어." 좀 서운했지만, 그가 무엇을 걱정하는지 충분히 이해할 수 있었다. 흔쾌히 그러마 하고 대답했다.

전화 한 통

2차 정책 발표를 마친 며칠 뒤, 김근태의 보좌관으로 일하던 후배가 조용히 보기를 청했다. 그리고 하늘이 무너지는 소식을 전했다. 그가 파킨슨병을 앓고 있으며, 이미 중증이라는 것이다. 가족하고만 상의했으며, 곧바로 '대선 불출마'를 선언하기로 했다는 얘기였다. 불출마 선언문을 준비해달라고 했다.

어안이 벙벙했다. 고문 후유증이 점점 심해지고 있다는 생각은 했지만, '파킨슨병'이라니? 그럼 그동안 고문 후유증으로 알고 쉬쉬해왔던 모든 증세가 파킨슨병 증세였다는 말인가? 부랴부랴 인터넷에 '파킨슨병 증세'를 검색했다. 얼굴 근육이 경직되어 표정을 지을 수 없고, 몸의 균형을 잡기 어려우며, 첫발을 떼지 못해 앉았다 일어서기를 반복한다는 얘기가 적혀 있었다. 더 볼 것도 없었다. 2003년 처음 함께 일했을 때부터 그가 보인 모든 증상은 파킨슨병의 전형적인 증상이었다. 그는 4년 전인 2003년부터 이미 파킨슨병을 앓고 있었던 것이다.

후배에게 들은 자초지종은 이랬다. 2차 정책 발표를 마친 직후, 그의 사무실로 전화가 한 통 왔다. 서울대학교 병원 의사라고 했다. 텔레비전 화면에 비친 그의 모습을 보고 '파킨슨병이 의심되니 병원에 와 진찰을 받았으면 좋겠다'고 권하는 전화였다. 보고를 받은 그는 병원 진찰을 받았고, 곧바로 '파킨슨병 확진'을 받았다. 그만큼 병증이 심각했던 것이다.

그는 오래 고민하지 않았다. 가족을 설득하는 데 시간이 걸렸지만, 그의 판단은 신속했다. 시간을 계산해보니 하루 이틀을 넘기지 않았던 것 같다. 이런 몸 상태로 대통령 선거에 나서는 것은 국민에 대한 도리가 아니라고 생각했을 것이다. 그다운 생각이었다. 더 공약 발표를 진행할 수 없었다. 공약 발표는 즉시 중단됐다.

6월 12일, 대통령 선거 불출마를 알리는 기자회견을 했다. 주변의 만류를 물리치고, 김근태는 홀로 불출마를 결심했다. 지지자들이 불출마 기자회견을 저지하고자 도봉구 자택 앞을 점거했다. '김친'을 비롯한 팬클럽과 지지자들은 통곡했다. 국회 본청 기자회견장 주변도 눈물로 얼룩졌다. 지지자들이 기자회견장으로 향하는 그 앞에 무릎을 꿇었다.

그는 가족과 참모 두셋을 제외하고 아무에게도 병을 앓고 있다는 사실을 알리지 않았다. 대신 '대선 불출마 선언'을 민주개혁 세력 대통합의 열쇠로 만들고자 했다. 불출마 선언문 제목은 「대통합의 밀알이 되겠습니다」로 잡혔다. 그는 갑작스럽게 닥친 엄청난 불행조차 대통합의 도구로 삼고자 했다. 나는 눈물로 불출마 선언문을 썼다. 그의 공적 헌신에 대한 내 존경의 헌사였다.

불출마 선언문에 이런 구절을 넣었다. "열린우리당과 참여정부에 대한 실망과 불신에 대해 누군가 책임을 져야 한다면, 제가 그 책임을 지겠습니다. 김근태가 책임을 지고 제 몸을 던지겠습니다. 김근태가 십자가를 지고 무덤 속으로 걸어가겠습니다." 나는 정치 인생을 마감하고자 하는 그에게 다시 십자가를 지우고 있었다.

불출마 선언문—대통합의 밀알이 되겠습니다

국민 여러분, 저는 오늘 이번 대통령 선거에 출마하지 않고, 평화개혁 세력의 대통합에 작은 밀알이 되기로 결심했다고 보고의 말씀을 드리러 이 자리에 섰습니다. 이 시간 이후, 대통령 후보가 되기 위한 모든 노력을 중단하겠습니다. 그리고 대신 평화개혁 세력 대통합을 위해 전심전력 노력을 다하겠습니다.

6월 앞에 다시 섭니다. 6월 항쟁은 민주주의의 분수령이었습니다. 독재정권과 권위주의 사회로부터 우리는 역사적인 수평적 정권 교체를 이뤄냈습니다. 그리고 기적과 같은 정권 재창출을 이뤄냈습니다. 그러나 다시 맞은 6월, 평화개혁 세력이 세 갈래 네 갈래로 찢어져 대통령 선거에 임할지도 모른다는 우려가 커지고 있습니다. 상황이 절박합니다.

민주 세력의 분열 때문에 6월 항쟁이 군부 독재정권의 연장으로 귀결되는 기막힌 상황을 87년 감옥에서 지켜봤습니다. 실패한 역사를 되풀이하는 것은 어리석은 일입니다. 언제나 단결할 때 승리했고, 분열할 때 패배했습니다. 저는 이 순간부터 온몸을 던져서 민족의 분열을 막고 실패한 역사의 반복을 막기 위해 최선을 다할 것입니다.

한나라당에 대한민국의 미래를 맡길 수 없습니다. 희망의 반대말은 절망이 아닙니다. 거짓 희망입니다. 거짓 희망을 품으면 다시는 희망의 불씨를 피울 수는 없습니다. 한나라당이 제시하는 희망은 거짓 희망입니다. 한나라당이 꿈꾸는 나라는 가진 사람이 더 많은 것을 추구할 수 있는 자유요, 가난한 사람이 더 가난해지는 길을 선택하는 그런 자유만이 넘치는 나라입니다. 이런 한나라당이 국민이 선택할 수 있는 유일한 선택지가 되도록 내버려둘 수는 없습니다. 민주주의는 우리 사회 전 분야에 걸쳐 지대한 발전을 이룩한 모든 것이었습니다. 민주주의의 확고한 기반 위에서 우리는 평화의 길을 닦고 통일로 가는 문을 열고 있습니다.

정치 개혁도 이루어냈습니다. 그러나 우리는 위기에 직면하고 있습니다. 2007년 대선은 20년간 우리가 이뤄온 모든 것을 걸고, 이를 거꾸로 되돌리려 혈안이 된 한나라당과의 대격전, 대격돌, 대회전의 시작입니다.

백의종군하겠습니다. 지금 국민들의 마음은 한마디로 책임을 지라는 것입니다. 열린우리당과 참여정부가 중산층의 삶을 개선할 것이라는 기대를 저버렸으니 합당한 책임을 지라는 것입니다. 그렇게 느끼고 있습니다. 한나라당에 희망이 있어서가 아니라, 우리가 기대를 충족시키지 못했기 때문에 벌어진 일입니다. 저는 열린우리당의 당의장을 지냈습니다. 참여정부에서 장관을 지내기도 했습니다. 열린우리당과 참여정부에 대한 실망과 불신에 대해 누군가 책임을 져야 한다면, 제가 그 책임을 지겠습니다. 김근태가 책임을 지고 제 몸을 던지겠습니다. 김근태가 십자가를 지고 무덤 속으로 걸어가겠습니다.

모두 광장으로 나서야 합니다. 미래를 담당할 분들에게 결단을 촉구합니다. 한명숙 전 총리님, 정동영 전 의장님, 천정배 전 장관님, 김혁규 전 지사님, 이해찬 전 총리님 다섯 분에게 간곡하게 요청합니다. 조건 없이 국민 경선에 참여해 주십시오. 손학규 전 지사님, 문국현 사장님 두 분도 조건 없이 열린 광장에서, 국민 경선의 장에서 경쟁해 주실 것을 바랍니다.

한국 사회를 이끌어주신 재야 원로, 시민사회 지도자들께도 말씀드립니다. 참여정부가 대한민국의 민주주의 완성이 아닌 것입니다. 대선 승리를 바라는 동료 의원 여러분, 민주당의 의원 여러분, 중도 통합신당의 의원 여러분, 결단해주십시오. 소통합을 반대하고 국민 속으로 걸어 들어가 대통합의 징검다리가 되어줄 것을 간곡히 요청드립니다.

김근태는 문지기라도 하겠습니다. 모두 작은 욕심과 기득권을 버려야 합칠 수 있습니다. 서로 가진 것을 지키려 한다면 통합은 불가능합니다. 저부터 버리겠습니다. 지금 이 순간부터 우리당의 당적을 벗고 대통합의 광장을 만들기 위해 벌판으로 달려가겠습니다.

대통합이 이뤄지지 않는다면 내년 총선 역시 저에게는 아무런 의미도 없습니다. 2007년 대선이 대한민국의 10년 미래를 가르는 분수령이기에, 모든 것을 걸겠습니다.

그동안 저를 지지해주신 모든 분들, 대통령 후보로 만들기 위해 노력해준 선배, 동료, 후배 여러분께 죄송한 마음뿐입니다. 그러나 지금 이렇게 결단하는 것이 그동안 김근태에게 보내준 국민들의 사랑과 믿음에 보답하는 길이라는 결론을 내렸습니다. 이해와 지지를 해줄 것을 요청드립니다. 모두가 결단하면 통합을 이룰 수 있습니다. 저부터 노력하겠습니다.

해산

    김근태가 불출마 선언을 한 날, 여의도 대산빌딩에 있던 캠프 사무실 짐을 싸 집으로 옮겼다. 그가 4년 넘게 준비한 꿈을 접은 날 나도 4년 여의도 생활을 청산했다. 생각이 많았다. 꼭 4년 전, 대산빌딩 옆 신동해빌딩에 있는 한반도재단에 첫 출근을 했다. 여의도 천둥벌거숭이였다. 딱 4년만 그에게 진 빚을 갚겠다고 나선 길이었다. 4년 뒤에는 그가 대통령이 되건 말건, 훌훌 털고 여의도를 떠나 생활전선으로 복귀하리라 다짐했다. 내 의지와 관계없이 그 다짐을 지킬 수 있게 됐다. 그런데 마음이 홀가분하기는커녕 천근만근이었다. 그에게 진 빚은 좀 갚았던가 생각해보았다. 천만의 말씀이었다. 갚기는커녕 또 새 빚을 잔뜩 짊어지고 말았다.

    불출마 선언과 함께 대선을 준비하던 캠프도 해산했다. 눈물로 불출마를 막아선 팬클럽도 활동을 멈췄다. 모두 갑작스러운 그의 결정에 당황했다. 속사정을 충분히 설명하지 못했던 만큼, 충격이 서너 배 컸다. 배신감 느낀 동지들도 많았으리라. 아무런 토론도 없이 혼자 거취를 정한 그가 미웠을 것이다. 당연한 일이다. 무엇보다 그와 함께 꿈꾼 이들이 갑작스레 꿈을 접어야 하는 게 너무 안타까웠다.

그의 참모진은 의원실 중심으로 재편됐다. 이듬해인 2008년, 그가 국회의원 선거에서 낙선하자 국회의원실 참모들마저 해산했다. 그의 대선 캠프였던 한반도재단은 규모를 줄여 광화문으로 이사했다. 한반도재단에서 상근하는 후배 서넛이 생업을 포기하고 마지막까지 그를 도왔다. 나는 생업으로 복귀했다. 어린이책을 기획 출판하는 일을 했다. 한 달에 한 번, 한반도재단에서 그가 주재하는 회의가 열렸다. 돌아가는 이야기를 듣고, 가끔 그가 요청하는 글을 썼다. 광화문 한반도재단은 찾아오는 사람 없이 적막했다. 2003년, 한반도재단이 그랬던 것처럼.

5부

가지 못한 길

낙선거사
김근태

다시 통합 운동

시급히 인생을 정리해야 할 정도로 아픈 몸이었지만, 그는 쉬지 못했다. 이미 천 갈래 만 갈래 찢어진 마음이었지만 한 조각도 밖으로 드러낼 수 없었다. 그는 아무 일도 없었다는 듯 민주개혁 세력 재통합 운동에 나섰다. 불출마 선언문에서 호명했던 사람들을 불러모아 통합 원탁회의를 만들고, 통합 운동에 나섰다. "이제, 김근태가 통합의 법이다"는 말이 나왔다.

그의 노력이 결실을 거뒀다. 불출마를 선언한 지 두 달이 채 안 된 8월 5일, 대통합민주신당이 창당됐다. 열린우리당에서 탈당한 의원들과 손학규 전 경기지사를 주축으로 한 한나라당 탈당 세력, 시민사회가 참여했다. 8월 20일에는 열린우리당과 합당해 대선 준비 진용을 갖췄다. 밀알을 자처한 그가 아니었다면 불가능했다는 평가가 뒤따랐다.

대통령 선거가 끝난 2008년 2월 11일에는 민주당과 합당했다. 총선을 불과 두 달 앞둔 시점이었다.

4년 반 전, 그는 '분열 없는 개혁신당'을 외치며 민주당 분당을 반대했다. 폭력 사태로 돌이킬 수 없는 상황이 된 뒤에는 석고대죄로 국민에게 사죄했다. 민주개혁 세력 분열의 시작이었다. 분열은 쉬웠지만, 통합은 어려웠다. 다친 마음을 치료하고, 서로 섞이기까지는 그 뒤로도 많은 시간이 필요했다.

분열의 대가는 참혹했다. 이명박·박근혜로 이어지는 '잃어버린 10년'이 시작됐다. 민주주의가 위협받고, 블랙리스트가 나돌았다. 노무현 대통령이 사회 곳곳에 박은 대못은 1년도 못 가 다 뽑혔고, 사대강 사업으로 산하가 신음했다. 우리는 한 번 분열에 너무 많은 대가를 치렀다.

낙선거사

2008년 4월, 18대 총선에서 그가 낙선했다. 지켜주지 못해 미안하다는 말이 들렸지만, 현실은 냉엄했다. 그는 의원회관에서 짐을 뺐고, 타고 다니던 승용차를 팔았다. 수행비서에게도, 운전 기사에게도 다른 일을 알아보라고 했다.

4년째 그를 모시던 수행비서는 그의 핸드폰 전화번호를 다시 정리했다. 몸이 불편한 그가 찾기 쉽게 번호 정리를 다시 하는 일이었다. 그날 전화기를 손에 들려주며 수행비서는 펑펑 울었다.

국회의원이던 그가 12년 만에 민간인으로 돌아왔다. 일정을 챙기고, 대신 글을 써주고, 운전해주던 참모들이 모두 사라졌다. 혼자 모든 일을 감당해야 했다. 게다가 그는 몸을 제대로 가누기조차 어려운 파킨슨병 중증 환자였다. 그즈음에는 누가 봐도 한눈에 알아볼 수 있을 만큼 병증이 심했다.

사실, 그의 건강 상태는 매우 심각했다. 펜을 쥐고 글씨를 쓰거나, 스마트폰 버튼을 누르는 것도 불가능한 상황이었다. 컴퓨터 자판에 글을 입력할 수도 없었다. 정치 활동은 물론, 정상적인 생활 자체가 불가능했다.

그런 그가 버스족으로 변신했다. 어쩔 수 없는 선택이었다. 그는 걷기도 힘든 몸을 이끌고 버스며, 지하철을 타고 다녔다. 휘청휘청 느릿느릿 걸었다. 그 몸으로 매일 광화문으로 출퇴근하고, 농성장이며 행사장을 빠짐없이 찾아다녔다. 불가사의한 일이었다.

그가 빼지 않고 가는 곳은 집회 현장의 뒷자리였다. 그는 거기에 혼자 가만히 앉아 있었다. 용산 참사 현장에도 있었고, 희망버스에도, 전쟁 같았던 쌍용자동차 파업 현장에도 있었다. 사람들이 집회 뒷자리에 조용히 앉아 있는 그를 발견하지 못하는 경우가 더 많았다. 어느 날, 그를 만나 버스나 지하철을 이용하는 데 불편한 건 없는지 여쭤보았다. 그는 승용차를 타고 다닐 때 안 보이던 것들이 많이 보여 좋다며 씩 웃었다.

한반도재단에서 일하는 후배들에게 상황이 어떤지 물어보았다. 매우 위험하다고 했다. 지하철을 타면, 시비를 거는 사람들이 있다고 했다. 매일 텔레비전에 나오는 얼굴이니 그럴 만했다. 지하철 자리에 앉아 있으면 할아버지들이 다가와 발로 툭툭 찬다고 했다. 폭언을 퍼붓고 손찌검을 하기도 했다. 한두 번 그런 손찌검을 당했다는 처참한 얘기를 전해 들었다.

그가 빼지 않고 가는 곳은 집회 현장의 뒷자리였다. 용산 참사 현장에도 있었고, 희망버스에도, 전쟁 같았던 쌍용자동차 파업 현장에도 있었다.

그는 요령을 터득했다고 했다. 지하철보다 버스를 이용하고, 지하철을 타게 되면 앉아서 잠든 흉내를 내는 것이었다. 눈을 감고 잠든 시늉을 하기 시작하면서 봉변당하는 일이 훨씬 줄었다고 했다. 그러다 정말 잠이 드는 일도 잦았다. 퇴근길, 버스에서 잠이 들어 종점까지 간 일이 한두 번이 아니라고 했다. 이제는 버스 기사가 그의 도봉구 집 근처 정류장에 이르면, 차를 멈추고 그를 깨우는 일이 일상이라고 했다.

언젠가 광화문 한반도재단 사무실 근처에서 밤늦게 모임이 있었다. 그는 늦은 버스를 타고 혼자 귀가했다. 저녁 자리에서 돈을 거둬 승용차를 마련하자는 얘기가 오고 갔다. 그에게 "차를 마련할 테니 타고 다니시라" 권했다. 그는 "이게 편해" 하고 씩 웃었다.

속을 아는 참모들은 가슴을 쳤다. 국회의원을 그만두고 그의 수입이 끊겼다. 믿을 수 없어 하는 분들도 많았지만, 실제로 그는 승용차를 사서 끌고 다닐 경제 형편이 안됐다. 가진 재산이라고는 살고 있는 서민 연립 한 채가 전부였다.

퇴직금이 따로 있는 것도 아니었다. 한양대학교와 우석대학교에서 강의를 하기 전까지 그는 수입이 없었다. 돈이 궁했다. 위험천만한 일이었지만, 아픈 몸을 이끌고 버스나 지하철을 탈 수밖에 없었다.

승용차를 마련하는 비용이 문제가 아니었다. 그의 건강 상태는 이미 운전을 할 수 없는 지경에 이르렀다. 기름값이며, 운전기사까지 감당하기에 비용 부담이 만만치 않았다. 한 후배 의원이 그런 그를 붙잡고 통음하며 분노했다는 이야기가 들렸다. 자기가 비용을 다 감당할테니 당장 차량을 이용하라고 호통을 쳤다고 한다.

서러웠을 것이다. 이렇게 살려고 그 고비를 넘었나 싶었을 것이다. 김근태의 말년이 그래서는 안 되는 거였다. 검은돈 받지 않고 정치 개혁에 앞장선 결과가 이런 것이어서는 안 되는 거였다. 우리나라 민주화의 영웅으로 인정받는 그의 말년조차 그럴 수밖에 없다는 게 너무 큰 비극처럼 느껴졌을 것이다. 이게 어쩔 수 없는 현실이라면 세상 누구도 그가 앞장서 걸었던 그 험한 길을 다시 걸으려 하지 않을 것이었다. 그게 너무 서럽고 분했을 것이다. 그는 미소를 지으며 묵묵히 그 후배의 호통을 들었을 것이고.

기자가 좋아하는 정치인?

　김근태를 좋아하는 기자들이 많았다. 그는 늘 '기자들이 뽑은 정치인' 1위를 놓치지 않고 차지했다. 1995년 현실 정치에 참여한 이후 세상을 떠날 때까지 단골 1위였다. 대중 정치인으로서 국민적 지지는 높지 않았지만, 가까이에서 정치인을 접하는 기자들이 느끼는 감각은 좀 달랐다.

　나는 기자들이 그를 왜 좋아하는지 늘 궁금했다. 내가 다른 정치인들의 실생활을 접해본 적이 없으니, 그의 어떤 면을 기자들이 좋게 평가하는지 알 길이 없었다. 그는 기자들에게 자주 밥을 사는 정치인도 아니고, 질펀하게 술자리를 갖는 법도 없었다. 화끈한 기삿거리를 많이 제공하지도 않았고, 비보도를 전제로 정치권 돌아가는 뒷얘기를 시시콜콜 들려주는 일부 정치인들과도 달랐다. 가끔 몰래 기삿거리를 던져주는 반칙도 하지 않았다. 상식적으로 기자들이 그를 좋아할 만한 까닭이 없었다.

기자와 정치인은 묘한 관계다. 가까이 지내기도 하지만, 서로 조심하기도 하는 사이다. 정치인들은 기자들이 언제 돌변해 '쓰지 않으면 좋을 기사'를 쓸지 조심해야 했고, 기자들은 정치인이 자기 몰래 다른 기자에게 기삿거리를 던져줄지 몰라 조심해야 했다. 기자들은 정치인에게 감정이입을 하지 않기 위해 조심하기도 한다. 언제든 돌아서 냉정한 기사를 쓰기 위해서는 객관적인 심리적 거리를 유지해야 했다.

그가 기자들의 얘기를 자주 듣는 편이긴 했다. 언론은 국민을 만나는 창이라는 게 그의 생각이었다. 신문을 읽다가 좋은 기사를 보면 그 기자에게 잘 읽었다고 전화했다. 중요한 결정을 할 때, 기자들에게 자문을 구하는 일도 제법 많았다. 자주 차안에서 길게 기자들과 통화했다. 국민의 소리를 듣는다는 생각이었다.

기자들 가운데 그를 염려하고 안타까워하는 사람들이 많았다. 때로는 그에게 혹은 그의 참모들에게 화를 내는 기자들도 많았다. 바보처럼 굴지 말고 영악하게 처신하라는 질책이 대부분이었다. 그는 항상 친절했지만 일을 하는 데는 별 도움이 되

지 않는 정치인, 거래할 줄 모르는 답답한 정치인이었다. 그러
나 마음 한편 짠하고, 도와주고 싶은 정치인이기도 했다. 그와
함께 일하며 많은 기자를 만났고, 많은 충고를 들었다. 기자들
의 충고는 큰 도움이 됐다. 그가 정치적 고비에 처했을 때, 언론
사 내부에서 취합한 중요한 정보를 몰래 알려주는 기자들도 많
았다.

그가 세상을 떠났을 때, 유난히 그를 애도하는 기자들의 글
이 많았다. 무엇이 마음을 흔들어 기자들이 그를 추모하도록
이끌었을까? 지금도 해결하지 못한 궁금증이다.

일요모임

그의 일상은 광화문 한반도재단을 중심으로 돌아갔다. 그가 재단 사무실에 머무는 시간이 많았다. 후배 서너 명이 생업을 포기하고 그를 모셨다. 재단 사무실에서 함께 밥 지어 먹고, 우스갯소리를 나눴다. 국회의원 낙선 이후, 그는 한결 편안해졌다. 그즈음, 그의 표정에서 이제껏 보지 못했던 익살과 여유가 흘렀다. 후배들과 농담 주고받는 일이 잦았다.

그는 사람을 그리워했다. 한반도재단으로 찾아오는 후배들을 유난히 반겼다. 재단 사무실에 웅크리고 있는 그를 보는 게 고통스러웠다. 그때까지도 그는 파킨슨병을 숨기고 있었다. 재단 사무실에서 함께 일하는 후배들조차 그 사실을 몰랐다. 다시 정치를 재개하기는 어려운 상황이었다. 재보궐선거가 열릴 때면 어김없이 그의 이름이 거론됐지만, 여의도 한편에서는 그의 '와병설' '중병설'도 떠돌고 있었다.

민간인 신분이 됐지만 그를 따르는 예전 참모들은 일주일에 한 번씩 모여 회의를 열었다. 정세를 토론하고, 그가 해야 할 일을 주문했다. 현실 정치에 입문한 이후 거르지 않고 해온 '일요모임'이었다. 시간이 지나며, 일주일에 한 번 하던 회의가 이주일에 한 번 하는 것으로, 한 달에 한 번 하는 것으로 조정됐다. 그가 그렇게 하자고 제안했다. 생업에 종사하는 후배들이 시간 내 회의에 참석하는 게 미안한 눈치였다.

2010년 지방선거 무렵이었다. 나는 집으로 배달된 지방선거 공보물을 들고 그가 여는 회의에 참석했다. 회의가 끝나고 그에게 말했다. "의장님, 이 공보물 좀 보세요." 공보물의 민주당 후보와 진보 정당 후보의 경력을 비교해보라고 권했다. 민주당 지방선거 출마자들의 경력이 온통 중앙 정치와 연결된 '선거용 경력'인 데 비해 진보정당 후보의 경력은 대부분 마을에 밀착한 지역 활동 경력이었다. '선거꾼'과 '지역 활동가' 너무 선명한 대비였다. 나는 충격을 받았고, 그도 충격을 받았다.

그즈음 민주당은 지역과 연결된 뿌리가 끊어진 붕 뜬 정당이었다. 지역 활동으로 잔뼈가 굵고, 지역 주민들에게 뿌리 박은 정치 신인이 드물었다. 지역 활동가들은 대부분 진보정당으로 향했다. 우리 정치 발전을 위해 진보정당과 민주당 개혁 세력의 연합이 중요했다. 진보정당과 민주당 내 개혁 세력이 연대해 안정적으로 정권을 운영하는 상상력을 가질 때가 됐다는 생각이 들었다. 현실 정치에서 발을 뺀 지금,

2009년 8월, 그가 비공개 학습모임을 만들었다. '동인'이라는 모임이었다.
민주당과 민주노동당의 진보적 정치인, 언론인, 학자, 시민사회 활동가 등이
모임에 참여했다. 우리 사회가 나아갈 방향에 대해 부담 없이 토론하는
자리였다.

그가 그런 일을 할 수 있을 것 같았다.

　그는 이미 비슷한 생각을 갖고 있었다. 2009년 8월, 그가 비공개 학습모임을 만들었다. '동인'이라는 모임이었다. 민주당과 민주노동당의 진보적 정치인, 언론인, 학자, 시민사회 활동가 등이 모임에 참여했다. 우리 사회가 나아갈 방향에 대해 부담 없이 토론하는 자리였다.

"대장을 존경하잖아"

언젠가 정동영 의장을 모시던 한 참모가 김근태 의원 보좌
관으로 일하던 후배에게 이런 말을 했단다. "너희들은 좋겠다.
대장을 존경하잖아." 사실, 좀 놀랐다. 존경하지 않는 대장을
모시는 사람도 있나?

김근태의 보좌진이 그를 마음 깊이 존경하는 건 사실이었
다. 따르는 후배 대부분이 다른 국회의원 보좌관들과는 다른
마음으로 일했다. 직장이라고 생각하고 일하는 사람은 없었다.
그를 정치적 아버지로 여기는 후배들이 많았다.

그는 다른 정치인과 차원이 달랐다. 그가 세상을 떠난 뒤,
그와 함께 일하다 다른 의원실 보좌진으로 간 후배들은 하나같

이 고개를 절레절레 흔들었다. 같은 국회의원이지만 인품과 안목이 '하늘과 땅 차이'라고 했다.

그는 매력 많은 정치인이었다. 우선, 상대방을 존중할 줄 알았다. 나는 단 한 번도 그가 상대방에게 호통을 치거나 비인격적으로 대하는 것을 본 적이 없다. 상대방이 터무니없는 주장을 하더라도 "존중합니다" 하고 그 사람의 의견을 경청했다.

9년 가까이 그를 곁에서 지켜봤지만 단 한 번도 속임수를 쓰는 걸 보지 못했다. 사람을 대할 땐 말할 수 없이 따뜻했다. 믿고 쓴 사람을 해고하는 일도 없었다. 그는 참모를 '부리는 직원'이 아니라 '동지'로 대했다. 그리고 청렴했다. 그를 포함해 모든 참모들이 검은돈을 단 한 번도 받은 적이 없다. 그의 사무실에서는 잘못인 줄 알면서도 서로 눈 감고 모른 체 넘어가는 어떤 일도 일어나지 않았다.

품위도 있었다. 그는 사석에서도 비속어나 욕설을 쓰는 법이 없었다. 아예 그런 말을 모르는 사람 같았다. 국회의원 낙선 뒤에 후배들이 농담 삼아 욕설을 배워보라 권하기도 했다. 그때 그가 씩 웃으며 선보인 욕은 딱 하나 '개자식'이었다. 더이상 진도가 안 나갔다.

김근태를 따르는 후배들은 누구도 정치를 직업으로 생각하지 않았다. 생활을 하기 위해 정치를 하는 사람은 없었다. 그가 그랬다. 현실 정치인이 되고, 원내대표, 당의장, 장관을 지냈지만 그는 언제나 '운동'을 하고 있었다.

김근태는 1995년 재야 세력을 모아 여의도에 첫발을 디딜 때 가진 그 마음을 끝까지 놓지 않았다. 조로했다는 얘기를 듣는 386 후배 정치인들과도 많이 달랐다. 그는 민주당에 남아 있는 마지막 운동권이었다. 그가 그러니 함께 일하는 후배들도 모두 '민주화운동'의 연장에서 정치 활동을 했다.

김근태의 사람들은 일편단심이었다. 나는 원내대표 시절 이후, 그와 함께 일하다 곁을 떠나간 사람을 보지 못했다. 2003년부터 만난 대부분의 사람이 지금도 변함없이 '김근태의 친구들'로 불리길 원하고 있었다. 끼리끼리 모여 그가 너무 고지식하다고 자주 흉을 보기는 했지만, 그런 그를 싫어하는 사람은 아무도 없었다. 그는 그래서 소중한 정치인이었다.

그러다 보니 주변에는 사람들이 점점 늘어났다. 원내대표에서 장관으로, 당의장으로, 그가 활동 반경을 넓혀가는 만큼 그를 따르는 사람들도 늘어났다. 그래서 한 해에 한 번 열리는 한반도재단 수련회는 해마다 참석자가 늘어났다. 그가 세상 떠난 뒤에도 변함없었다.

노무현 대통령과 이별하다

2009년 4월 어느 날, 평소처럼 한반도재단에서 회의를 했다. 회의 말미에 김근태가 불쑥 이런 말을 꺼냈다. "노무현 대통령에 대한 검찰 수사, 저건 노골적인 정치보복 아닌가?" 항의하고 싶다는 뜻이었다. 회의 참석자 대부분 잠시 말을 잊고 서로 얼굴만 바라봤다. 그즈음 노무현 대통령에 대한 검찰 수사가 노골적으로 진행되고 있었다. 대통령 주변에 부적절한 돈거래가 있었다는 사실이 밝혀지고 있었다. 노무현 대통령은 괴로워했고, 법리 논쟁을 하겠다는 의사를 밝혔다.

평소 노무현 대통령을 따르던 사람들은 일제히 입을 닫았다. 새로운 사실이 드러나고 있는 만큼 '검찰 수사를 지켜보자'는 얘기가 많았다. 이런 참에 그가 검찰 수사를 정치보복이라 규정하고, 항의하겠다고 했다. 좀 뜻밖이었다. 잠깐 토론이 이어지고, 참석자 전원이 성명을 내는 게 좋겠다고 뜻을 모았다. 대통령 주변에 약간의 허물이 있긴 했지만, 검찰이 침소봉대해 정치 보복을 하고 있는 것도 분명했다. 정치 검찰의 보복적 수사를 못 본 척하는 건 김근태 방식이 아니었다.

집에 돌아와 밤늦게 원고를 써 보냈다. 이튿날 아침, 한반도재단 홈페이지에 글을 실었다. 여러 언론이 그의 글을 소개했다. 그즈음 정치인 가운데 직접 성명을 낸 건 그가 처음이었다. 언론은 성명을 낸 당사자가 김근태라는 점을 주목했다. 뜻밖이었던 모양이다.

검찰이 노무현 대통령을 소환 조사하기 이틀 전이었다. 검찰청으로 향할 노무현 대통령의 일거수일투족을 텔레비전으로 생중계할 예정이었다. 잔인했다. 이 글은 그가 검찰청으로 향할 노무현 대통령을 응원하는 마음으로 쓴 성명이었다. 참혹한 심정으로.

노무현 전 대통령에 대한 검찰 수사의 본질은
정치보복이다

지금 노무현 전 대통령을 수사하는 검찰이 진실을 좇는 디케의 의무를 충실히 수행하고 있는지 의문입니다. 정의의 여신 디케는 두 눈을 가리고 있습니다. 공평무사한 정의를 구현하겠다는 의지의 표현입니다. 그러나 검찰과 이명박 정부는 노무현 전 대통령에 대한 수사를 철저하게 선거 운동에 이용하고 있습니다.

검찰이 한나라당 선거운동원으로 전락했습니다. 처음부터 끝까지 철두철미하게 노무현 전 대통령에 대한 수사를 선거에 이용하겠다고 작정한 것 같습니다. 선거 바로 다음날 소환하겠다고 발표해 놓고, '선거에 영향을 미치지 않기 위해서'라고 주장합니다. 상식적으로 이해할 수 없습니다.

지금 진행되는 노 전 대통령에 대한 검찰의 수사는 "살아 있는 권력을 위한, 살아 있는 권력에 의한, 살아 있는 권력의 선거용 기획수사"라는 비판을 받아도 할 말이 없습니다. 검찰이 살아 있는 권력의 도구로 전락한 것입니다.

노 전 대통령에 대한 수사가 최소한의 정당성을 인정받으려면 소위 천신일 등 현 권력 실세들에 쏟아지고 있는 의혹과 이명박 대통령의 대선 자금에 대해서도 철저하게 진상을 규명해야 합니다.

현실 권력의 치부에 대해 눈 감고 있는 검찰의 수사는 노 전 대통령의 허물에도 불구하고 치졸한 정치보복이라는 비판을 면할 수 없습니다.

노무현 대통령은 검찰권을 검찰에 돌려줬습니다. 그러나 현 검찰은 돌려받은 검찰권을 다시 이명박 대통령에게 헌납하였습니다. 이에 머물지 않고 검찰은 정권에 잘 보이기 위해, 그리고 자신의 존재감을 과시하기 위해, 검찰 권력을 휘두르는데 조그마한 주저함도 없습니다.

검찰이 스스로 독립을 포기하고 권력에 굴종한다면 그 최후는 철저한 국민의 외면일 것입니다. 반드시 합당한 대가를 치르게 될 것입니다.

참여정부에 참여했던 책임 있는 한 사람으로서 국민 여러분께 죄송합니다. 노무현 전 대통령에 대해 인간적인 아쉬움과 안타까움을 느낍니다. 많은 국민들도 큰 꿈이 무너지는 충격과 허탈감에 빠져 있습니다. 기대가 컸던 만큼 아쉬움도 큰 것이 사실입니다. '진실'을 규명하는 것은 매우 중요합니다. 세상 그 무엇도 '진실'과 바꿀 수는 없기 때문입니다. 앞으로의 과정에서 진실이 규명되기를 기대합니다.

2009년 4월 28일

그로부터 한 달이 채 지나지 않아 노무현 대통령이 세상을 떠났다. 김근태는 큰 충격을 받았다. 병색 완연한 몸으로 봉하 영결식장으로 갔다. 버스에서 내려 끝도 없이 긴 줄에 섰다. 시청 앞 분향소에서 시민들을 맞았다. 분향소를 강제 철거한다는 말이 들려왔다. 분노로 떨던 김근태는 이명박 대통령에게 공개 편지를 썼다.

국민을 부엉이바위로 내몰아서는 안 됩니다

이명박 대통령님! 고 노무현 대통령님의 영전에 500만 명이 조문했다고 합니다. 수많은 사람들이 고인의 영정에 절하며 속 울음을 울었습니다. 왜 그랬을까요? 500만 명이 모두 고인의 열렬한 지지자라서 그랬을까요?

저는 국민들이 노무현 대통령의 모습에서 비참한 자신의 모습을 발견했기 때문이라 확신합니다. 그래서 울지 않고는 견딜 수 없었던 것입니다.

전임 대통령조차 정치 보복의 대상이 되어버린 극단적인 상황, 조·중·

동과 검찰에게 참을 수 없는 조롱과 야유를 받아야 했던 사람, 투신 말고 다른 탈출구를 선택할 수 없는 처지에 내몰린 사람. 이런 노무현 대통령의 모습에서 서러운 자신의 모습을 발견한 겁니다.

끊임없이 구조조정과 해고의 위협에 시달리는 상황, 일자리는 없고, 그나마 있는 일자리조차 몽땅 비정규직인 상황. 국민의 80%가 생존 자체를 위협받고 '실패자'로 매도되는 상황. 이런 상황에 내몰린 국민의 처지와, 노무현 대통령이 처한 상황이 다르지 않았습니다. 그래서 서러웠고, 고인의 영전에 무릎 꿇고 눈물을 흘린 겁니다.

이런 국민의 마음을 알아주셔야 합니다. 부엉이바위에 선 노무현 대통령님의 짙은 외로움이 바로 국민의 마음입니다. (후략)

김근태는 노무현 대통령과 나눌 이야기가 많았다. 그는 참여정부 5년을 포함한 민주정부 10년에 대한 객관적 평가가 중요하다고 입버릇처럼 말했다. 특히 노무현 대통령이나 참여정부에 몸담았던 당사자들이 함께 평가하고 기록하는 것이 매우 중요하다고 했다.

우리가 왜 변변히 싸워보지도 못하고 정권을 내줬는지, 시장의 역할과 공공의 역할에 대한 우리의 인식은 적절했는지, 2008년 금융위기 이후 붕괴한 '아메리칸 스탠다드'에 대해서는 어떻게 봐야 하는지, 그래서 우리가 새롭게 나아갈 방향은 어디인지 토론하고 싶어 했다. 그래야 전진할 수 있다고 누누이 강조했다.

시청 앞 광장 분향소에서 그는 탈진했다. 그의 몸은 이미 한계를 넘어선 지 오래였다. 그보다 더욱 그를 힘들게 한 건 앞으로 닥칠 상황에 대한 걱정이었으리라. 노무현 대통령과 참여정부 5년에 대해 마음껏 토론할 수 있으리라는 기대가 물거품이 됐다. 참여정부 5년 동안 그는 훗날을 기약하는 일이 잦았다. 훗날, 서로 편안해졌을 때, 노무현 대통령을 만나 옛날 얘기하듯 오늘을 얘기하고 싶어 했다. 이제, 민주정부 10년에 대한 객관적 평가는 더 어려워질 것이다, 우리가 가는 걸음이 더뎌질 수도 있겠다, 그런 생각이 그를 탈진으로 몰고 갔다.

경제인간화

김근태는 자신의 정치적 지향을 드러내는 브랜드 같은 '한마디'를 무엇으로 하면 좋을지 오래 고민했다. 2003년 처음 만났을 때 그가 정리한 말은 '따뜻한 시장경제'였다. 자본주의, 즉 시장경제를 기반으로 삼되, 시장의 실패를 보완하는 따뜻한 공공의 역할을 강조하는 말이었다. '따뜻한'은 좋은데, '시장경제'는 학술 용어 같다고 몇 차례 이야기했다. 그도 동의했다. 그런 뜻을 담은 더 대중적인 단어가 무엇일까 고심했다. 고민은 계속됐다. 마지막 순간까지 그가 공식적으로 내건 한마디는 '따뜻한 시장경제'였다. 그가 세상을 떠난 2011년, 새로운 슬로건을 '경제인간화'라고 하면 어떨까 고심했다는 말을 전해 들었다.

김근태는 2009년 무렵부터 본격적으로 우리 사회의 새로운 발전 모델을 고심했다. 민주정부 10년 동안 우리가 무엇을 잘못했는지, 국민이 먹고사는 문제를 해결하는 데 우리가 얼마나 유능했는지 솔직하게 고백하는 것이 출발점이었다.

> 2007년 '민주화가 밥 먹여주느냐?'는 비판적 여론은 이명박 대통령을 당선시키는 데 일조했다. 경제 문제를 해결하는 데는 보수가 더 유능하다는 생각 때문이었다.
>
> 「제2차 민주대연합을 위한 국민제안문」(미발표) 중에서

그러면서 김근태는 새로운 슬로건으로 '인간화'라는 개념을 제시한다. 그리고 이제는 신자유주의 경제 개혁이 우리의 깃발이 될 수 없음을 분명히 선언해야 한다고 강조한다.

> '인간화의 구현'이 새로운 슬로건이 될 수 있을지 고민하고 있다. 인간화라는 말에는 우선 민주주의와 서민 정신을 전제로 특권과 몰상식을 배격하는 의미가 있다. 우리가 제시할 대안 정책의 핵심은 신자유주의에 의해 생산된 모순의 결과물, 비정규직, 시장만능주의, 복지 사각과 사회안전망 부재, 경쟁주의 교육 등에 대해 답하는 것이다. 이것을 한마디로 '인간화'라고 하면 어떨까? 고민의 대목이다. 공정한 사회, 선진국 담론을 보수에게 빼앗긴 것은 실로 타격이 크다.
>
> 이제 더 이상 신자유주의 경제 개혁은 중산층과 서민의 길이 아니라는 사실을 확고부동하게 주장해야 한다. 무엇이 잘못이었는지 분명하게 고백해야 한다. 그리하여 정치·경제·사회·문화 권력 내에 깊숙

이 자리 잡은 채 제도적이고 구조적인 실행을 반복하는 신자유주의의 독소를 걷어내야 한다. 그러지 않으면 설령 2012년에 정권 교체에 성공하더라도 중산층과 서민의 미래는 없다. 민주 진보세력이 역사의 책임을 다할 기회를 세울 수도 없다. 신자유주의의 생명력은 정권의 임기보다 훨씬 길기 때문이다.

「제2차 민주대연합을 위한 국민제안문」(미발표) 중에서

'따뜻한 시장경제'를 향한 그의 길은 여기까지 이어지다 멈추었다. 그는 숨을 거두기 얼마 전까지 토론을 거듭하며 이 글을 준비했다. 작성은 후배들이 도왔다. 그러다 갑작스레 입원했다. 그저 가을이면 어김없이 찾아오는 고문 후유증인 줄만 알았다. 잠깐 다녀오면 거뜬히 다시 글을 쓸 수 있을 줄만 알았다. 그러나 그는 끝내 서재로 돌아오지 못했고, 이 글은 '미완'의 상태로 남았다. 신은 너무나 갑작스럽게 그를 데려갔다.

남겨 놓을 말, 기록해야 할 글이 많았지만 김근태는 그 숙제를 '남겨진 사람'들에게 맡기고 세상을 떠났다. 그러나 김근태의 길은 그가 떠난 뒤 오히려 또렷해지고 있다. 남은 자들은 하나둘 그가 걸었던 길을 되짚어 걸으려 애쓰고 있다. '더 따뜻한 세상'을 만드는 길, '따뜻한 시장경제'의 길, '인간화'의 길. 앞으로 더 많은 사람이 그가 먼저 걸었던 그 길을 따라 걸을 것이다. 참으로 순정했던 사나이, 김근태가 홀로 걸었던 그 길을.

남은 이야기

8년을 '김만영'으로 살았다. 8년 동안 김근태는 내가 쓴 모든 글의 첫 번째 독자였다. 나의 모든 글은 오직 그가 읽기 위해 쓴 것이었다. 이제 김근태가 아닌 최만영의 이름으로 글을 쓴다. 나의 첫 번째 독자였던 그에 관한 글을 쓴다. 그가 아닌 세상 사람이 읽으라고 쓴다.

이 책은 한계가 많다. 김만영이 아닌 최만영의 이름으로 책을 내기로 한 순간 예정된 숙명이다. 이 책은 김근태 삶의 일부분만 다룬다. 2003년부터 2007년까지 딱 4년이다. 내가 겪었으며 기억하고 기록할 수 있는 시간의 한계치다.

시선도 제한적이다. 김근태 주변에는 30년 넘게 생사고락을 함께한 벗들이 많다. 그들은 맡은 역할에 따라 각자의 시선으로 김근태와 함께 시대를 헤쳐왔다. 이 책은 그 수많은 시선을 하나로 모아내지 않았다. 그저 메시지를 쓰던 한 변방 참모의 시선으로 썼다.

이런저런 이유로 이 책을 내는 게 두렵다. 무엇보다 내가 이 책을 낼 자격이 있는지 잘 모르겠다. 사실, 나는 그를 그리 오래 모시지 않았다. 마지막까지 가까이서 모시지도 않았다. 그가 가장 아끼던 비서가 아니며, 그를 모시던 사람들 사이에서 그리 영향력 있는 사람도 아니다. 나는 그에게 '빵점짜리 비서'일 뿐이다.

나의 좁은 시선이 그의 진면목을 가릴까 걱정이 크다. 그럼에도 용기를 낸 건 지금 기록하지 않으면 남은 기억마저 세월의 강물에 씻길까 두려웠기 때문이다.

훗날 누군가 다시 시작했으면 좋겠다. 그의 전모를 온전히 드러내 역사에 다시 새겼으면 좋겠다. 이 책이 그때 작은 보탬이 되면 좋겠다. 언론이나 수면 위에 드러나지 않은 인간 김근태의 고뇌, 고통스럽고 외로웠던 사람 김근태의 속내를 짐작하고 싶을 때, '그를 곁에서 지켜본 어떤 비서의 기억에 따르면'이라고 인용하면 좋겠다. 김근태의 전기를 쓰는 사람들이 씨줄 날줄 엮다가 뭔가 미심쩍은 구석이 있으면 슬쩍 들춰보고 '아, 저간의 사정이 이랬겠구나!' 짐작하는 데 도움이 되면 좋겠다. 딱 그 정도 쓰임새면 좋겠다.

김근태 4주기 때 그를 추모하는 글을 의뢰받은 적이 있다. 너무 길어 추모용으로 사용하지 못했다. 이 책에 실은 긴 글은 이 글을 풀어 쓴 글이다. 참고가 될 듯하여 마지막에 싣는다

민주주의자이자 철저한 평화주의자, 한결같은 인간주의자였던 사람. 김근태는 야만이 지배하는 승자독식의 냉혹한 자본주의 세상을 탄식하며, 사람의 숨결이 살아 있는 '따뜻한 시장경제'를 희구했다. 가난하고 어려운 사람들이 더 따뜻한 세상에서 살기를 소원했다. '따뜻한 시장경제'는 김근태를 보는 시각을 평면에서 입체로 확장하는 열쇠말이다. 김근태는 '따뜻한 세상을 만드는 길'을 홀로 걷다 간 순정했던 사나이였다.

민주적 생활 풍모를 생생히 보여준 사람

김근태의 삶을 한마디로 표현하면 어떤 말이 가장 잘 어울릴까? 많은 사람이 '민주주의자'라는 말로 그를 기억한다. 김근태는 광주에서 민주주의가 피로 유린되고, 전두환 정권의 퍼런 서슬에 짓눌려 모두가 두려움에 떨던 참혹한 시절에 용기있게 나서 세상을 흔들어 깨운 사람이다. '다시 일어나 민주주의를 회복시키자'는 그의 외침은 많은 이들에게 용기를 주었고, 그는 민주화운동의 희망별이 되었다.

칠성판에 누워 인격과 신체가 유린당하는 상황에 처했을 때는 자기를 던져 민주화의 불쏘시개가 될 각오를 되새기며 인간의 존엄을 지키고자 노력했다. 그는 아무나 흉내 내기 어려운 삶을 살다 간 아름다운 사람이다. 마지막 유언처럼 남긴 말조차 '민주주의를 점령하라'였다. 그러니 그를 '민주주의자'로 기억하는 것은 자연스럽다.

그뿐이 아니다. 김근태는 남편, 아버지, 선배, 친구, 동료로서 생활 전면에 걸쳐 민주적 생활 방식을 온몸으로 살아낸 사람이다. 생활 속에서 그는 지나치다 싶을 정도로 철저하게 민주적 생활 방식을 고집했다. 아들뻘 되는 후배들의 의견을 듣기 위해 의자를 당겨 앉아 귀를 기울였으며, 흔한 반말 한 번 한 적이 없었다.

우리 시대 인물 가운데 김근태만큼 민주주의자의 생활 풍모를 풍부하게 실천한 이는 드물다. '민주주의자'라는 명명은 그런 점에서 그의 삶을 깊이 있게 드러내기에 적절하다.

민주주의자, 평화주의자, 인간주의자

'민주주의자'라는 말로 김근태의 삶을 입체적으로 담아내기 버거운 것도 사실이다. 그는 '철저한 평화주의자'이기도 했다. 널리 알려져 있진 않지만 '한반도 평화'의 전제 조건인 '동북아 평화체제 구축'을 위해 '한미일이 아니라 한중일 동맹을 구축해야 한다'는 소신을 갖고, 일본의 유력 정치인들을 차례로 만나 끈질기게 설득하기도 했다.

두 차례에 걸쳐 이라크 파병을 막아내기 위해 고군분투하는 과정에서는 '정치적 감각이 부족한 사람'이라는 냉소와 손가락질조차 기꺼이 감당했다.

북한이 핵실험을 하고, 전쟁의 먹구름이 한반도를 휘감았을 때는 평화를 지키기 위해 폭풍전야의 휴전선을 넘어 개성으로 향하기도 했다. 모두가 잊고 있지만 2006년 말, 그는 '개성 연설'에서 북한의 정책 담당자들을 앞에 두고 "한반도 평화를 위해 북이 즉시 핵을 폐기해야 한다"고 초강력 돌직구로 경고했다.

훗날, 역사는 북한 핵실험 직후, 남한의 집권 여당 당의장이 북한을 방문해 "핵폐기와 핵실험 중지"를 요구하고, "개성공단과 금강산 관광 중단 불가"를 천명했다는 사실을 생생히 기록해야 한다.

그는 '한결같은 인간주의자'이기도 했다. 특히 가난하고 어려운 사람들을 생존의 벼랑 끝에서 지켜내기 위해 몸부림친 드문 정치인이다. 언제나 해외 입양인들에게 죄스러워했으며, 외국을 나갈 때마다 시간을 내 그들을 만나기도 했다.

민주주의의 길, 평화의 길, 인간화의 길이 모두 김근태가 걸어온 길이다. 이런 김근태의 삶을 온전히 드러내기에 '민주주의자'라는 말은 너무 평면적이다.

따뜻한 세상을 꿈꾸다

'따뜻한 세상을 꿈꾼 사람'이라고 부르면 어떨까? 김근태가 평생 몸 던져 구현하고자 했던 '피와 눈물로 일군 민주주의'도, '평화가 밥이다'라며 칼바람 부는 광야에 홀로 서서 외치던 한반도 평화도 결국은 '더 따뜻한 세상'을 만들기 위한 것 아니었을까?

민주주의가 제대로 작동해야 이 땅에 사는 민중이 더 따뜻하게 살 수 있고, 한반도에 평화의 봄바람이 불어야 민중의 삶이 덜 고단할 것이다. 제민지산制民之産, 김근태가 강조한 것처럼 '민중의 생활을 지키는 것이 정치의 근본'인 셈이다.

실제 김근태는 민주주의도 평화도 민중의 삶을 더 따뜻하게 하는 것이 근본 목표라는 말을 여러 차례 하기도 했다.

'더 따뜻한 세상'을 만들기 위한 김근태의 선택은 '시장경제'였다. 1980년대, 사회주의에 대한 동경과 열망이 세상을 휩쓸 때도 김근태는 한결같이 '시장주의자'의 길을 걸었다. 우리 땅에서 사회주의나 공산주의가 대안이 될 수 없다는 생각은 바위처럼 단단했다.

이런 까닭에 1980년대 후반에는 일군의 후배들로부터 '회색분자', '수정주의자'라는 손가락질과 모욕을 감당해야 하기도 했다. 그럼에도 그는 한번도 '시장주의'에서 비켜선 적이 없었다.

'야만이 지배하는 정글'을 넘어서기 위해

그러나 그가 지키고자 한 '시장주의'는 참으로 문제투성이였다. 그는 수시로 고백했다. 우리는 지금 패자부활전을 원천적으로 봉쇄하는 최악의 승자독식 천민자본주의, 세계사에서 유례를 찾기 어려운 냉혹한 자본주의 세계를 살고 있다고. 그가 본 이 세상은 한마디로 '정글'이었다. 약육강식의 야만이 지배하는 정글 말이다.

그래서 기회가 있을 때마다 대한민국은 세계에서 가장 경쟁이 치열한 사회이며, 경쟁에서 낙오한 사람들을 받쳐주는 '안전망'이 가장 부실한 세상이라고 누누이 강조했다. 만인에 대한 만인의 투쟁이 일상화되고, 한 발만 아차 하면 천 길 낭떠러지로 떨어지는 세상에는 희망이 있을 수 없다고 호소했다.

숨을 거두는 순간까지 그는 이 세상을 사람 중심의 자본주의, 따뜻한 시장경제로 바꿔야 한다며 떨리는 두 손을 잡고 간곡하게 당부했다.

2000년대 초 중반, 김근태는 '따뜻한 시장경제'에 한 발이라도 더 다가가기 위해 발버둥 쳤다.

보건복지부 장관으로 일하던 2004년 이후, 그의 한결같은 관심은 '따뜻한 시장경제'를 만드는 것이었다. "김근태가 정치를 하는 목적이 뭐냐?"고 누가 물으면 그는 주저 없이 "따뜻한 시장경제를 위해서"라고 대답했다.

'대권 행보'라는 오해에 묻혀버린 꿈

그는 눈을 감는 마지막 순간까지 '따뜻한 세상을 만드는 꿈'에 매달렸고, 이를 실현할 현실적 힘을 만들기 위해 떨리는 온몸을 추스르며 동분서주했다. 숨을 거두기 얼마 전까지도 '경제 인간화'라는 새로운 깃발을 만드는 데 몰두했다.

그는 현실 정치인으로 살면서 승자독식 자본주의에 '따뜻한 인간의 숨결'을 불어넣지 못한 것을 무엇보다 죄스러워했다. 특히 10년 동안 집권한 정권에서 책임 있는 역할을 담당했던 정치인으로서 민주정부가 '따뜻한 시장경제'에 제대로 접근하지 못하는 상황을 방치했다는 자책에 시달렸다.

특히 참여정부 후반기, 시장만능의 신자유주의가 한층 공고화되는 과정을 지켜보는 그의 자괴감은 말할 수 없이 컸다.

이런 사정을 잘 모르는 사람들은 이즈음 김근태의 행보를 '대권을 위한 정치 행보'였다고 오해한다. 아마도 노무현 대통령을 비롯해 김근태와 가까이 지냈던 정계의 선후배들 상당수도 그랬던 것 같다.

그러나 김근태를 잘 아는 사람들은 그가 '신자유주의의 제도화'를 멈추고, '따뜻한 시장경제'에 한 발이라도 더 다가가기 위해 몸부림쳤던 모습을 생생히 기억한다.

그는 넘을 수 없는 철옹성처럼 보이던 도도한 신자유주의의 성채에 작은 구멍 하나라도 내기 위해 머리를 들이받고 피 흘리기를 주저하지 않았다. 그래야 대통령이 살고, 참여정부가 살고, 민주개혁 세력이 살며, 가난한 사람들이 살 수 있다고 믿었다. 김근태 자신도 그래야 살 수 있다고 고백했다. 참여정부에서 일한 5년은 무모한 머리 받기의 연속이었고, 대가는 말할 수 없이 참혹했다.

그의 진심은 수면 아래에 숨어 선명히 드러나 보이지 않았고, '대통령병 환자'라는 왜곡만 가득했다. '내 편 아니면 적'이라는 진영의식이 철철 넘치던 시절, 우리가 그려낸 부끄러운 초상이다.

'분양원가 공개'에서 '한미 FTA 반대'까지

세상 사람들은 2005년에 세상을 뒤흔든 '분양원가 공개 논쟁'을
두고 김근태가 정치적 목적을 갖고 노무현 대통령에게 대든 사건으로
기억한다. 더 이상 부동산 문제를 시장논리에만 맡겨서는 안 된다는
그의 절박했던 문제의식은 사라지고, '계급장 떼고 논쟁하자'는 언사
만 껍데기로 남았다.

'의료시장 개방(의료민영화)'을 둘러싼 정부 부처 사이의 보이지 않
는 전쟁, '국민연금 논쟁' '한미 FTA 반대' '사회대타협을 위한 뉴딜
행보' 등등이 모두 그랬다. 참여정부 후반기 내내 김근태는 '시장의
독주'를 막아내고 더 따뜻한 세상으로 가기 위한 '공공의 역할 강화'
를 정권 내부에서 거의 홀로 절규했고, 그 대가는 모두가 아는 것처럼
참혹했다.

김근태는 힘의 논리에 따라 '시장에 끌려가는 정부'가 아니라 공
공의 이익을 지키기 위해 '시장을 이끌고 가는 정부'가 되어야 한다고
주장했다. 시장의 실패를 정부가 적극 나서서 극복해야 한다는 주장
이었다.

특히 세상 모든 일을 다 '시장논리'에 맡기더라도 교육 문제, 일자
리 문제, 주택 문제 이 세 가지만큼은 '시장논리'보다 '공공의 가치'를
앞세워야 한다고 생각했다. 이른바 김근태의 '교식주教食住 원칙'이다.
먹고 자고 아이 가르치는 문제만큼은 개인의 책임에 맡겨 둘 것이 아
니라 나라가 책임지고 해결해야 한다는 주장이다.

그는 원래 FTA 찬성론자였다. 농민 피해 예방을 전제로 '한칠레 FTA' 국회 통과를 위해 적극 앞장섰고(원내대표로 일하며 이 문제를 해결하기 위해 노무현 대통령의 국회 방문을 추진해 야당의 협조를 이끌어내기도 했다), "동북아를 EU에 버금가는 경제공동체로 만들자"고 주장하며 일본을 두 차례나 방문해 일본 정계 인사들에게 적극적으로 '한중일 동북아 공동 FTA 추진'를 촉구하기도 했다.

그러나 '한미 FTA'만큼은 '나를 밟고 가라'며 목숨을 건 단식으로 맞섰다. 왜 그랬을까? 그 배경에는 김근태가 드러내 놓고 말하지 못한 깊은 고뇌가 자리 잡고 있었다. 바로 우리 사회가 이제는 공공성을 높이 세우기 위해 정부의 역할을 강화하는 방향으로 크게 선회해야 하는 시점인데, 한미 FTA는 거꾸로 이런 노력을 제도적으로 가로막을 수 있다는 우려가 컸던 것이다. 게다가 지금은 한미 FTA를 추진해 놓고 나중에 집권을 한다고 해서 '공공성 강화'를 주장할 수 있겠는가 하는 질문을 자주했다.

한미 FTA 때문에 민주개혁 세력이 돌이킬 수 없을 만큼 분열되고 나면, 곧바로 손도 쓰지 못하고 한나라당에 의한 역정권 교체로 이어지고 말 것이라는 우려도 컸다.

다시, '김근태의 길'을 기억해야 하는 이유

'따뜻한 시장주의자'라는 김근태의 면모는 '민주주의자'나 '평화주의자'의 면모에 비해 아직 덜 알려져 있는 것이 사실이다. 사정이 이렇게 된 것은 김근태 스스로 선택한 측면이 크다. 참여정부 시기, 김근태는 기회가 있을 때마다 노무현 대통령과 당의 주요 정치인들에게 '따뜻한 시장경제'를 강조하고, '공공성 강화' '신자유주의적 정책 재조정' '미국식 자본주의를 추종하는 경제 관료 견제'를 주장했다. 그는 미국에서 공부하고 돌아와 영미식 경제체제를 추종하는 경제 관료의 무능과 무책임, 폐해를 수차례 지적했다. 기축통화를 장악한 미국과 우리가 같을 수 없다는 논리였다. 우리는 '작은 미국'이 되려야 될 수가 없으며, '큰 스웨덴'으로 가야 한다는 것이 그의 일관된 주장이었다.

그러나 절대로 넘어서는 안 되는 선이 있다는 점도 잊지 않고 강조했다. 김근태는 개별 정책 차원에서 논쟁하거나 '신자유주의 문제'에 대해 내부적으로 토론하는 것은 괜찮지만 자칫 전면적인 '노선 투쟁'으로 비화하는 것만은 피해야 한다고 생각했다. 내부 토론과 설득은 중요하지만 '신자유주의에 대한 대응'이나 '경제 통상 관료에 대한 견제' 등을 둘러싼 '전면적 노선 논쟁'이 공개적으로 진행될 경우, 집권세력이 감당할 수 없는 상처를 입게 될 것이고, 재집권은 영영 물 건너갈 것이라고 생각했다.

참여정부 후반기, 김근태가 고뇌하던 '따뜻한 세상'에 대한 꿈과 계획들이 상당 부분 세상에 드러나지 않고 수면 아래에 묻힌 것은 이런 까닭이 크다. 참모들이 적극적인 대응, 전면적인 논쟁의 필요성을 주장할 때마다 김근태는 말했다. "자네 말이 옳지만 그렇게 하면 우리 내부에 감당할 수 없는 논쟁이 발생할 거야." "그 문제는 지금 꺼내기보다는 잊지 말고 기록했다 나중에 정리해서 세상에 알리지."

그러나 신은 김근태에게 '정리'하고 '기록'할 시간조차 주지 않았다. '따뜻한 시장경제를 위한 정책 패키지' '새로운 집권 노선'을 준비하던 그는 2011년 겨울, 너무도 갑작스럽게 세상을 떠나버렸다. 아무도 예비하지 못한 갑작스러운 죽음이었다. 그리고 그가 걸어온 길의 전모를 세상에 알리는 일은 살아남은 사람들의 책임이 되었다.

김근태가 그토록 하고 싶었던 말, 눈을 감는 순간까지도 미처 끝내지 못한 '숙제'를 떠올리며 가슴 아파했을 그 '기록'을 이제 시작할 때가 되었다. 그저 '김근태가 옳았다'고 주장하기 위해서가 아니다. 지금도 정글을 살고 있는 5000만 국민에게 새로운 세상에 대한 희망을 심어주기 위해, '따뜻한 세상'이라는 새로운 깃발을 튼튼히 세우기 위해. 그리고 무엇보다 '새로운 세상'을 꿈꾸던 아름다운 한 사나이의 '희망'을 잊지 않고 기억하기 위해.